VARIÉTÉS LITTÉRAIRES

OUVRAGES DU MÊME AUTEUR

A LA MÊME LIBRAIRIE

Études morales sur le temps présent ; 4e édition. 1 vol. . . 3 fr. 50
Nouvelles Études morales sur le temps présent ; 2e édit. 1 vol. 3 fr. 50
L'Idée de Dieu et ses nouveaux Critiques ; 7e édition. 1 vol. 3 fr. 50
      Ouvrage couronné par l'Académie française.
Le Matérialisme et la Science ; 4e édition. 1 vol. . . . . 3 fr. 50
La Philosophie de Goethe ; 2e édition. 1 vol. . . . . . . 3 fr. 50
      Ouvrage couronné par l'Académie française.
Les Jours d'épreuve (1870-1871). 1 vol. . . . . 3 fr. 50
Le Pessimisme au dix-neuvième siècle ; 2e édition . . . . . 3 fr. 50
La Fin du dix-huitième siècle : Études et Portraits ; 2e édition.
  2 vol. . . . . 7 fr. »
M. Littré et le Positivisme. 1 vol. . . . . 3 fr. 50
Problèmes de morale sociale ; 2e édition. 1 vol. . . . . . 3 fr. 50
Mélanges et Portraits. 2 vol. . . . . 7 fr. »
Poëtes et Romanciers. 1 vol. . . . . 3 fr. 50
Philosophie et Philosophes . . . . 3 fr. 50

17072 — Imprimerie A. Lahure, rue de Fleurus, 9, à Paris.

E. CARO

DE L'ACADÉMIE FRANÇAISE

VARIÉTÉS LITTÉRAIRES

L'ABBÉ GALIANI EN EXIL ET SA CORRESPONDANCE.
RIVAROL ET LA SOCIÉTÉ FRANÇAISE. — LA PHILOSOPHIE DE RIVAROL.
GUSTAVE MERLET. — ALBERT DE BROGLIE.
MIGNET. — M. FRANCK. — M. GUIZOT. — L'ÉVÊQUE D'ORLÉANS.
LACORDAIRE. — M. DE LAMARTINE. — LÉON ROCHES.

PARIS
LIBRAIRIE HACHETTE ET Cie
79, BOULEVARD SAINT-GERMAIN, 79

1889

Droits de propriété et de traduction réservés

VARIÉTÉS LITTÉRAIRES

L'ABBÉ GALIANI EN EXIL

ET SA CORRESPONDANCE

I

Si peu qu'on soit au courant de l'histoire littéraire du dix-huitième siècle, on comprendra ce que signifie l'*exil* de Galiani. C'est le mot qui désigne tout naturellement les dix-huit dernières années de sa vie qu'il dut passer à Naples, quand il fut contraint de quitter Paris. Une édition nouvelle et, je le crois, définitive, de sa correspondance (de 1769 à 1787), vient de remettre en lumière, pour cette période de temps, le singulier, sémillant, vif et profond esprit qui, bien qu'étranger, s'était si vite acclimaté dans la société française, et qui s'y était fait une place si enviable qu'il ne put jamais, jusqu'à sa mort, se consoler de n'en plus faire partie.

Cette édition était parmi les *desiderata* de tous les historiens de la littérature, et particulièrement de Sainte-Beuve. Le jour où le peintre attitré des originaux du dernier siècle suspendait dans sa riche galerie le portrait en pied de l'étonnant petit abbé, il déplorait l'incroyable négligence avec laquelle cette correspondance avait été traitée par les premiers éditeurs. « Les deux éditions qui parurent à la fois et concurremment en 1818, l'une d'après une copie, l'autre d'après les originaux, sont également défectueuses, disait-il, au point de compromettre l'agrément de la lecture. On ne saurait imaginer les inexactitudes de mots, les altérations de textes, les inepties, pour tout dire, qui se sont glissées dans le texte de l'une et de l'autre de ces éditions : il serait difficile de les distinguer à cet égard. » L'ouvrage de Barbier est le moins complet des deux, mais Sericys invente des phrases et même des lettres entières. Tout était à contrôler, à reviser, à rectifier; il y avait de plus une étude complète à faire sur la vie de Galiani d'après des documents nouveaux, toute une perspective de recherches sur ce sujet ou aux alentours, soit au British Museum, soit aux bibliothèques de Rome, de Naples, de Saint-Pétersbourg, dans les archives du Ministère des affaires étrangères, dans les archives particulières de quelques familles et dans des collections d'autographes, d'où sont sortis des commentaires précieux sur quelques portions de la vie de Galiani ; ajoutons trente-sept lettres inédites qui font l'orgueil des nouveaux éditeurs. On imagine difficilement le travail que représentent ces deux volumes. Pour n'en donner qu'un exemple, nous rappellerons ce fait que les éditeurs se sont occupés, pendant dix années, de réunir toutes les lettres autographes de l'abbé à Mme d'Épinay. Ce n'est qu'à ce prix qu'ils ont pu rétablir les passages supprimés, rectifier les innombrables erreurs de texte. Ils ont poussé le scrupule jusqu'à respecter les *italianismes* de Galiani, sa ponctuation plus que bizarre, les fautes de français (car il y en a) qui sont comme la marque de fabrique et le signe de l'ouvrier étranger. Enfin nous devons remercier M. Lucien Perey et M. Gaston Maugras d'avoir multiplié les notes. Rien n'est plus utile et plus agréable que de trouver au bas de la page la clef des personnages et des événements auxquels il est fait allusion ; c'est la méthode moderne de faire circuler à flots la lumière autour des textes que l'on édite, et cette méthode est la bonne. Quel aspect nouveau prend à nos yeux Saint-Simon ainsi expliqué et commenté par M. de Boilisle! Galiani profitera, lui aussi, des éclaircissements de toute sorte mis à notre portée ; certains passages énigmatiques nous livrent leur secret, et nous jouissons de cette clarté continue qui fait mieux ressortir les allusions, les sous-entendus et l'esprit courant des lettres. Tout en remerciant les éditeurs de nous avoir donné quelques-unes des lettres de Mme d'Épinay, nous regrettons qu'on ne nous ait pas donné toutes les réponses en regard des lettres de l'abbé. Celles qu'on nous fait connaître sont très curieuses, égales en intérêt à celles de Galiani ; elles y ajouteraient le drame vivant des deux esprits en présence, le conflit des idées, les accords ou les dissentiments sur des points importants. Elles nous rendraient l'illusion d'un dialogue réel entre deux personnages d'un rare mérite. Ce genre de restitution n'est ni possible ni souhaitable toujours : il y a le plus souvent trop d'inégalité entre les deux esprits engagés dans une correspondance. Mais ce n'est pas le cas. Nous avons affaire ici à des intelligences de même valeur, bien que de nature et de qualités très diverses ; c'est l'égalité dans la différence. J'avoue même qu'au point de vue du style, si j'avais une préférence à marquer, elle serait en faveur de Mme d'Épinay. La langue qu'elle emploie est meilleure ; elle abonde moins en traits, mais elle est plus aisée, plus agréable, d'un tour moins cherché, plus française en un mot, ce qui d'ailleurs est bien naturel et s'explique de soi.

Donc, à la place des éditeurs, j'aurais cédé à la tentation de donner toutes les lettres de Mme d'Épinay, mais en revanche peut-être aurais-je fait subir quelques retranchements à celles de l'abbé. C'est une question qui se pose souvent de nos jours. Est-il bon de livrer tout dans ces correspondances qu'on exhume et que les familles elles-mêmes abandonnent sans réserve au public curieux et railleur? Est-il bon d'épuiser les portefeuilles, sans faire aucun choix dans l'inédit? Certains esprits s'effrayent, non sans raison, dans l'intérêt des auteurs, de cette profusion de lettres, de documents de toute valeur et de toute nature qui paraissent chaque jour et que l'on nous prodigue avec une sorte d'indiscrétion à outrance. Ils voudraient qu'on fît un triage et un choix dans cette masse de papiers qui n'étaient pas tous destinés à la publicité. Je prendrai, si l'on veut bien, un exemple dans une des publications récentes qui ont eu le plus grand et le plus légitime succès : la *Correspondance de X. Doudan*. Je choisis à dessein mon exemple très haut dans la hiérarchie des esprits. Personne plus que moi n'admire cette finesse de goût, ce charme de bon sens et d'esprit, cette verve de raison qui brillent à chaque page et qui ont fait la fortune posthume de ce grand et délicat lettré; personne n'attache plus de prix à ces révélations d'un esprit supérieur qui ne se manifestait que par saillies et dans un cercle intime. Je ne puis donc être suspect en disant que cette réputation, sortie de l'ombre par un coup d'éclat, n'aurait rien perdu au sacrifice de quelques dizaines de billets insignifiants, et qu'au contraire elle aurait été mieux protégée par plus de sévérité contre les tentations de langueur ou de distraction inévitables, à certains moments où l'écrivain ne touche qu'à des choses d'un intérêt accidentel ou secondaire. Sainte-Beuve pensait à peu près de même à l'égard de la correspondance de Galiani. Il eût été ravi, dans l'édition nouvelle, du travail intelligent des éditeurs, du soin avec lequel tout a été revisé, contrôlé, collationné sur les autographes mêmes; les notes l'eussent intéressé; quelques lettres nouvelles, d'une véritable valeur, auraient charmé sa curiosité pour l'inédit. Mais je doute qu'il eût approuvé la reproduction intégrale de toutes les lettres sans distinction. Il exprimait, au contraire, le vœu que l'on nous donnât un volume unique « dans lequel on n'admettrait que ce que l'abbé a fait de son mieux, ses meilleures lettres, dont on respecterait en tout le texte, dût-il paraître un peu salé et mordant. On élaguerait les lettres d'affaires, celles où il rabâche, où il se bat les flancs pour avoir trop d'esprit. On dégagerait de la sorte et l'on mettrait dans tout leur jour des pages vraiment fines, neuves, délicates.... »

Je n'irais pas aussi loin que Sainte-Beuve; je ne voudrais pas qu'on nous eût donné des *Lettres choisies*, mais seulement qu'on eût réservé une quarantaine de lettres pour une simple analyse, qui aurait suffi. Il n'est pas inutile, sans doute, d'étudier de près un caractère, de voir combien de petites préoccupations se mêlent, chez Galiani, à des rêveries humoristiques et à des fantaisies étincelantes, à des observations profondes. Il est intéressant de donner la mesure d'un esprit. Mais, cette mesure une fois donnée, il ne faudrait pas trop insister ni courir le risque d'ennuyer le lecteur par la ténacité de certaines idées fixes ou l'insignifiance de certains détails continus ou répétés. Quoi de plus agaçant à la longue que cette préoccupation d'argent qui perce à chaque instant à travers la passion scientifique ou littéraire de l'auteur des *Dialogues*, ce souci perpétuel de la vente de son ouvrage et de la manière d'en toucher le prix, les exigences et les doléances, les fureurs du petit abbé contre le libraire Merlin, dont les payements sont toujours en retard, l'horreur qu'il manifeste pour les ports de lettres, les stratagèmes qu'il emploie pour recevoir gratuitement de France des paquets de toute sorte, les commissions économiques dont il surcharge sa correspondance et dont il accable cette pauvre Mme d'Épinay, qui y suffit à peine; un jour, c'est pour la vaisselle fausse dont il a besoin; un autre jour, pour le vin antiscorbutique; puis arrive cette fastidieuse affaire des chemises en toile de coton, qu'il charge son amie de lui bien choisir, sans trop de frais, de lui envoyer de Paris, qui se perdent en route, qui se retrouvent, mais qui sont d'une qualité inférieure dont il ne saurait se contenter, etc. Cette affaire occupe plusieurs pages que j'aurais vues disparaître sans regret. Tout cela me paraît bon à indiquer dans une notice ou dans un résumé, comme trait de caractère. Mais la correspondance aurait gagné à être allégée de ce fatras et de beaucoup d'autres pages de la même valeur.

MM. Lucien Perey et Gaston Maugras se récrieront contre mes exigences ou mes regrets. Quand on a eu tant de peine à conquérir un à un tous ces autographes, rien ne paraît inutile ou médiocre. Je le comprends, mais je ne juge la chose qu'au point de vue du lecteur, et après tout, même à ce point de vue, il est possible que je me trompe.

Il règne aujourd'hui un goût d'indiscrétion, une fureur de commérage qui peuvent donner un certain prix à de tels détails et se satisfaire dans cette sorte d'enquête plus qu'intime sur des personnages célèbres; il y a là aussi de quoi contenter non seulement cette curiosité un peu vulgaire, mais une passion plus relevée dans ses prétentions et qui affecte un caractère scientifique, la passion de savoir tout et à fond sur une époque ou sur une vie, cette passion éveillée dans les esprits par la critique naturaliste qui ne se rebute de rien, et qui se sent attirée par toutes les formes de la vie, si vulgaires qu'elles soient, en raison même de cette vulgarité que l'on décore du nom de réalité. Il est possible que cette abondance de petits détails, qui nous paraît superflue, soit une amorce pour le public contemporain, en quête du document humain. Auquel cas j'aurais tort, complètement tort, au point de vue du succès, sinon au point de vue du goût, que je réserve.

II

Nous n'entrerons pas dans la querelle dont cette édition a été l'occasion. Il y a eu dès le dix-huitième siècle, il y a encore aujourd'hui, en France comme en Italie, des *galianistes* ardents; il est tout naturel que MM. Perey et Maugras se soient placés au premier rang; on ne fait bien que ce que l'on fait avec passion. Cette ardeur de *galianisme* a provoqué une réaction en sens contraire chez des critiques très éclairés, qui tiennent à honneur de se défendre contre des entraînements excessifs, par une sorte de défiance à l'égard de la secte philosophique du dix-huitième siècle et des admirations qu'elle a voulu imposer à la postérité. On a révisé le procès de Galiani avec beaucoup de science et d'esprit, non peut-être sans quelque sévérité. On a donné des raisons qui doivent tempérer l'engouement, mais qui ne modifieront pas l'impression laissée dans les esprits par l'étude de Sainte-Beuve.

Nous ne prétendons pas refaire ce portrait, dont les lignes principales subsistent. Il reste à pénétrer plus avant dans l'analyse de la correspondance, à en détacher de curieux détails biographiques, à noter quelques jugements, qui nous ont paru nouveaux et intéressants, sur la littérature du temps, sur la philosophie et les événements politiques, très librement appréciés, à distance, par Galiani dans sa retraite de Naples. Mais d'abord rappelons rapidement les principaux traits de sa vie jusqu'au moment où il dut quitter Paris pour cause d'incompatibilité d'humeur diplomatique avec le gouvernement français. Quelques mois après son départ de France, il donne une sorte de biographie littéraire sur lui-même, en recommandant à Mme d'Épinay de la mettre à la disposition de quelque gazetier. Un *gazetier* illustre en profita et la reproduisit presque textuellement avec des commentaires : ce fut Diderot. On voit que la mode n'est pas nouvelle, pour les écrivains en renom, de préparer eux-mêmes leur biographie, comme s'ils étaient sûrs qu'elle ne peut pas être aussi bien faite par d'autres. « Sachez donc, écrit Galiani, que je suis né en 1728, le 2 décembre; qu'en 1748 je devins célèbre par une plaisanterie poétique et une oraison funèbre sur la mort de notre feu bourreau Dominique Jannacone, d'illustre mémoire; qu'en 1749 je publiai mon livre sur la monnaie[1] ; en 1754, les blés en

---

1. Ce qu'on ne saurait trop mettre en lumière, c'est à la fois la précocité de l'esprit, la diversité des aptitudes et l'étonnante variété des connaissances de Galiani. On se fait difficilement une idée de l'érudition amassée dans cet esprit, grâce à des facultés naturelles et à un concours particulièrement heureux de circonstances. Économiste, naturaliste, archéologue, numismate, latiniste du premier ordre, ce petit abbé, tout jeune encore, résumait la science de son temps. Élevé avec son frère Bernard chez son oncle, archevêque de Tarente et premier aumônier du roi, il voyait passer devant lui ces prélats distingués qui rachetaient alors par la science ou le goût des arts les désordres du clergé italien, tous les membres de la célèbre Université et des Académies de Naples; enfin, les littérateurs et les savants célèbres qui s'étaient fixés dans cette ville, ou qui, de passage seulement, se faisaient présenter à la *casa Galiani*. Dès quatorze ans, Ferdinand étudiait le droit avec un jurisconsulte éminent, Marcello Cusano, l'antiquité avec le célèbre Mazocchi, un des plus grands humanistes de ce temps, la science toute nouvelle alors de l'économie politique avec Intieri et le marquis Rinuccini; il entendait plusieurs fois par semaine, à la *casa*, causer métaphysique et philosophie de l'histoire par des hommes tels que Vico et Genovesi. Ce fut vraiment une éducation exceptionnelle, dont les preuves abondèrent à un âge où nos écoliers arrivent à peine aux classes supérieures. A seize ans, Galiani écrivait pour l'Académie des

question[1] ; en 1755 je fis une dissertation sur l'histoire naturelle du Vésuve qui fut envoyée avec une collection de pierres du volcan au pape Benoît XIV. En 1756 je fus nommé académicien de l'Académie d'Herculanum, et je travaillai beaucoup au premier volume des planches. Je fis même une grande dissertation sur la peinture des anciens. En 1758, j'imprimai l'oraison funèbre du pape Benoît XIV (c'est ce qui me plaît le mieux de mes ouvrages). Ensuite je devins politique.... » Et ici apparaît Arlequin : « En France, je n'ai fait que des enfants, et des livres qui n'ont pas vu le jour ».

C'est en 1759 qu'il vint à Paris en qualité de secrétaire d'ambassade auprès du comte de Cantillana : il venait d'atteindre sa trentième année. Après quelques mois d'hésitation et de dépaysement dans une société nouvelle, où sa situation n'était pas faite, il entre tout d'un coup en pleine lumière, dans ce monde où se concentrait alors toute la vie intellectuelle de Paris, et à dater de ce mo-

---

Émules deux mémoires : l'un, tout littéraire, sur l'*Amour platonique*, l'autre, où se révélait sa double vocation d'érudit et d'économiste, sur l'*Etat de la monnaie à l'époque de la guerre de Troie*. A vingt ans, il publiait un traité sur la *Monnaie*, dont les idées furent adoptées par le Gouvernement napolitain, qui fut traduit en plusieurs langues et consacré par les louanges les plus compétentes. Des bénéfices et des abbayes récompensèrent ces prodigieux succès d'un si jeune homme ; on nous dit que, pour en jouir, il dut prendre les ordres mineurs, les seuls qu'il prit jamais. L'unique portion des connaissances humaines à laquelle ce jeune abbé de vingt ans était resté étranger, c'était la théologie.

1. On venait de traduire et de publier à Paris, en 1770, un ouvrage italien sur l'*Art de conserver les grains*, écrit par Galiani en 1754, sur les données et d'après les entretiens d'un vieux géomètre, mécanicien très distingué, inventeur d'une étuve à blés, Intieri. Galiani n'était même pas nommé dans la traduction. — L'académicien Duhamel s'était attribué sans plus de façon cette ingénieuse découverte. Grimm, que Galiani avait averti, rétablit la vérité dans sa *Correspondance littéraire*, et démasqua les fraudes et les plagiats, en nommant les coupables.

ment, son histoire fait partie de l'histoire littéraire du siècle. Cette portion de sa vie est la plus connue. On sait quelles amitiés le petit abbé napolitain eut bientôt inspirées, quelle faveur, quel engouement même, il rencontra dans les principaux salons. On se souvient de cette vive peinture de l'intérieur de la Chevrette, tracée par Diderot dans une lettre à Mlle Volland, et où Galiani tient une si grande place : « Vers la fenêtre qui donne sur les jardins, Grimm se faisait peindre, Mme d'Épinay était appuyée sur le dos de la chaise de la personne qui le peignait.... M. de Saint-Lambert lisait dans un coin la dernière brochure que je vous ai envoyée. Je jouais aux échecs avec Mme d'Houdetot. La vieille et bonne Mme d'Esclavelle, mère de Mme d'Épinay, avait autour d'elle tous ses petits-enfants, et causait avec eux et leur gouverneur. Deux sœurs de la personne qui peignait mon ami brodaient l'une à la main et l'autre au tambour, et une troisième essayait au clavecin une sonate de Scarlati.... L'abbé Galiani entra, et avec le gentil abbé la gaieté, l'imagination, l'esprit, la folie, la plaisanterie, tout ce qui fait oublier les peines de la vie. Dieu sait les contes qu'il fit ! Il est inépuisable de mots et de traits plaisants. Si l'on faisait des abbés Galiani chez les tabletiers, tout le monde voudrait en avoir à la campagne. » Au Grand-Val chez le baron d'Holbach, chez Mme Necker, chez Mme Geoffrin, partout même bienvenue, même fête quand il arrive et dès qu'il parle. Plus tard, il se revoyait en imagination dans une de ces soirées qu'il animait de son feu méridional. « Me voici donc tel que toujours, écrivait-il à Mme Geoffrin, me voici l'abbé, le petit abbé, votre petite chose. Je suis assis sur un bon fauteuil, remuant des pieds et des mains comme un énergumène, ma perruque de travers, parlant beaucoup et disant des choses sublimes qu'on m'attribuait. Ah ! Madame, quelle erreur ! Ce n'était pas moi qui disais tant de belles choses! Vos fauteuils sont des trépieds d'Apollon et j'étais la Sibylle. »

Arlequin! disait-on de lui. Il est vrai qu'on mettait sur la tête de cet arlequin tantôt la tête de Machiavel, tantôt celle de Platon [1]. Pas tant Machiavel que cela, car il n'a pas de système; encore moins Platon, car il a horreur des abstractions; Arlequin, mais seulement à la surface; au fond, penseur très libre, affranchi de toute coterie, critique très avisé, beaucoup moins bouffon qu'on ne se l'imaginerait sur sa réputation. On s'est trop habitué à le voir dans cette attitude et cette pose consacrée, huché sur son fauteuil que l'on pouvait prendre pour un tréteau, gesticulant avec sa pétulance italienne, aimant à égayer ses idées en les mettant sous forme d'apologues et de récits plaisants, ajoutant à la drôlerie de ses contes celle de la pantomime où il excelle, le piquant de l'action et de l'accent, jouant tous les rôles, mimant les dialogues, mettant son auditoire en belle humeur et le faisant rire *à chaudes larmes.* — Il était beaucoup moins gai qu'il n'en avait l'air. De l'observation, et de la plus vive; de la mélancolie même, très bien aperçue et marquée par Diderot. « Gai en société, disait celui-ci, je le crois mélancolique quand il est seul.... Sans lui supposer une haute opinion de l'honnêteté de l'espèce humaine, je ne l'en crois pas plus méfiant; quoiqu'il y ait dans sa politique et dans sa morale de conversation une teinte de machiavélisme, je le tiens pour un homme d'une probité rigoureuse. Quant à ces théories politiques qui nous sont proposées comme des vérités éternelles par des gens qui n'ont vu la société que par le goulot étroit de la bouteille

1. On connaît le mot de Marmontel : « C'était le plus joli petit arlequin qu'eût produit l'Italie ; mais sur les épaules de cet arlequin était la tête de Machiavel ». Grimm disait : « C'est Platon avec la verve et les gestes d'Arlequin ».

des abstractions, personne, je l'avoue, n'en avait un plus souverain mépris[1]. » C'est bien là, je crois, la vraie note. Tel Galiani se montre au naturel, quand il n'est plus grisé par les rires de l'auditoire et par l'excès de sa propre jovialité un peu excitée, un peu forcée devant le monde.... Et je ne parle pas seulement de la correspondance qu'il entretint pendant dix années avec son ministre, le marquis Tanucci, dans laquelle se révèle une connaissance approfondie des hommes et des choses, où se rencontrent en abondance des jugements singulièrement fins sur les généraux qui conduisent la guerre de Sept Ans, sur les institutions militaires et financières de la France, les Parlements, les Jésuites et leurs adversaires. Il est tout naturel que dans cette correspondance diplomatique, il fasse tout simplement son métier d'homme grave, qui ne se refuse pas le trait d'esprit, mais qui se garderait bien d'égayer à l'excès son sujet. — Je parle de la correspondance avec ses amis de France après qu'il a quitté Paris. Des idées sérieuses, déguisées souvent sous quelque apologue, un fond de tristesse avec de l'humour, un humour particulier, il est vrai, à la façon napolitaine; du sel jeté à pleines mains, pas toujours de provenance gauloise, de la verve souvent sans goût, par-dessus tout un sens pratique des plus déliés, une politique sans principe et sans préjugé, comme cela est de tradition dans cette race italienne, mais un don d'intuition et d'observation qui l'a fait presque prophète à certains moments. Voilà l'homme tel qu'il apparaît dans ces lettres. Tout cela ne ressemble guère au gentil polichinelle de Mme Geoffrin. Arlequin a gardé son audace de tout dire et sa licence; il a perdu sa folie et même sensiblement sa gaieté.

Prenons-le au moment où la correspondance commence;

1. *Lettres de Diderot*, 17 mars 1771.

Galiani se considéra, on le sait, comme un exilé depuis le jour où il fut rappelé à Naples. Les nouveaux éditeurs ont trouvé la cause particulière de ce rappel, restée jusqu'ici assez énigmatique. Sainte-Beuve n'avait pu la connaitre, et se trompe en l'attribuant à la faveur que M. de Choiseul montrait à la secte des économistes, les adversaires de Galiani dans la *question des blés*. La vérité, c'est que l'abbé, simple secrétaire d'ambassade de Naples à Paris, mais très supérieur à son emploi et confident de la politique secrète de son ministre Tanucci, manœuvrait à Paris, auprès des ambassadeurs étrangers, contre le *Pacte de famille*, l'œuvre chère de M. de Choiseul, l'instrument de l'union des Bourbons, et que, ses manœuvres ayant été découvertes, il fut sacrifié d'après l'ordre exprès du roi d'Espagne, qui avait encore toute autorité sur la cour de Naples, désavoué comme tout bon confident doit l'être, quand il n'a pas réussi, par son ministre et son inspirateur occulte, et contraint de reprendre la route d'Italie. Le 6 mai 1769, le marquis Tanucci lui enjoignit de quitter Paris quatre jours après sa dépêche et de revenir occuper à Naples son poste de conseiller du tribunal suprême du commerce. « Sauf la mort, répondait Galiani par le courrier suivant, rien de pire ne pouvait me frapper. Si j'ai mérité mon sort, je me soumets ; si je ne l'ai pas mérité, que Dieu pardonne l'injustice à celui qui me l'a faite ; mais ce n'est pas certainement Votre Excellence. » A Naples, personne ne s'y trompa, et M. Bérenger, notre ambassadeur, écrivait au duc de Choiseul : « Le rappel de M. l'abbé Galiani cause ici une sensation plus considérable que la nature de cet événement ne le comportait. On dit hautement que le roi d'Espagne lui a ordonné de quitter Paris *à l'insu* de la cour de Naples. » *A l'insu* n'est pas exact ; c'est *contre le gré* qu'il aurait fallu dire.

Ce fut un coup de foudre dans le ciel enchanté où Galiani s'était habitué à vivre. A peine a-t-il la force d'écrire quelques mots d'adieu à d'Alembert. On sent qu'il est trop troublé pour surveiller sa plume ; elle va au hasard : « Souvenez-vous de moi dans vos charmantes sociétés... J'espère que vous me direz *quelque chose du courant des sciences,* au moyen de quoi je pourrai encore *croire de n'être pas* encore sorti de ce monde. » Et quelque temps après, il écrivait de Gênes à Mme d'Épinay : « Je suis toujours inconsolable d'avoir quitté Paris.... Oui, Paris est ma patrie. On aura beau m'en exiler, j'y retomberai.... Je reviendrai, dussé-je sacrifier tout. Il m'est impossible de vivre autrement, et c'est bien égal de mourir de froid à Paris ou d'ennui à Naples. Dites mille choses de ma part à tous mes amis; mais je n'ai pas le cœur de vous les nommer et de les passer en revue dans ma tête, car je me jetterais par la fenêtre, et les appartements sont fort hauts ici. » Et vers le même temps il écrivait à Mme Necker de cette même ville de Gênes, où il resta trois mois, comme s'il n'avait pas la force de s'éloigner davantage de France : « Je suis triste et malheureux. J'amuse ici tout le monde, hors moi-même. Que je retombe un instant sur l'idée de Paris et de mes amis, me voilà perdu ! Je n'y suis pas et vous y êtes, voilà les deux points de ma désolante méditation. — Mais vous y reviendrez, me dira-t-on. — Qu'en sais-je ? — Mais vous mourrez hors de Paris ! — C'est sûr et ce n'est pas consolant. — Mais vous n'êtes pas encore mort ! — C'est encore très vrai. — Vous vous y ferez donc. — Comme les diables au feu de l'enfer. » Toutes ses lettres, pendant quelques années, répètent ce refrain d'un regret inconsolable.

Et cependant des compensations proportionnées à ses talents l'attendaient à Naples. Il écrivait de Gênes à ses amis de France qu'à cet égard il n'avait déjà rien à souhaiter : « J'ai reçu l'éloge le plus pompeux de ma cour dans une dépêche, qu'on a même fait courir dans la ville de Naples, sur mes talents, ma probité, mon zèle et les services rendus à la couronne. On a fixé les gages de ma charge de conseiller de commerce presque au double de ce qu'on accordait pour l'ordinaire aux autres. Vous pouvez donc dire à mes amis que l'honneur de leur ami Galiani est à l'abri. » Et il ajoutait noblement : « L'argent et les dignités sont le plaisir parfait; mais il faut compter pour quelque chose l'honneur; car il cause une certaine démangeaison de plaisir qu'on pourrait très bien appeler le chatouillement de la vertu[1]. » Quand il se décida à revenir à Naples, il y reçut un accueil qui ne laissa aucun doute sur les vrais sentiments qu'on avait à son égard. Le duc de Choiseul, qui en fut averti, fit au petit abbé l'honneur de le poursuivre de sa plus malveillante attention, comme un ennemi secret qu'il fallait combattre : « Vous devez, écrivait-il à l'ambassadeur de France, vous devez recueillir sans affectation les propos qu'il tient, surtout relativement à notre pays »; et M. Bérenger écrivait de son côté au puissant ministre, mis ainsi en éveil : « L'abbé Galiani dit du bien ou du mal de la France suivant les saillies de son humeur ou les préventions des personnes auxquelles il parle. Je crois son amitié utile auprès de M. Tanucci, qu'il voit assidûment; sa haine pourrait être dangereuse; je ne l'évite ni ne le recherche. »

Galiani n'était disgracié qu'en apparence; mais, en réalité, il avait perdu Paris. Il trouvait sans doute, dès son arrivée, sa bienvenue assurée dans trois ou quatre salons qui, à Naples, ralliaient les hommes intelligents

---

1. *Lettre à Mme d'Épinay,* 14 août 1769.

et les étrangers de distinction; il se montrait chez le chevalier Hamilton, ambassadeur d'Angleterre, chez lady Orford, chez la princesse de Belmonte, chez la princesse Ferolite. On était fier d'y recevoir l'étincelant causeur parisien dont la renommée avait passé les monts. « Lady Orford, dit le comte Hartig dans ses *Lettres sur l'Italie*, attire beaucoup de gens d'esprit dans sa maison; le fameux abbé Galiani en fait le principal ornement. Ce génie napolitain est aussi connu à Paris par la vivacité de son esprit que par ses écrits sur les blés, la finance, etc.; il semble créé pour faire les délices de la société. » Cependant ce n'était plus la même chose; une spirituelle Génevoise, Mme de Saussure, ne s'y est pas trompée. En racontant une de ces fêtes chez la comtesse Orford, elle ajoute finement : « Nous fîmes là un dîner qui ressemblait à ceux de Paris; mais l'abbé Galiani est bien moins gai, cela ne peut se comparer. » Le milieu agissait irrésistiblement. Galiani se l'avouait à lui-même avec un vrai désespoir : « J'ai arrangé ici, disait-il, un échantillon de Paris. Gleichen, le général Kock, un résident de Venise, le secrétaire d'ambassade de France et moi, nous dînons ensemble, nous nous rassemblons et nous jouons le Paris; comme Nicolet joue Molière à la foire. Mais nos vendredis deviendront des vendredis napolitains et s'éloigneront du caractère et du ton de ceux de la France, malgré tous les efforts du baron et les miens.... Il n'y a pas moyen de faire ressembler Naples à Paris, si nous ne trouvons une femme qui nous guide, qui nous *geoffrinise*[1]. »

En quittant Paris, il semble qu'il hésita d'abord sur un point important : des trois femmes distinguées qu'il voyait le plus constamment à Paris, laquelle soutiendrait

[1]. 13 avril 1771.

le mieux ou accepterait avec le plus de plaisir le fardeau d'une de ces correspondances longtemps continuées, dont on a besoin pour se tenir au courant de la société dont on faisait partie, des événements d'idées qui s'y produisent, des personnages nouveaux qui s'y montrent, des nouvelles de toute sorte qui s'y répandent et de la couleur particulière qu'elles y prennent? A en juger d'après le début d'une lettre inédite, je croirais volontiers qu'il tenta d'abord cette belle aventure avec Mme Necker. Dès le 17 juillet 1769, il lui écrit de Gênes : « Parmi le grand nombre d'objets de mon amour que j'ai laissés à Paris, il ne m'était pas possible de choisir celui ou celle qui aurait les prémices de mes lettres; j'avais résolu de les accorder à la personne à laquelle je rêverais la première. Le croiriez-vous, Madame, c'est vous dont j'ai rêvé la première de toutes. Quand je dis toutes, je dis sans exception. La chose est singulière, mais il n'y a rien de plus vrai. » Il lui envoie même le récit de son rêve, qui est sur un ton badin, en désaccord avec la pruderie de Mme Necker : « Je rêvais donc.... J'étais presque couché sur un sofa, vous étiez assise auprès de moi d'un air attendri. J'admirais votre pantoufle, et, en bon architecte, d'après les règles de Vitruve, de la beauté du piédestal je calculais la beauté de la colonne. Vous trouviez tout cela étonnant à votre ordinaire, et très indifférent selon votre louable coutume. Vous avez retiré la pantoufle. Je me suis réveillé en sursaut. Où est madame Necker? Où est la pantoufle? Tout avait disparu. » Mme Necker répondit à cette première lettre avec gravité et sentiment. Ce n'était pas l'affaire de Galiani : « Peste soit des sentiments, répondit-il; que ne me parlez-vous de pantoufles? Que risquez-vous? Je suis à Gênes et vous à Paris. Savez-vous que, si vous continuez sur ce ton-là, je pourrai bien penser à vous le jour, mais je n'en rêverai pas la nuit... Vous m'aviez promis de m'écrire souvent, tiendriez-vous parole? »

De-ci, de-là, il se moque agréablement de l'*ineffable spiritualité* de la dame. Décidément il se crée entre eux un malentendu qui ne fera plus que croître. Encore une ou deux fois, l'abbé cédera à l'agrément de ses souvenirs, et il écrira une de ses plus jolies lettres, celle du 4 août 1770; elle commence par cette piquante brusquerie : « Mais c'est à condition que vous ne me répondrez pas par une lettre trop belle ni trop sublime; je veux savoir de vous, Madame, tout bonnement, tout platement, comment vous portez-vous ? Que faites-vous ? Comment se porte M. Necker? Que fait-il? Êtes-vous grosse? Vous amusez-vous? Vous ennuyez-vous? Voilà mes demandes et mes curiosités... » Et toute la scène des vendredis se refait devant ses yeux et devant les nôtres : « J'arrive, je vous trouve tantôt achevant votre parure, tantôt *prolongée* (sic) sur cette duchesse. Je m'assieds à vos pieds. Thomas en souffre tout bas. Morellet en enrage tout haut. Grimm, Suard, en rient de bon cœur, et mon cher comte de Creutz ne s'en aperçoit pas. Marmontel trouve l'exemple digne d'être imité, et vous, Madame, vous faites combattre deux de vos plus belles vertus, la pudeur et la politesse, et, dans cette souffrance, vous trouvez que je suis un petit monstre plus embarrassant qu'odieux... On annonce qu'on a servi. Nous sortons, les autres font gras, moi je fais maigre, je mange beaucoup de cette morue verte d'Écosse. que j'aime fort, je me donne une indigestion tout en admirant l'adresse de l'abbé Morellet à couper un dindonneau. On sort de table, on est au café, tous parlent à la fois. L'abbé Raynal convient avec moi que Boston et l'Amérique anglaise sont à jamais séparés d'avec l'Angleterre; et, dans le même moment, Creutz et Marmontel conviennent que Grétry est le Pergolèse de la France; M. Necker trouve tout cela bon, baisse la tête, et s'en va. »

Nous puisons abondamment dans ces lettres à Mme Necker, parce qu'elles sont publiées pour la première fois et qu'elles nous donnent les croquis les plus vifs de la vie de Paris, telle qu'elle se peint à l'imagination à la fois excitée et douloureuse de Galiani. Du reste, le charme n'agissait pas à distance sur Mme Necker. Il semble qu'elle ne suivit pas le petit abbé d'un pas égal dans la voie des souvenirs. Son refrain était en parlant d'elle : « Quel dommage qu'elle ait tant de principes dans sa tête et aucune inconséquence dans son cœur ! » Il se fatigua d'une correspondance si froide, et, trois ans après, il écrivait à Mme d'Épinay : « J'ai reçu une lettre enfin de Mme Necker, mais, puisqu'elle ne vous montre pas mes réponses, je lui répondrai fort tard et par ma chancellerie. Je serai plat et poli comme une assiette de Mme Geoffrin. *C'est ainsi que je punis le froid maintien de la décence.* »

Avec Mme Geoffrin, il y eut aussi un essai de correspondance, mais qui ne dura pas longtemps, pour d'autres causes. Lui-même avoue qu'il aurait eu bien grande envie de lui écrire et d'entrer en commerce d'idées avec elle. « Mais, disait-il, j'ai peur qu'elle ait peur de mes lettres. Je suis si fou, elle est si prudente[1]. » Il raillait très finement cette circonspection exagérée. On lui avait mandé de Paris que Mme Geoffrin était malade. « Elle aura eu, écrit-il, un érésipèle parce que quelque étourdi se sera avisé de vouloir donner une nouvelle chez elle ! » Et, comme le bruit de sa disgrâce avait couru à Paris, un bruit absolument controuvé d'ailleurs, mais auquel Mme Geoffrin avait prêté trop d'attention, il traçait ce

---

1. *Lettre à Mme Necker*, du 6 juillet 1771.

piquant portrait : « Mme Geoffrin a le tic de détester tous les malheureux, car elle ne veut pas l'être, pas même par le spectacle du malheur d'autrui. Cela vient d'une belle cause. Elle a le cœur sensible, elle est âgée, elle se porte bien, elle veut conserver sa santé et sa tranquillité. D'abord qu'elle apprendra que je suis heureux, elle m'aimera à la folie [1]. »

C'est avec Mme d'Épinay que la correspondance s'établit et dura, presque sans intervalle, pendant plus de douze années; elle ne cessa que peu de temps avant la mort de cette amie dévouée, devenue très malade, et littéralement quand la plume lui tomba des mains. Sans doute Galiani eut bien d'autres correspondants qui le tenaient au courant de la vie de Paris, et à chacun desquels il écrivait selon la spécialité de ses connaissances et de ses goûts, soit le célèbre numismate Pellerin, qu'il avertissait de ses trouvailles en fait de médailles et d'antiquités, soit ses amis, les encyclopédistes Diderot, d'Alembert, le baron d'Holbach, Grimm, auxquels il recommandait de soigner sa renommée littéraire; puis encore M. Suard, l'abbé Morellet et bien d'autres. Mais c'est toujours à Mme d'Épinay qu'il revient avec plus de confiance et d'abandon.

Quelle aimable personne que cette Mme d'Épinay, une des meilleures qu'ait produites la société du dix-huitième siècle à son déclin! La morale aurait bien quelques réserves à faire dans cette vie. Mais, s'il y a eu jamais dans les fautes d'une femme une circonstance atténuante, c'est assurément un mari tel que M. d'Épinay, le plus frivole, le plus absurde, le plus léger des maris de ce temps, « un homme, comme disait Diderot, qui a mangé deux millions sans dire un bon mot et sans faire une

---

[1]. *Lettre à Mme d'Épinay*, du 18 septembre 1769.

bonne action. » D'ailleurs il y a bien des façons d'aimer, même en dehors de la règle. Et Mme d'Épinay apporta un tel sérieux dans sa manière d'aimer Grimm, une telle constance, une telle vérité de nature et de caractère, qu'elle imposait autour d'elle la sympathie et même le respect. Pour le temps où elle vivait, c'était presque de la vertu. L'abbé Galiani savait bien ce qu'il faisait en s'attachant à cette femme intelligente et bonne, d'un esprit naturellement enjoué, d'une incomparable douceur, qui n'excluait pas une singulière fermeté dans la défense de ceux qu'elle aimait, d'une humeur parfaite, que n'altéraient même pas les injustices et l'ingratitude de Jean-Jacques Rousseau, et qui faisait du dévouement à ses amis un de ses premiers devoirs et une de ses meilleures joies. Il n'était pas d'ailleurs indifférent d'avoir à sa disposition, par l'intermédiaire d'une telle amie, une plume comme celle de Grimm, si habile à faire ou à défaire des succès. Or notre abbé, diplomate et Italien, aimait à tenir toutes les bonnes cartes dans ce jeu des réputations littéraires où il apportait une véritable passion ; et quand le hasard ne lui donnait pas les atouts, il s'arrangeait toujours de manière à les reprendre, de gré ou de force, aux mains de ses adversaires.

Mme d'Épinay le servit avec un zèle et une sollicitude incomparables dans cette savante administration de sa renommée. Nous verrons comment il sut diriger, grâce à elle, la fortune extraordinaire de ces *Dialogues sur les blés*, qu'il laissait en manuscrit à Paris, et qui, sans Mme d'Épinay, n'auraient assurément trouvé ni un public si favorable, ni des enthousiasmes si ardents, ni même peut-être un éditeur. Aujourd'hui, qu'il nous suffise de rappeler à quelle rude épreuve ce terrible et méticuleux petit abbé met à chaque instant la complaisance de son amie, non seulement au profit de sa fortune littéraire, mais au service de ses plus petits intérêts d'argent, qu'il lui recommande avec un acharnement et une ténacité presque comiques, sans rencontrer jamais la limite de cette obligeance qui s'épuise à le satisfaire même dans ses caprices et ses manies. C'est aussi tout naturellement à elle qu'il s'adresse pour régler les comptes de ses aventures parisiennes, en particulier celle qu'il avait eue avec une certaine dame de la Daubinière, à laquelle il fait donner douze livres par mois, « pour que cette dame, dit-il assez cyniquement, puisse élever un enfant qu'un père dénaturé abandonna après l'avoir maladroitement engendré[1]. » Au fond, Galiani n'était pas si méchant diable qu'il voulait le paraître. Et c'est précisément le triste dénouement de ce petit roman parisien qui nous en donne la preuve. Quand cette personne vient à mourir, il y a dans les lettres quelques vrais cris de douleur. Au premier bruit de sa maladie, il écrivait à Mme d'Épinay : « Je suis plongé dans la plus noire affliction. Cette personne que je vous avais recommandée si vivement, cette personne que j'aimais parce qu'elle m'aimait, peut-être à l'heure que j'écris n'est plus. Il n'y a que vous en état de savoir si j'en suis affligé. Le reste du monde me donne plus d'esprit que de cœur, et *Dieu voulut* qu'ils eussent raison[2] ! » Cette exclamation touchante a été, pour les nouveaux éditeurs, l'occasion d'une rectification très heureuse. Ils rappellent que bien des biographes de Galiani, Sainte-Beuve lui-même, lui ont reproché cette phrase, indice, selon eux, de la sécheresse de son cœur. Au moins dans cette circonstance, ce reproche n'est fondé que sur un contresens. L'abbé n'est coupable que d'un italianisme. Il aurait dit en italien : *Dio volle* ; il a traduit mot pour mot le texte italien, et s'est trouvé dire le

1. Lettre du 8 septembre 1770.
2. 8 décembre 1770.

contraire de sa pensée. L'équivalent en français est : *Plût
à Dieu!* La preuve que c'est là le vrai sens de cette phrase,
c'est qu'elle est suivie, dans le texte autographe, d'un
point d'exclamation, signe absolument déplacé dans le
cas où Galiani se serait borné à constater que Dieu a
voulu qu'il eût plus d'esprit que de cœur. D'ailleurs,
quand même il l'eût pensé, ce sont de ces choses qu'on
ne se dit guère à soi-même et qu'encore moins on dit
aux autres. Pour un cri de sentiment véritable qui lui a
échappé, laissons-le-lui : cela rachète bien des choses.

III

Il nous a paru intéressant d'examiner, pièces en main,
comment s'organisait un succès littéraire à Paris au dernier siècle. C'est à propos des *Dialogues sur les blés* que
nous pouvons faire cette enquête, grâce aux lettres de
Galiani et aux réponses de Mme d'Épinay. On verra combien les procédés diffèrent peu d'un siècle à l'autre. Le
principal est toujours un appel ardent, acharné, à la
camaraderie; l'art est de grouper autour de soi non pas
les suffrages discrets, mais les suffrages bruyants qui
s'imposent à l'opinion de gré ou de force, la dominent
ou l'intimident, pendant un certain temps au moins,
jusqu'au moment où le triage se fait dans les œuvres, où
le classement des talents s'établit par une sorte de justice distributive, dont les arrêts peuvent être plus ou
moins retardés ou par des admirations de commande ou
par la conspiration du silence, mais ne peuvent jamais
être supprimés. L'abbé napolitain, bien qu'il n'eût rien à
craindre de cette justice de l'avenir, se montra singulièrement expert dans l'art de recruter les suffrages et de
préparer l'enthousiasme dans le temps présent.

On sait quelle fut l'occasion des *Dialogues*. « Vers l'an 1750, dit Voltaire (article *Blé*, dans l'*Encyclopédie*), la nation française, rassasiée de vers, de tragédies, de comédies, d'opéras, de romans, d'histoires romanesques, de réflexions morales plus romanesques encore, et de disputes théologiques sur la grâce et sur les convulsions, se mit enfin à raisonner sur les blés. On oublia même les vignes, pour ne parler que de froment et de seigle. On écrivit des choses utiles sur l'agriculture; tout le monde les lut, excepté les laboureurs. On supposa, au sortir de l'Opéra-Comique, que la France avait prodigieusement de blé à vendre. Enfin, le cri de la nation obtint du gouvernement, en 1764, la liberté de l'exportation. Aussitôt on exporta. Il arriva précisément ce qu'on avait éprouvé du temps de Henri IV; on vendit un peu trop; une année stérile survint…. Alors quelques plaignants passèrent d'une extrémité à l'autre; ils éclatèrent contre l'exportation qu'ils avaient demandée : ce qui fait voir combien il est difficile de contenter tout le monde et son père…. Des gens de beaucoup d'esprit et d'une bonne volonté sans intérêt avaient écrit, avec autant de sagacité que de courage, en faveur de la liberté illimitée du commerce des grains; des gens qui avaient autant d'esprit et des vues aussi pures écrivirent dans l'idée de limiter cette liberté. »

C'est parmi eux et à leur tête que se rangea Galiani. Ennemi des systèmes, adversaire de l'absolu sous toutes ses formes, dans les idées et dans les écoles, il assista avec curiosité à l'expérience pratique qui fut faite des principes de la secte économiste, et qu'inaugura l'édit de 1764 en faveur de la libre exportation des grains. Il en constata bientôt les fâcheux résultats, qui furent d'accord avec ses pressentiments, et il se décida à se jeter dans la bataille. Trois motifs l'y poussaient : la connaissance qu'il avait de la question, le désir de s'engager dans la controverse en vogue, et enfin son antipathie contre les économistes. Son humeur batailleuse trouvait là une belle matière pour se déployer. C'était en même temps l'occasion de faire sanctionner par l'opinion publique une réputation qui jusqu'alors n'avait pas franchi l'enceinte de quelques salons d'élite. Il soutenait dans son livre, comme dans ses conversations, une de ces opinions moyennes, de nature à faire briller un esprit souple et plein de ressources. Il n'était ni pour la prohibition absolue, ni pour la liberté absolue. Et, comme les questions économiques semblent avoir pour effet infaillible de créer une espèce de littérature à part, peu délicate dans le choix des mots, lui-même déclarait qu'il n'était pas *exportiste;* il ne voulait pas cependant qu'on interdît le commerce des blés; il demandait seulement un droit fixe à l'exportation, combattant ainsi les théories absolues d'un côté comme de l'autre. Et, quand il dut donner une forme définitive à ses idées, ce fut tout naturellement le dialogue qui s'offrit à lui comme étant la forme même et l'habitude de son esprit. Le brillant causeur espérait qu'on le retrouverait dans l'écrivain.

Nous n'avons à juger ici ni le fond de la question, qui a été mille fois discutée sans être jamais complètement résolue, ni l'abondance, la variété, le piquant des arguments, la finesse et les grâces du dialogue. Il n'y a plus lieu d'y revenir. C'est simplement le jeu de l'acteur et la mise en scène que nous voulons étudier, non pas tant le talent de l'auteur que le savoir-faire avec lequel il en tire parti, il le produit, il lui conquiert de précieux suffrages, il le lance dans le monde et lui assure un sort. Et que de difficultés à vaincre ! Tout allait être prêt pour la publication, quand l'abbé reçu l'ordre de partir de Paris sous quatre jours. Sa douleur de Parisien proscrit se doubla du désespoir de l'auteur décontenancé qui laissait derrière lui, en franchissant la barrière de l'avenue d'Italie, un manuscrit et une réputation en péril. Par une inspiration suprême, il les confie à Mme d'Épinay, bien persuadé que grâce à un pareil patronage, Grimm et Diderot, sans parler des autres, y mettront la main et ne s'épargneront ni pour la revision du manuscrit ni pour la fortune du livre. Et, quand il est parti, quel art pour exciter le zèle de son aimable correspondante, pour la tenir en haleine, pour lui persuader de faire de la publication et du succès des *Dialogues* son affaire personnelle! Quelle surveillance attentive, exercée de loin sur les moindres détails, et surtout au point de vue du succès espéré, non sans un certain mépris du public ! On lui indique des corrections qui ont paru nécessaires. Il en accepte quelques-unes; pour d'autres, il se défend : « .... Pour ce qui est des plaisanteries qu'on a enlevées, bien loin d'être de votre avis, j'ai trouvé qu'il n'y en avait pas assez. Vous direz : « Mais elles n'étaient pas du meilleur goût. » Hé! tant mieux, madame! Croyez-vous que tous les lecteurs aient du goût? Il faut plaire à tout le monde. Que de plaisanteries mauvaises n'a pas imprimées le patriarche Voltaire ! Enfin, je les aurais laissées, elles auraient peut-être fait la fortune de l'ouvrage auprès des sots, qui sont en grand nombre[1]. »

Tout d'abord Mme d'Épinay est chargée de trouver un éditeur ; Galiani a fixé le prix de son manuscrit à cent louis. Cela ne se rencontre pas du premier coup. L'abbé est sur les épines. Au moindre retard de la correspondance son inquiétude déborde : « Pourquoi ce silence? Êtes-vous incommodée? L'affaire a-t-elle rencontré quelque obstacle? Je suis dans une obscurité et dans une in-

---

1. 14 août 1769

certitude mortelles. » Il apprend que Mme d'Épinay a
trouvé un éditeur, c'est le libraire Merlin : « Enfin,
s'écrie-t-il, je suis sous presse. Vive la joie! Mais vous qui
êtes mère, vous devez bien imaginer ce que c'est que le
cœur d'un père. Pourquoi ne pas m'envoyer quelques
feuilles? N'arrêtez pas mon impatience, je vous prie.
me verrai, je me lirai, je m'extasierai et je dirai : Possible que j'aie eu tant d'esprit? Qui est-ce qui le croira[1]? »
Et comme Perrette pour son pot au lait, il imagine pour
les cent louis de son ouvrage toute sorte de destinations
diverses. Dans chaque lettre, il demande qu'on lui envoie
des nouvelles « sur l'accouchement », sur « la naissance
de l'enfant posthume ». Quand l'ouvrage a paru, ce sont
des instructions à n'en plus finir sur des exemplaires à
distribuer. Et toujours le refrain : « J'attends les nouvelles
du bruit que *ma bombe* aura fait en crevant à Paris ».
Mme d'Épinay est infatigable. Au milieu de ses charmantes lettres, pleines d'une douce gaieté et de bonne
humeur, elle garde quelques lignes pour satisfaire à
toutes les manies de l'auteur. Elle l'avertit que l'abbé
Morellet enrage et qu'il va le réfuter, que M. de Sartine
lui a donné un censeur « qui a laissé lire son livre à
bien des *physionomies rurales*[2] » (il s'agit de M. Court
de Gébelin, le disciple bien-aimé du célèbre Quesnay,
fondateur de la secte des économistes, l'auteur de la
Physionomie rurale). Enfin elle l'informe que ses affaires
d'argent la désolent et que *l'enchanteur* Merlin ne finit
point de lui donner le prix convenu. Cette histoire des
cent louis, livrés à grand'peine et pièce à pièce, sur les
instances perpétuelles de Galiani, toujours alarmé, toujours en colère, revient si souvent qu'on nous dispensera
d'en parler. Sur ce point-là, notre abbé est bien le cor-

1. 18 septembre 1769.
2. 4 octobre 1769.

respondant le plus désagréable et le plus fatigant qu'on puisse imaginer. Et avec quelle patience d'ange on lui répond!

L'intérêt se relève quand il s'agit de la censure qui pèse sur le livre et des critiques qu'on prépare. Le bouillant abbé ne se possède pas à cette pensée qu'on veut interdire la publication des *Dialogues*. « Je vous écris avec une humeur de chien, et c'est M. de Sartine seul qui en est cause. Faites-lui-en les reproches les plus tendres et les plus amers. Mordez-le, pincez-le, égratignez-le, pour lui faire entendre raison. Qu'avancera-t-il à me ruiner? Est-ce qu'il m'empêchera de faire imprimer l'ouvrage en Hollande, ou même ici?... Était-il croyable que le seul livre respectueux qu'on ait fait jusqu'à cette heure sur les matières d'administration, rencontrât tant de difficultés, pendant qu'on laisse paraître avec la permission les satires qui seraient les plus sanglantes, si elles n'étaient pas ennuyeuses[1]? » Sur ces entrefaites, l'abbé Terray est nommé contrôleur général, et ses idées étant naturellement à l'opposé de celles de son prédécesseur, il lève l'interdiction : « J'observe, s'écrie Galiani triomphant, qu'il a fallu renvoyer un contrôleur, causer des banqueroutes immenses, exciter le bouleversement de l'État, pour que mon petit livre paraisse. La nuit qui accoucha d'Hercule ne fut pas, à beaucoup près, si longue ni si orageuse[2]. » — Mais déjà la critique, avertie par le bruit public et les indiscrétions de la censure, faisait son œuvre; les économistes entraient en lutte contre l'audacieux qui se moquait de leur science doctorale et de leurs grands principes. Galiani sait que l'abbé Morellet a, dès le premier jour et sur un signe de l'autorité, taillé sa lourde et grosse

1. 18 décembre 1769.
2. 20 janvier 1770.

plume de bataille; il s'inquiète, il envoie toute sorte de bonnes paroles qu'il désire qu'on lui répète : « C'est un homme, dit-il, qui a le cœur dans la tête, et la tête dans le cœur. Il raisonne par passion et agit par principe. Cela fait que je l'aime de tout mon cœur, quoique je raisonne différemment et qu'il m'aime aussi à la folie, quoiqu'il me croie *Machiavellino*. Au reste, je crois que son cœur, qui est le plus vertueux et le plus beau du monde, entraînera sa tête, et qu'il finira par ne pas répondre et par m'aimer davantage. » Pour un peu il sacrifierait ses idées, il les atténuerait au moins autant que possible, dans l'espoir de désarmer le pesant dialecticien, qui, selon lui, s'apprête à s'escrimer contre des fantômes. Jusqu'où ne pousse-t-il pas les concessions? Malgré toute sorte de gentillesses épistolaires à l'adresse de l'abbé Morellet, celui-ci était lancé et ne pouvait plus s'arrêter : ces grosses machines de guerre, une fois en mouvement, vont jusqu'au bout. L'autre abbé se fâche et déjà récrimine : « Panurge a donc écorché son doigt (dans la précipitation avec laquelle il écrivait) en attendant de m'écorcher moi tout vif, et les oreilles des auditeurs peut-être. Mais pourquoi me réfute-t-il si je n'ai pas encore achevé de parler?... Le dernier dialogue n'est pas fini. Il y manque le plus important de mon système. L'abbé devrait m'écouter jusqu'au bout[1]. »

Une singulière aventure, qu'il faut rappeler comme un signe des mœurs littéraires du temps, vient délivrer provisoirement Galiani de cette alarme. Une des industries de Morellet, dont on retrouverait aisément l'analogue parmi nos contemporains, consistait à fabriquer sur commande des brochures et des pamphlets pour le compte de l'administration, qui faisait ainsi défendre ses

---

1. 3 février 1770.

idées, attaquer ses adversaires, sonder l'opinion publique, exactement comme cela se fait encore, à ce que l'on nous assure. C'est ainsi que ce journaliste officieux avait écrit un *Mémoire sur la situation actuelle de la Compagnie des Indes*, commandé par M. d'Invaux, contrôleur général, mémoire dont Galiani parlait comme d'un véritable « coup de massue ». C'est aussi par l'ordre du même contrôleur, partisan déclaré des économistes, que Morellet avait entrepris la réfutation des *Dialogues*, dans le temps même qu'ils étaient arrêtés par la censure. On ne se piquait pas de générosité alors, pas plus qu'aujourd'hui. Mais voilà d'Invaux renversé, Terray au pouvoir, Galiani exulte de joie : « Il appartenait à cet abbé, qui en vaut mille autres, s'écrie-t-il, de me laver de cette vermine d'abbés qui ne mord pas, mais qui me démange parfois[1]. » La réfutation de Morellet, commencée sous d'autres auspices, fut imprimée ; mais, par un étrange renversement de fortune, ce fut elle qui, à son tour, fut interdite, tandis que le permis de circuler était accordé aux *Dialogues*, et ce ne fut que quatre ans après, en 1774, qu'elle put paraître, tardivement et après la bataille gagnée.

L'ouvrage espéré arrive à Naples. « J'ai enfin, écrit Galiani, reçu un exemplaire du livre qui fait tant de bruit à Paris, et que j'ai lu avec la plus grande avidité, ne me souvenant presque plus de ce qu'il contenait. Foi de connaisseur, c'est un bon livre. S'il a plu à l'abbé Raynal et à notre cher Shoenberg, je suis content. Pour Mme du Deffand, je suis bien sûr qu'elle ne l'a pas lu. Pour Duclos (qui avait critiqué le livre), son avis indique toujours quel est l'avis contraire du reste de l'univers. Ainsi tout va bien[2]. » Mme d'Épinay lui transmet cependant, à mesure qu'elles se produisent, les objections,

1. 11 août 1770.
2. 3 février 1770.

quelques-unes très subtiles. L'abbé a réponse à tout, et il supplie Mme d'Épinay de donner la plus grande publicité possible à ces réponses. Il la conjure en même temps de ne pas laisser ralentir autour du *nouveau-né* le zèle des amis importants, et même d'exciter la sympathie publique en racontant l'histoire lamentable de cet ouvrage « et dans quelles circonstances fâcheuses il a été conçu et avorté ». Lui-même ne savait pas ce qu'était ce livre, il n'avait pas pu le lire une seule fois de sang-froid avant de quitter Paris. « Cela ne fait rien au public, dit-il, avec toute sorte de câlineries; mais j'espère que mes amis le liront avec plus d'indulgence, et en un mot, pourvu que la lecture leur retrace le souvenir du son de ma voix, de mon dialogue, de mes gestes, voilà tout ce que je demande. Qu'on m'aime, car *par la sang bleu!* je le mérite à tous égards, et ils ne reverront pas de longtemps à Paris un étranger plus aimable que moi[1]. » Dès sa naissance l'ouvrage était vivement attaqué, et l'abbé était d'une étrange sensibilité aux attaques. Il reçoit avec une certaine bravoure « la décharge des grenadiers et de la première file »; mais il supporte d'assez mauvaise humeur « le bruit des goujats de l'armée, qui est diabolique ». Dans un jour où la colère, l'humeur, l'inspirent, et, comme il arrive, l'inspirent mal, il écrit à Mme d'Épinay pour solliciter, par son intermédiaire, quelque signe de faveur du gouvernement, une médaille, une lettre, un applaudissement marqué et qu'on pût publier. Cela lui suffirait et suffirait à l'Europe pour témoigner qu'il n'a jamais eu en vue que de délivrer la France des conseils d'une secte de plats et imbéciles conseillers. Il serait de la justice de M. le Contrôleur général de lui accorder quelque réparation d'honneur pour les sottises atroces qu'il a dû

1. 27 janvier 1770.

essuyer, en voulant rendre service à la nation qui l'a si bien accueilli. On ne saurait nier qu'il a été vilainement outragé en face de l'Europe par un tas de canaille économique (*sic*). M. de Sartine, qui a la librairie, ne se sent-il pas coupable de lèse-amitié, et d'avoir manqué à ce que la décence publique demande, même chez une nation où l'on veut encourager la liberté de la presse? Il ne demande pas à être vengé! Il demande un honneur qui lui est bien dû. Mme d'Épinay connaît M. de Sartine; elle connaît M. l'abbé Terray; M. le chancelier Maupeou est son ami : qu'elle fasse donc tout ce que l'amitié lui dictera. Et puis il lui faudrait d'autres applaudissements que ceux de Fréron. « Fréron! Quel nom! Quel témoignage! »

Le succès, en effet, était assez long à se décider. Le public, je parle du grand public, restait réfractaire, ou, ce qui est plus grave, indifférent. La première édition ne s'enlevait pas chez le libraire, que Galiani accuse sans cesse, contre lequel il récrimine avec aigreur, comme si les libraires étaient responsables de la froideur du public. Bien mieux que *l'enchanteur* Merlin, comme on l'appelait en riant, ce fut une magicienne, une fée, qui lui ouvrit les avenues du succès. Au lieu d'en appeler à M. de Maupeou ou à M. Terray, ainsi que le demandait naïvement l'auteur, Mme d'Épinay finit par créer en sa faveur, dans un monde d'élite, une popularité légèrement factice, qui ne pénétra pas aussi loin qu'on pourrait le croire à distance. Grimm, Diderot, prirent la tête de cette conspiration des salons. On connaît le fameux *Sermon philosophique* que Grimm prononça le jour de l'an 1770, « dans la grande synagogue de la rue Royale, chez le baron d'Holbach, butte Saint-Roch ». Quelques passages donneront la note de cette véhémente apologie, sous cette forme plaisante que Galiani avait mise à la mode : « Mes frères, le ciel nous a suscité un sauveur chez l'étranger. Je vous apporte votre sauveur dans ma poche, je vous le donne pour vos étrennes. Pardonnemoi, ô cher et lumineux Napolitain, de t'avoir qualifié d'étranger dans ce lieu saint, dont les murs retentissent encore de tes sermons pleins de génie et de verve, de vues neuves et de gaieté!... S'il nous était ordonné, mes frères, de faire au public l'éloge de ces *Entretiens* d'un seul trait, on lui ferait remarquer que, sur une matière si épuisée, si fastidieusement rebattue pendant dix-huit années consécutives, l'auteur a trouvé le secret de faire un ouvrage absolument neuf, rempli de vues d'une étendue immense et dont aucun de nos myopes économiques ne se serait jamais douté. Il était sûr, par la simple inspection du titre de son livre, de faire enfuir les lecteurs les plus intrépides, et d'exciter des bâillements d'un bout de Paris à l'autre. Mais, ô prodige inattendu! dès qu'on a ouvert ce livre, on est ensorcelé et on ne peut plus le quitter. Depuis l'instant qu'il est devenu public, tout le monde se l'arrache. » De son côté, sous la même inspiration, Diderot écrivait : « Eh bien, monsieur, vous avez donc quelque peine à croire qu'un étranger qui n'a fait en France qu'un séjour assez court ait pu se rendre maître de notre langue au point d'écrire avec cette facilité, cette force, cette élégance et surtout ce ton de plaisanterie naturelle? Mais cet étranger a vécu dans la meilleure compagnie; c'est l'abbé Galiani, et cet abbé n'est point du tout un homme ordinaire. Ceux qui l'ont connu vous diront tous que ses *Dialogues* sont calqués sur sa conversation. » Et, après de nombreux détails destinés à faire connaître Galiani à la portion très nombreuse du public qui ne le connaît pas, d'après les notes personnelles fournies par l'auteur, il ajoute : « Je connais peu d'hommes qui aient autant lu, plus réfléchi et acquis une plus ample provision de connaissances. Je l'ai tâté par les côtés qui me sont familiers et je ne l'ai trouvé en défaut sur aucun. Sa pénétration est telle qu'il n'y a point de matière ingrate ou usée pour lui. Il a le talent de voir dans les sujets les plus connus toujours quelque face qu'on n'avait point observée, de lier et d'éclaircir les plus disparates par des rapprochements singuliers, et de trancher les difficultés les plus sérieuses par des apologues originaux dont les esprits superficiels ne sentent pas toute la portée. »

Voltaire lui-même prêta sa plume souveraine à la fortune de l'ouvrage. Dans l'article *Blé* de l'Encyclopédie, que nous avons déjà cité, voici ce qu'il écrit d'un ton plaisant et sérieux à la fois : « M. l'abbé Galiani trouve le secret de faire, même en français, des dialogues aussi amusants que nos meilleurs romans, et aussi instructifs que nos meilleurs livres sérieux. Si cet ouvrage ne fit pas diminuer le pain, il donna beaucoup de plaisir à la nation, ce qui vaut beaucoup mieux pour elle. Les partisans de l'exportation illimitée lui répondirent vertement. Le résultat fut que les lecteurs ne surent plus où ils en étaient. La plupart se mirent à lire des romans en attendant les trois ou quatre années abondantes de suite, qui les mettront en état de juger. Les dames ne surent pas distinguer davantage les froments du seigle; les habitués de paroisse continuèrent de croire que ce grain doit mourir et pourrir en terre pour germer. » Ces derniers mots montrent bien que Voltaire n'est pas dupe, au delà de ce qu'il convient, de l'infaillibilité économique du petit abbé, tout en constatant le succès des *Dialogues* et même en y aidant.

Galiani ne se trompa guère. Au ton plaintif et irrité de ses lettres, à ses préoccupations perpétuelles de toute critique ou de toute controverse, à cette démangeaison de

commentaires, d'explications de toute sorte qu'il ajoute
à ses *Dialogues*, à ce souci perpétuel d'une seconde édition toujours annoncée et suspendue, on voit bien que,
tout en jouissant des louanges qu'il reçoit de divers côtés,
il n'est pas content; il sent ce qui manque à sa gloire,
la spontanéité et l'unanimité du public, il n'en prend pas
son parti franchement, il ne peut se consoler de ce succès
qui reste au-dessous de son attente. En vain essayait-il de
se faire illusion de temps en temps en se persuadant que
des hommes d'État s'inspiraient de ses idées : « Savez-vous, écrivait-il en 1774[1], que je reçois des compliments
de toutes parts, d'Italie, d'Allemagne, etc., sur ce qu'on
croit que M. Turgot a tiré de mon livre tous les principes de son édit, et de ce qu'il en a adopté le système
en entier, d'encourager la circulation intérieure, et de
ne s'occuper que de cela? Dites ce que je vous mande,
et qui est très vrai, à Morellet, et voyez-le expirer de
chagrin. » Il ignorait alors le jugement sévère que
Turgot avait porté sur lui, au moment de la publication
des *Dialogues*. Ce grand honnête homme, maladroit à
manier les intérêts et les vanités, mais passionné pour le
bien public, ne pouvait s'accommoder de cette prudence
exagérée du Napolitain, « si ennemie de l'enthousiasme,
si fort d'accord avec tous les *Ne quid nimis* et avec tous
les gens qui jouissent du présent et qui sont fort aises
qu'on laisse aller le monde comme il va, parce qu'il va
fort bien pour eux, gens qui, ayant leur lit bien fait,
ne veulent pas qu'on le remue ». On n'a rien dit de
plus juste.

Ce que Turgot condamne, c'est moins la solution
moyenne, très légitime en soi, adoptée par Galiani dans
cette question spéciale, que le tour d'esprit et le tempé-

---

[1] 24 décembre.

rament qui s'y révèlent. Il devine à qui il a affaire, à un optimiste d'expédients qui l'est par prudence et sans conviction, qui voit le mal, mais qui s'en accommode mieux que des remèdes incertains, préférant, pour le gouvernement des États, les défauts ou les misères qu'il connaît aux risques que l'on peut courir en essayant de les corriger. Là éclate la supériorité des économistes sur leur trop spirituel adversaire. Eux, du moins, ils cherchent avec passion le mieux; s'ils se trompent, c'est avec une bonne foi absolue, avec une probité, une sorte d'espoir enthousiaste du progrès et un désintéressement qui donnent à leurs erreurs mêmes un air de grandeur que n'auront jamais le quiétisme savant et la clairvoyance des éternels Galianis que le monde recèle.

Turgot et Galiani, ce sont bien les deux types en contraste et les représentants de ces deux races d'esprit. Au fond, les *Dialogues* sont l'expression très exacte des vues de Galiani sur le gouvernement; il se montre, ici comme ailleurs, l'ennemi de tous les systèmes, et il se moque agréablement de ceux qui prétendent en trouver dans son livre : « L'abbé Raynal, écrit-il à Mme d'Épinay, a bien raison de dire que l'ouvrage est profond. Il est diablement profond, car il est creux, et il n'y a rien dessous.... On s'apercevra, à la deuxième ou à la troisième lecture de l'ouvrage, que le chevalier Zanobi (qui, dans les *Dialogues*, représente l'auteur) ne croit ni ne pense un mot de tout ce qu'il dit; qu'il est le plus grand sceptique et le plus grand académique du monde; qu'il ne croit rien, en rien, sur rien, de rien. Mais de grâce, madame, ne lâchez pas ce mot qui est la clef du mystère[1]. » Un homme qui a la clef du mystère, ajoute-t-il, c'est un *homme qui sait que le tout se réduit à zéro.*

---

[1] 27 janvier 1770.

Donc pas de principes, des expédients, voilà toute sa politique. On se trompe fort quand on s'imagine qu'ami des encyclopédistes à Paris, il va propager et appliquer leurs doctrines à Naples. Rien de plus contraire à sa pratique. « Les théories générales et rien sont à peu près la même chose », dit-il expressément dans une curieuse lettre qui expose tout au long sa manière de voir sur l'art de gouverner les États : « La politique est la science de faire le plus de bien possible avec le moins de peine possible, selon les circonstances. C'est donc un problème *de maximis et minimis* à résoudre. La politique est une courbe (une parabole) à tirer. Les *abscisses* seront les biens, les *ordonnées* seront les maux. On trouvera le point où le moindre mal possible se rencontre avec le plus grand bien. » Encore n'avons-nous là qu'une équation indéfinie qui ne se trouve fixée que lorsque vous l'appliquez aux cas particuliers. « Vous demandez s'il est bon d'accorder une liberté entière à l'exportation des blés. Ce problème général n'est résolu que par une équation indéfinie. Vous demandez ensuite s'il faut accorder la libre exportation dans l'année 1773. Alors le problème est fixé, parce que vous fixez le pays et le temps; et la même équation appliquée au cas fixé pourra vous donner tantôt l'affirmative (la positive), tantôt la négative. La politique est donc la géométrie des courbes, la géométrie sublime des gouvernements, comme la police en est la géométrie plane, simple; les six premiers livres d'Euclide[1]. » Et le thème se déroule avec un calme de conviction négative et une simplicité de logique qui compte bien déconcerter les théoriciens : « Rejetez loin de vous et de la politique ces grands mots vides de sens, de la force des empires, de leur chute,

---

1. 6 novembre 1773.

de leur élévation... N'aimez pas les monstres de l'imagination et les êtres moraux. Il ne doit être question que du bonheur des êtres réels, des individus existants ou prévus. Nous et nos enfants, voilà tout. Le reste est rêverie. » Cette doctrine a un nom bien connu : c'est l'empirisme pur et simple.

D'après cette exposition de principes, dont le premier est qu'on n'en doit pas avoir, il ne faut pas s'étonner que le hardi penseur, familier avec toutes les audaces de la théorie la plus émancipée sur les bords de la Seine, devienne un politique timoré à Naples et ce qu'on appellerait aujourd'hui un réactionnaire décidé. Chargé de la censure en 1777, il a droit de vie et de mort sur toutes les pièces. Il en profite sans scrupule et sans vergogne. Et, quand survient à Naples une troupe de comédiens français qu'il appelle assez plaisamment « les missionnaires du patriarche », voilà l'ami de Voltaire et de Diderot qui défend *Olympie*, qui défend le *Galérien*, quoi encore? Le *Tartufe*. « Oui, monsieur l'anticagot, écrit-il à d'Alembert. Oui, le *Tartufe*! » Il est naturellement aussi l'ennemi de la liberté de la presse. Tout n'est pas à mépriser, d'ailleurs, dans sa manière de voir sur ce sujet : « Rien ne contribue davantage à rendre une nation grossière, détruire le goût, abâtardir l'éloquence et toute sorte d'esprit. Savez-vous ma définition du sublime oratoire? C'est l'art de tout dire sans être mis à la Bastille, dans un pays où il est défendu de rien dire. Si vous ouvrez les portes à la liberté du langage, au lieu de ces chefs-d'œuvre d'éloquence, les remontrances des parlements, voici les remontrances qu'un parlement fera : *Sire, vous êtes un s... j... f....* La contrainte de la décence et la contrainte de la presse ont été les causes de la perfection de l'esprit, du goût, de la tournure chez les Français. Gardez l'une et l'autre, sans quoi vous êtes perdus. La nation deviendra aussi grossière que l'anglaise, et le point d'honneur (honneur, le pivot de votre monarchie) en souffrira. Vous serez aussi rudes que les Anglais, sans être aussi robustes; vous serez aussi fous, mais beaucoup moins profonds dans votre folie[1]. » Il y a une vue juste au fond de cette apologie paradoxale du régime de la censure. Il est certain que ce régime, si favorable aux abus du pouvoir dont il supprime la discussion et le contrôle, par là même développe la finesse, l'acuité de l'esprit, l'art de tout dire, comme dit Galiani, sans être mis à la Bastille. Comparez le journalisme aux jours où il n'est pas absolument émancipé, aux jours de la liberté comprimée ou supprimée, et ce qu'il devient quand il n'a plus à subir ni une entrave ni une menace! Il faut en prendre son parti. La presse perd en finesse et en esprit tout ce qu'elle gagne en liberté. Quand la *contrainte de la presse* tombe, elle ne rencontre devant elle que la *contrainte de la décence*, et ce dernier obstacle est bientôt franchi. De tout cela, bien entendu, nous ne parlons qu'au point de vue de l'art; c'est une question d'esthétique et de littérature que nous traitons en passsant, non de politique, et, en tant qu'artiste, Galiani semble avoir raison.

C'est cette absence à peu près complète de convictions qui développe chez lui une si redoutable clairvoyance en politique. Il excelle à saisir les causes cachées, et, dans les causes, les effets à déduire des données actuelles, la moyenne des résultats probables. Rien ne trouble plus d'ordinaire la clarté du jugement dans l'appréciation et la prévision des événements de ce genre, que la nature des esprits dogmatiques, qui ne veulent jamais que leurs idées aient tort, ou bien encore la proximité immédiate

---

1. 24 septembre 1774.

des hommes et des choses, qui empêche la liberté de la vue ou enfin la préoccupation que créent certaines situations, comme la participation au gouvernement, qui donne l'illusion d'une infaillibilité momentanée. Or Galiani est loin de Paris, il est étranger à toute responsabilité, et ses principes ne le gênent pas pour bien voir. Aussi, sur combien de points cette sagacité est en éveil et tombe juste! Ses amis aimaient à le mettre à l'épreuve; on lui demandait souvent « les almanachs », c'est-à-dire des prophéties. Il ne s'y refusait pas, et quelques-unes sont vraiment bien curieuses. Relisons la lettre du 8 juillet 1774. Quelle série d'étonnants pronostics sur les réformes que le nom de Louis XVI promet à la France, un instant enivrée! « Vous verrez avec quelle adresse, quel enchaînement admirable, le Destin (cet être qui en sait bien long), au meilleur roi possible, au mieux intentionné, escamotera tous les desseins, détournera toutes les bonnes intentions, et fera tout ce qu'il voudra et tout ce que nous ne voudrions pas. — Arrêtez-vous de grâce devant un rôtisseur; regardez un tournebroche; voyez-vous ce magot, en haut, qui paraît, avec une force et une application étonnantes, s'employer à tourner la roue; eh bien, c'est là l'homme, le contrepoids caché est le Destin, et ce monde est un tournebroche. Nous croyons le faire aller, et c'est lui qui nous fait aller. » Mêmes prévisions pessimistes pour Turgot : « Enfin M. Turgot est contrôleur général. Il restera trop peu de temps en place pour exécuter ses systèmes. Son administration des finances ressemblera à la Cayenne de son frère (où avec les meilleures intentions du monde il échoua complètement).... Il punira quelques coquins; il pestera, se fâchera, voudra faire du bien, rencontrera des épines, des difficultés, des coquins partout. Son crédit diminuera, on le détestera; on dira qu'il n'est pas bon à la besogne; l'enthousiasme se refroidira; il se retirera, ou on le renverra; et on reviendra une bonne fois de l'erreur d'avoir voulu donner une place telle que la sienne, dans une monarchie telle que la vôtre, à un homme très vertueux et très philosophe[1]. » Il donne, dans une lettre précédente[2], une triste raison à cette impossibilité apparente des réformes en France : « Permettez-moi, dit-il, d'être fâché de l'engouement des Français à son égard (à l'égard du nouveau roi). Je vous connais, je sais combien il vous est aisé de vous dégoûter par un effet de l'excès des désirs et des espérances conçues. D'ailleurs, plus j'y pense, plus je trouve que c'est la chose du monde la plus difficile de gouverner bien la France, dans l'état où elle est. Vous êtes précisément dans l'état où Tite-Live peint les Romains, qui ne pouvaient plus souffrir ni les maux ni les remèdes. Les vices ont pris racine, ont fait corps avec les mœurs. » Suit une description froide, logique et terrible de cet état social, « qui est, dit-il, l'état de l'Europe et le vôtre ». Dans chacune de ces prédictions il y a des pressentiments de révolution prochaine et implacable.

Quelquefois ses prophéties allaient plus loin que le siècle. Il s'amusait, vers 1771, à écrire pour son ami Grimm le programme d'un livre qui devait contenir l'histoire de l'année 1900. Ce programme est une démonstration singulière de cette loi que nous énoncions tout à l'heure sur les conditions de la sagacité en matière politique, et dont la première est qu'on n'y soit intéressé en rien, ni pour son propre compte, ni pour celui de ses idées. Ainsi, le petit prophète napolitain déraisonne dès qu'il s'agit de faits où est intéressée la doctrine des *Dialogues*, à supposer qu'il en ait une. « En 1900, dit-il,

1. 17 septembre 1774.
2. 4 juin 1774.

la marine sera très négligée; il y aura très peu de commerce, et presque tout par terre et de proche en proche, car chaque nation ayant perfectionné son agriculture et ses arts, se suffira à elle-même, et les sottes lois très favorables à l'exportation et contraires à l'importation auront détruit tout commerce, etc. » Il est impossible de se tromper plus lourdement, par infatuation d'auteur. Mais voyez comme sa vue s'éclaircit, dès que sa personnalité n'est plus en jeu. C'est un coup d'œil prophétique sur l'état de l'Europe dans cent ans « ... Le pape ne sera plus qu'un illustre évêque, et point prince; on aura rogné tout son État petit à petit... Les forteresses actuelles tomberont en ruines, et les remparts deviendront partout de belles promenades en quinconces.... L'Angleterre se divisera de l'Europe, comme le Japon de la Chine.... Dans ce temps-là, les sciences à la mode seront les physiques, les chimiques et les *alchimiques*.... A force de lier les sciences vraies ensemble, on en tirera une fausse qui ne subsistera qu'en mots creux, ou en axiomes de platitudes obscurcies par les grands mots.... Plus de théologie, plus d'antiquités, plus de langues savantes.... » Et que dire de l'avènement des avocats pronostiqué en termes si clairs dans la société future : « Heureux les robins, qui seront alors nos mandarins! Ils seront tout, car les soldats ne seront que pour la parade.... » Et la prophétie continue, moitié plaisante, moitié sérieuse; puis elle s'interrompt tout à coup sur une boutade. A quoi bon tout cela? « Je suis sans maîtresse, sans amis, sans écouteurs, sans parleurs, sans rien de ce que j'avais autour de votre cheminée[1] », et tout d'un coup la Sibylle, songeant que ses oracles n'éclateront qu'à plusieurs centaines de lieues

---

1. 27 avril, 4 mai, 11 mai 1771.

de Naples, retombe du haut de son trépied. Il faut au petit prophète un entourage, des applaudissements immédiats pour entretenir sa verve; il se décourage et réfléchit sur son isolement, sur son ennui incurable et profond : « Je trouvai que cette lassitude est positivement l'évaporation de cette matière qu'on appelle l'âme.... La mort est donc une lassitude universelle produite par un excès de désirs. Je meurs d'envie de retourner à Paris : voilà ma mort. Bon soir[1]. » De toutes ses prophéties, c'était encore la plus sûre : il mourra de cette nostalgie de Paris, où il ne devait pas revenir.

IV

Nous ne parlerons des divers ouvrages qui amusaient les loisirs de Galiani que pour marquer un trait de son caractère, le contentement extrême de tout ce qu'il écrit. C'est d'abord *La Bagarre*, une parodie des économistes, et spécialement de Mercier de Neuville, qui venait de publier son livre de *L'intérêt général de l'État*. Galiani prétend n'avoir jamais rien écrit de plus gai ni de plus spirituel. Nous n'y contredisons pas; mais nous devons l'en croire sur parole, le manuscrit ayant disparu[2]. C'est ensuite un *Socrate imaginaire*, opéra bouffon dont on fait les vers sous sa direction et que Paesiello met en musique. « Il n'y a rien de plus fou », a dit l'auteur, un peu gâté par le souvenir de ses bonnes fortunes d'esprit et ne doutant pas de sa verve comique. « C'est une imitation de *Don Quichotte*. On suppose un « bon bourgeois « de province, qui s'est mis en tête de rétablir l'ancienne

---

1. 6 juin 1771.
2. Lettres du 25 août et du 13 octobre 1770.

« philosophie, l'ancienne musique, la gymnastique, etc.
« Il se croit Socrate : il a pris son barbier, dont il a fait
« Platon (c'est le Sancho Pança); sa femme est acariâtre
« et le bat toujours ; c'est une Xantippe.... *Ce sujet serait*
« *digne d'un roman bien gai, et c'est, à mon avis, le seul*
« *qui pourrait être aussi original que Don Quichotte, et*
« *du goût de notre siècle.* » Il fallait que les plaisanteries napolitaines dont la pièce était émaillée fussent bien comiques pour racheter la pauvreté de ce canevas. Elle réussit ; mais, après quelques représentations, elle fut interdite, et c'est ce qui excusait, plus tard, aux yeux de Galiani, devenu censeur, ses propres rigueurs pour les pièces des autres, qu'il interdisait à son tour en s'en vantant. Singulière peine du talion, ou plutôt logique à rebours, mais qui est bien dans l'humeur du vaniteux et vindicatif petit abbé. — Sans doute pour mettre tous les lecteurs à même de goûter le charme de ses plaisanteries indigènes, il entreprend un dictionnaire du dialecte napolitain, avec des recherches étymologiques et historiques, sur les mots particuliers à ce *jargon*[1]. Et avec cette satisfaction imperturbable qu'il porte dans toutes ses œuvres, il ajoute : « Ce livre sera curieux et utile à mon pays ; au reste, plaisant au dernier degré pour ceux qui entendent notre dialecte. » L'ouvrage devait être vif; car l'auteur recommande deux fois à Mme d'Épinay de lui garder le secret. Enfin, il s'occupe entre temps de retoucher son *Horace*. On sait que, pendant son séjour à Paris, il avait entrepris un commentaire sur le poète latin ; il en faisait des lectures fréquentes à ses amis, particulièrement Grimm et Diderot, qui le vantaient fort. Il poursuit son travail à Naples, et l'on voit bien que son œuvre

---

1. 17 avril 1779. C'est l'ouvrage qui fut publié, en 1779, sous le titre *Del Dialetto Napoletano*, et complété dans une publication posthume.

s'éclaire d'une idée nouvelle à ses yeux; c'est qu'il pourrait y avoir quelques traits de ressemblance entre le poëte et le commentateur. « Je m'occupe d'Horace, écrit-il, je suis parvenu à me former une idée bien distincte de sa vie : il a été malheureux, pauvre, très mal traité par Mécène, qui l'employa beaucoup et lui fit très peu de bien. Les Mécènes anciens étaient tels que les Mécènes modernes. Le monde s'est toujours ressemblé. » Il est assez clair qu'il fait là un retour sur lui-même. La vérité c'est qu'Horace n'a été ni malheureux, ni pauvre, ni mal traité par Mécène; Galiani ne l'a pas été davantage : il était pourvu de belles charges, de beaux bénéfices, très bien doté, très bien renté, sans être, il est vrai, jamais content des autres; il ne l'était, il ne le fut jamais que de lui-même. Beaucoup d'esprit n'empêche ni l'humeur difficile ni le mauvais caractère.

Les qualités comme les défauts de Galiani le rendaient singulièrement avisé dans ses jugements littéraires. Il a des aperçus remarquables, toutes les fois que sa personnalité inquiète et accapareuse n'est pas en jeu. Dieu sait s'il avait flatté Voltaire ! Il avait même fini par obtenir du *patriarche* une page aimable pour les *Dialogues*, mais dont il ne paraît pas aussi satisfait qu'il aurait dû l'être[1]. D'ailleurs l'abbé était de ceux qui ne sont pas esclaves des services sollicités et acceptés, et qui pratiquent largement l'indépendance du cœur. Personne n'a jugé plus librement que lui Voltaire, quand l'occasion se présente de le faire dans sa Correspondance. Mme d'Épinay avait, un soir, discuté avec un Anglais, particulièrement instruit de notre littérature, sur le bon ou le mauvais effet que pouvait faire un ouvrage tel que le *Commentaire* de Voltaire sur Corneille. On avait décidé de prendre Galiani

---

1. 2 février 1771.

pour juge. Celui-ci ne déclina pas la responsabilité qui lui était déférée. « Je n'ai jamais lu les notes de Voltaire sur Corneille, répondit-il, ni voulu les lire, malgré qu'elles me crevassent les yeux sur toutes les cheminées de Paris, lorsqu'elles parurent. Mais il m'a fallu ouvrir le livre deux ou trois fois au moins par distraction, et toutes les fois je l'ai jeté avec indignation, parce que je suis tombé sur des notes grammaticales qui m'apprenaient qu'un mot ou une phrase de Corneille n'étaient pas en bon français; ceci m'a paru aussi absurde que si l'on m'apprenait que Cicéron et Virgile, quoique Italiens, n'écrivirent pas en aussi bon italien que Boccace et l'Arioste[1]. » Et, à ce propos, il développe toute une théorie littéraire, qui ne manque pas d'à-propos pour notre temps où l'on juge si légèrement les hommes d'un autre âge avec des idées ou des formes d'esprit qui leur étaient étrangères. Selon lui, un siècle a droit de juger un autre siècle ; mais sur le mérite particulier d'un homme, il n'y a que son siècle qui ait le droit de prononcer, particulièrement s'il s'agit de la langue. Tous les siècles et tous les pays ont leurs langues vivantes, et toutes sont également bonnes. Chacun écrit la sienne : nous ne savons rien de ce qui arrivera à la langue française, lorsqu'elle sera morte ; mais il se pourrait bien faire que la postérité s'avisât d'écrire en français d'après le style de Montaigne et de Corneille, et pas d'après celui de Voltaire. Il n'y aurait rien d'étrange en cela. Voltaire a donc le droit de juger le siècle de Corneille, son goût, ses mœurs, le degré de l'art dramatique dans ce temps-là ; il n'a pas le droit, il ne lui appartient pas, sans quelque impertinence, de juger Corneille lui-même, au point de vue de la langue et des idées. Sous une apparence de paradoxe, et avec quelques exagéra-

---

1 25 avril 1774.

tions de détail, il y a là des considérations qui méritent qu'on en tienne compte.

Mme d'Épinay lui envoie une publication de Voltaire : *Il faut prendre un parti, ou le Principe d'action*, diatribe, où le patriarche s'était efforcé de donner les preuves de l'existence d'un Être suprême. Galiani démêle finement le fond d'incurable scepticisme qui s'y mêle : « Voltaire est déiste, dit-il, par des égards politiques. Ainsi les athées ne le compteront pas parmi leurs ennemis, quoiqu'il écrive contre eux. C'est bien plaisant que Voltaire paraisse modéré dans ses opinions, et qu'il se flatte d'être compté parmi les protecteurs de la religion, et qu'il faille, au lieu de le persécuter, le protéger et l'encourager[1]. » Enfin, il ne supporte pas cette société d'admiration et d'affection mutuelle que Voltaire a essayé de fonder parmi les philosophes : « Il a tort de leur dire : « Aimez-« vous, mes enfants. — Ceci ne doit se dire qu'à des « sectaires. Il faut dire cela aux économistes, aux jansé-« nistes; ils ont besoin de s'aimer, et la boîte à Perrette « est le pivot de toutes les sectes. Les philosophes ne « sont point faits pour s'entr'aimer. Voltaire n'a point « aimé, et il n'est aimé de personne. Il est craint, il a sa « griffe, et c'est assez. Planer au-dessus et avoir des « griffes, voilà le lot des grands génies[2]. » Galiani a raison au point de vue de la philosophie pure. Là, il ne devrait y avoir place ni pour ces ménagements et ces flatteries, ni pour ces effusions d'une sensibilité plus ou moins artificielle que Voltaire prodigue à ceux qu'on appelait de son temps les philosophes. Mais il faut se souvenir que la philosophie n'est pas une théorie pure pour Voltaire : c'est avant tout un combat, et dès lors cela implique une politique suivie, un système d'opposi-

1. 8 août 1772.
2. 24 novembre 1770.

tion, toute une administration par des moyens aimables et par la persuasion. Pour gouverner tant d'intelligences agitées, il a besoin de les flatter, de les ramener à force de soins sous la discipline de ses idées, de leur faire accepter de bon gré son joug, de former par cet accord plus qu'une réunion d'esprits libres, une véritable secte qui obéira à son impulsion et qui, tous les jours, consultera l'oracle.

Là où excelle la critique humoristique et érudite de Galiani, c'est chaque fois qu'il rencontre une question où la vie et les lettres anciennes sont intéressées et prêtent à son imagination l'occasion de quelques rapprochements avec le dix-huitième siècle. Il triomphe dans ces similitudes qui ont été si fort à la mode de notre temps. Quelle page ingénieuse sur Cicéron, à propos « d'une rapsodie de Voltaire », que Mme d'Épinay lui a envoyée et « qui combat une autre rapsodie de Linguet ! » Comme il connaît mieux l'antiquité, même à travers ses plaisanteries, que ne le fait Voltaire à travers ses réminiscences de rhétorique ! Comme on sent ici un esprit libre, affranchi du lieu commun et nourri d'érudition ! Nous ne pouvons en citer que quelques traits, mais toute la lettre est à lire. « Cicéron a été un des plus grands *littérateurs* qui aient jamais existé. Il savait tout ce qu'on savait de son temps, excepté la géométrie et autres sciences de ce genre. Il était médiocre philosophe, car il savait tout ce que les Grecs avaient pensé, et le rendait avec une clarté admirable, mais il ne pensait rien, et n'avait pas la force de rien imaginer.... Comme homme d'État, Cicéron, étant d'une basse extraction et voulant parvenir, aurait dû se jeter dans le parti de l'*opposition*, ou de la chambre basse, ou du peuple, si vous voulez. Cela lui était d'autant plus aisé que Marius, le fondateur de ce parti, était de son pays. Il en fut même tenté d'abord, mais le parti des grands avait besoin d'un jurisconsulte et d'un savant, car les grands seigneurs, en général, ne savent ni lire ni écrire. Il sentit donc qu'on aurait plus besoin de lui dans le parti des grands, et qu'il y jouerait un rôle plus brillant. Il s'y jeta, et dès lors on vit un *nouveau parvenu* mêlé avec les patriciens. Figurez-vous donc en Angleterre un avocat dont la cour a besoin pour en faire un chancelier, et qui suit par conséquent le parti du ministère. Cicéron brilla donc à côté de Pompée, etc.... Il n'était pas pusillanime, il était incertain. Il ne défendait pas des scélérats, il défendait les gens de son parti, qui ne valaient guère mieux que ceux du parti contraire. L'affaire de Catilina était grave, car elle tenait à la chaîne d'un grand parti.... Voltaire se moque de nous quand il nous parle du gouvernement de Cilicie de Cicéron. Il n'y a rien qui ressemble tant au gouvernement de Sancho Pança dans l'île de Barataria. C'était une affaire de cabale pour le faire parvenir à l'honneur du triomphe, comme les exploits de M. de Soubise n'étaient que pour le faire parvenir au bâton du maréchal. Cependant Cicéron le manqua, et son ami Caton s'y opposa le premier.... » Voici, marquée d'un trait ingénieux, l'attitude assez équivoque de Cicéron devant la religion officielle de son temps : « Le parti de l'opposition était un parti d'incrédules ; car les évêques (c'est-à-dire les augures, les pontifes) étaient tous lords et patriciens. Cicéron, qui, dans son cœur, penchait du côté de l'opposition, était incrédule en cachette, et n'osait pas le paraître. Lorsque le parti de César triompha, il se montra plus à découvert, et sans en rougir.... » Pour ressusciter ainsi la vie antique dans ses nuances et en saisir les fines ressemblances avec la vie moderne, il faut avoir, avec une érudition pénétrante, bien que paradoxale, un don rare d'intuition et le sens des analogies très développé.

Libre esprit, libre penseur, sceptique même, Galiani l'était assurément. Mais en tout cela, pour être juste, il faudrait marquer bien des nuances. Il est sceptique de tempérament et par la tournure de son esprit; il ne l'est pas dans le fond de ses idées qui, sans être des doctrines, se montrent parfois comme des opinions suivies et raisonnées. On se rappelle le célèbre apologue rapporté dans les Mémoires de l'abbé Morellet, qui étonna, ravit, scandalisa et fit réfléchir un soir le baron d'Holbach et ses convives. Galiani supposait un des convives, le plus convaincu que le monde est l'ouvrage du hasard, jouant aux dés contre un adversaire qui gagnerait toujours. « Les dés sont pipés, s'écrierait-il; je suis dans un coupe-gorge. — « Ah! philosophe! Comment! parce que dix ou
« douze coups de dés sont sortis du cornet de manière à
« vous faire perdre six francs, vous croyez fermement
« que c'est en conséquence d'une manœuvre adroite,
« d'une combinaison, d'une friponnerie; et en, voyant
« dans cet univers un nombre si prodigieux de combi-
« naisons mille et mille fois plus difficiles et plus com-
« pliquées, et plus soutenues, et plus utiles, vous ne
« soupçonnez pas que les dés de la nature sont aussi
« pipés, et qu'il y a là-haut un grand fripon qui se fait
« un jeu de vous attraper! » Galiani resta toujours, en philosophie, l'homme de cette soirée-là, l'homme des *dés pipés*. Il écrivait, en 1770, à l'occasion de ces systèmes de fatalisme et de matérialisme qui se multipliaient alors : « Il y a une erreur de raisonnement, dans ces grands systèmes, qui dure depuis qu'on en fait.... Oui, sans doute, ce monde est une grande machine qui se remue et va *nécessairement*; mais de combien de roues est composée cette machine? Voilà ce que personne ne cherche. Y a-t-il d'autre roue principale, outre les lois physiques du mouvement de la grosse matière et les lois physiques

des mouvements de cette matière subtile que nous appelons esprits? Ces matières et ces lois nous sont-elles toutes connues? Bref, y a-t-il d'autres esprits que l'esprit humain que nous connaissons? Les dés pipés tombent nécessairement autant que les dés non pipés, mais ils tombent différemment. Il en est de même de tous les autres événements. Il faudrait connaître tous les ressorts[1]. »

C'est surtout à propos du *Système de la nature* de son ami d'Holbach, publié sous le pseudonyme de Mirabaud, que sa vraie pensée se trahit. Il feint d'ignorer, en écrivant au baron lui-même, que cet ouvrage soit de lui. C'est là un des beaux exemples de discrétion que la société des Encyclopédistes ait donnés. Un bon nombre d'entre eux connaissaient le nom du véritable auteur, et jusqu'à la mort du baron, le secret fut gardé. Galiani profite de cette liberté que lui donne sa prétendue ignorance pour s'expliquer à son aise sur l'ouvrage. Il maintient contre l'auteur inconnu que le système du hasard ne vaut pas le système des dés pipés. « Ce monsieur Mirabaud, dit-il, est un vrai abbé Terray de la métaphysique. Il fait des réductions, des suspensions, et cause la banqueroute du savoir, du plaisir et de l'esprit humain.... Mais vous allez me dire qu'aussi il y avait trop de non-valeurs; on était trop endetté; il courait trop de papiers non réels sur la place. C'est vrai aussi, et voilà pourquoi la crise est arrivée[2]. » Ainsi, selon Galiani, on avait abusé du crédit en matière philosophique et religieuse; ce n'est pas une raison pour le tuer tout d'un coup comme le fait le système athée. A quelque temps de là le livre suscite de telles colères, que Galiani croit prudent de s'esquiver dans un silence honorable et neutre :

1. 19 août 1770.
2. 21 juillet 1770.

« J'ai le cœur saisi d'effroi sur la levée de boucliers que le clergé a faite contre cet ouvrage. Ces gens-là ont le nez fin. Assurément ils connaissent l'auteur, ou ils s'en doutent; ils l'indiqueront, on le sacrifiera. » Et, comme Mme d'Épinay le provoque par des questions vives et pressantes, il lui répond nettement : « Que voulez-vous de moi en m'écrivant et en réchauffant mon imagination et ma verve sur des matières qu'il est périlleux de consigner aux hasards du papier? Vous êtes femme, et vous écrivez de Paris. Je suis homme, abbé, conseiller, et j'écris de Naples. » C'est toujours avec ce sous-entendu de prudence qu'il faut interpréter la pensée de Galiani dans cet ordre de questions. Cependant il n'est pas douteux qu'hypothèse pour hypothèse, il n'accepte plus volontiers celle qui place une intention, un plan à l'origine des choses de préférence à celle qui y installe une nature aveugle ou le hasard.

Il ne faut pas s'attendre avec lui à des raisonnements bien serrés et longtemps sérieux. Mais, à travers ses boutades, il y a du bon sens assaisonné d'esprit. Dans une lettre à l'abbé Mayeul, il démontre plaisamment que c'est une maladresse des athées de soutenir que le monde est incréé parce qu'il est imparfait. Ils disent : « Si un Dieu l'avait fait, il serait sans doute le meilleur de tous : or il ne l'est pas, à beaucoup près; donc il n'y a pas de Dieu. » Pitoyable raisonnement! S'il était vrai que ce monde fût le meilleur possible, par cela même il serait évident qu'il serait incréé, et il n'y aurait pas de Dieu. « Son imperfection est la plus convaincante preuve de sa création et de sa subordination à un être plus parfait que lui[1]. » Et ici la verve du métaphysicien improvisé se donne libre carrière et se déploie avec une fantaisie qui aurait étonné

---

[1] Lettre du 14 décembre 1771

Leibniz : « La vérité, c'est que nous avons Dieu pour père et le Néant pour mère. Assurément notre père est une très grande chose, mais notre mère ne vaut rien du tout. On tient de son père, mais on tient de sa mère aussi. Ce qu'il y a de bon dans le monde vient du père, et ce qu'il y a de mauvais, du Néant, notre mère qui ne valait pas grand chose. — Mais il nous reste une petite difficulté : Pourquoi Dieu est-il allé s'engouffrer dans les abîmes du néant pour en tirer un monde? Que diable allait-il faire dans cette galère? Il faut répondre à cela, mon cher abbé. Vous voulez répondre d'abord : Demandez-le à Dieu lui-même; tout comme il fallait demander à Louis XIV pourquoi il avait bâti Versailles dans un si vilain endroit. Cette réponse ne vaut rien du tout pour un théologien, et je vous en avertis, mon cher abbé, il faut qu'un théologien sache répondre à tout ce qu'on demanderait à Dieu lui-même, et ne reste jamais court. Que répondrons-nous donc à cela? » Et le facétieux petit abbé, fidèle à sa manie des apologues, en imagine un d'après lequel Dieu était infiniment content de sa seule existence, mais le Néant, étant femme, devait infiniment s'ennuyer de sa *néantise*. C'est donc aux instances et aux très pressantes prières du Néant que ce monde a été créé. « C'est l'ennui mortel de notre mère qui nous a mis dans le cas d'exister. Elle s'ennuyait d'être néant, et voilà pourquoi nous nous ennuyons encore tous dans ce bas monde. C'est un signe d'envie que nous portons du sein de madame notre mère, qui eut cette souffrance-là, lorsqu'elle était grosse de nous. Notre père n'y a aucune part, car assurément Dieu ne s'ennuie jamais. »

C'est le ton de la théologie de Galiani; c'est la note de ses plaisanteries, appliquées aux plus grands problèmes. Au fond, je soupçonne fort qu'il est moins sceptique qu'il ne veut en avoir l'air. Comme presque tous ces Italiens, même libres penseurs, même fanfarons d'incrédulité, il garde quelques restes d'instinct religieux au fond du cœur. Mais il rougirait de trop le montrer, et il l'arrange sous des formes plaisantes, qui vont parfois jusqu'aux limites du burlesque. Il bouffonne avec les idées religieuses, mais il n'en est pas lui-même exempt. N'est-ce pas là un trait éternel de cette race, aussi vrai encore aujourd'hui qu'au dix-huitième siècle, et au dernier siècle que dans les âges les plus anciens? On nous raconte que les vases peints qu'on retrouve dans la Grande Grèce reproduisent presque toujours les mêmes sujets; que les Tarentins, par exemple, aimaient particulièrement à rire, et qu'ils se plaisaient à voir jouer de grosses farces dont les dieux faisaient ordinairement les frais; qu'ils les traitaient, dans ces représentations figurées, avec irrévérence plutôt qu'avec malice, et que la comédie y faisait partie du culte[1]. Il y a encore beaucoup de cela dans ce singulier esprit de Galiani, moins athée qu'irrévérencieux. En France, dès qu'on raille en pareille matière, c'en est fait de l'objet de la raillerie. Notre esprit logique va au bout de ses épigrammes; on ne croit plus à rien quand on s'est moqué de tout. En Italie, les choses se passent différemment, et beaucoup de gens de ce pays, qui semblent être, au premier abord, des sceptiques facétieux, déconcertent plus tard l'observateur quand il pénètre plus avant et qu'il trouve, sous cette surface arrangée pour le monde, quelques croyances subsistantes et même beaucoup de superstitions. Ils ne se privent pas, à l'occasion, d'un bon mot et même d'un mot leste ou grivois en ces matières, mais, à certains jours, on est surpris et presque scandalisé à rebours par les démentis qu'ils se

---

1. Voir l'article de M. Gaston Boissier sur le voyage dans la *Grande Grèce* de M. François Lenormant. (*Revue des Deux Mondes*, 15 novembre 1881.)

donnent, en les voyant se livrer à certaines pratiques. Sans aller bien loin dans la voie de ces étonnants repentirs, Galiani est bien, au fond, un représentant de cette race et de ce tempérament. Cela tient à l'esprit du pays, je parle de cet esprit avant l'ère du sérieux, du solennel, avant les abstractions apportées du dehors, avant l'ère de l'hégélianisme et du darwinisme, qui ont, à ce qu'il paraît, modifié beaucoup les mœurs philosophiques et littéraires dans le monde des universités. Jusqu'à cette époque très récente, cet esprit avait toute son aisance et toute sa liberté. C'est l'instinct, c'est le génie du comique à outrance, surtout l'esprit napolitain, qui est, si je puis le dire, l'exagération de l'esprit italien. Galiani disait : « Si l'Italien veut être sérieux et grand, il est gauche et maussade. S'il bouffonne, alors il est pantomime et charmant tout à fait. » Il faut entendre un Napolitain dans une de ces heures de verve, parlant de tout, comme s'il savait tout, intempérant dans ses plaisanteries, plus qu'aventureux, se complaisant dans sa propre extravagance, enivré de ses bouffonneries. Il devient fou; mais il se garde bien de résister à la douce contrainte de cette folie qui est son succès. Galiani se montre tout entier, dans ces questions transcendantes accommodées à son humeur extravagante, impertinente, parfois même cynique ; ce qui fait de ses idées un singulier divertissement de philosophie en gaieté ou de théologie en mascarade.

C'est à cet ordre d'inspirations qu'il faut rapporter nombre de pages répandues dans cette correspondance, et qu'il appelait lui-même ses folies métaphysiques, comme celles qui contiennent les *Instructions morales et politiques d'une chatte à ses petits, traduit du chat en français par M. d'Égrattigny, interprète de la langue chatte à la Bibliothèque du Roi.* En voici quelques fragments, qui feront juger du reste[1] : « La chatte apprend d'abord à ses petits la crainte des dieux hommes. Ensuite elle leur explique la théologie et les deux principes : Dieu, homme bon, et le Démon, chien mauvais; puis elle leur dicte la morale, la guerre aux rats et aux moineaux ; enfin elle leur parle de la vie future et de la Ratopolis céleste, qui est une ville dont les murailles sont de parmesan, les planchers de mou, les colonnes d'anguilles, etc., et qui est rempli de chats destinés à leur amusement, etc. » J'abrège cette singulière plaisanterie, qui va toujours en s'exagérant à chaque ligne et qui finit par de grosses indécences, comme cela arrive bien vite dès que l'auteur s'égaye.

Je n'attache guère d'importance aux ouvrages sérieux sur la morale et le droit des gens qu'il méditait de faire, et dont il reste, à ce qu'on dit, des fragments parmi ses papiers inédits. Il n'y a rien de neuf dans ses principes sur la morale naturelle. En voici quelques-uns que l'on reconnaîtra sans peine comme empruntés à toutes les doctrines empiriques du temps : « La nature donne à l'homme la force, la liberté, la possession que les Latins appellent *occupation*[1]. La société, c'est-à-dire les *lois*, donne le *droit*. *Droit* est un équilibre des *utilités*. *Utilitas justi prope mater et æqui*. Ainsi le droit est un résultat des forces, et les lois sont une preuve de la vieillesse du monde, parce qu'il a fallu passer par une suite de siècles de *forces*, et l'essai de toutes ces forces, en dernière analyse, a donné les lois et fait naître le droit. » Pascal avait dit quelque chose de pareil, mais avec quel accent! et dirait-on que c'est la même idée, si sèche et si abstraite ici, si passionnée et tragique chez le grand écrivain français? Rien de bien neuf non plus dans le plan

---

1. 22 décembre 1770.

du petit traité sur les *Principes du droit de nature et des gens*, qu'il devait écrire, en opposant son maître Horace au *déraisonneur* Grotius. Les principes du droit de nature se réduisent à des instincts, la faim, l'amour, la jalousie, la vengeance, la pudeur, la crédulité, la frayeur, l'amour paternel, l'amour filial. Le droit des gens se réduit à des habitudes, et toutes les lois primitives devaient en découler[1]. Tout cela n'aurait eu, je le pense, qu'un médiocre succès après Hobbes et Bentham, et n'en aurait plus du tout, à l'heure où j'écris, après Stuart Mill et Spencer.

Mais quand c'est à quelque idée isolée que se prend Galiani en dehors de tout système, il a parfois des prises dialectiques sur cette idée et une force d'étreinte qui étonnent. J'en voudrais donner une preuve à propos du problème du libre arbitre, cette *vexata quæstio* des philosophes de tous les temps. Un M. de Valmire, oublié aujourd'hui, mais qui eut, vers 1771, un moment de célébrité (grâce à un malentendu qui fit croire que c'était là un des innombrables pseudonymes de Voltaire), venait de publier un livre intitulé *Dieu et l'Homme*, et qui contenait un système de fatalisme complet.

Galiani, apprenant à Naples que l'on dispute encore à Paris sur la liberté de l'homme, se jette à corps perdu dans la controverse. La théorie qu'il propose est originale et présente une singulière analogie avec certaines théories de notre temps. Je la résume en me tenant autant que possible près du texte de Galiani : Sans doute, s'il y avait un seul être libre dans l'univers, il n'y aurait plus de Dieu, il n'y aurait plus de liaisons entre les êtres; l'univers se détraquerait. — C'est la thèse même, on le voit, du déterminisme contemporain, d'après lequel un

---

1. 24 mai 1777.

seul acte libre, une seule cause prenant en soi l'initiative d'un phénomène, romprait la chaîne entière des mondes, déferait la trame universelle, deviendrait la négation même de la vraie causalité, de l'ordre et de la science. « Mais, d'autre part, ajoute Galiani, il faut de la liberté pour la morale. Si l'homme n'était pas intimement, essentiellement convaincu toujours d'être libre, le *moral humain n'irait plus comme il va.* » Voilà bien l'antinomie posée. Voici maintenant comment notre auteur la résout : Il est très difficile d'admettre que la liberté existe en réalité ; mais cela importe peu. L'essentiel, c'est que l'homme est persuadé qu'elle existe, ce qui équivaut à la réalité même. « La persuasion de la liberté, dit-il, constitue l'essence de l'homme. On pourrait même définir l'homme *un animal qui se croit libre.* M. de Valmire lui-même, lorsqu'il dit qu'on n'est pas libre, pourquoi le dit-il ? Pour qu'on l'en croie. Il croit donc les autres hommes libres et capables de se déterminer à le croire. Or, être persuadé que l'on est libre est-il la même chose qu'être libre en effet? Je réponds : ce n'est pas la même chose, mais cela produit les mêmes effets en morale. L'homme est donc libre, puisqu'il est persuadé de l'être et que cela vaut tout autant que la liberté. Cela suffit pour établir une conscience, un remords, une justice, des récompenses et des peines[1].

Galiani suppose bien que la société philosophique de Mme d'Épinay ne trouvera pas cette réponse suffisante. Ils pressent l'objection : « Comment peut-on, me demanderez-vous, être intimement convaincu d'une chose pendant que le contraire est démontré? » Il y répond par une observation très fine, c'est que les idées ne sont pas le plus souvent des suites du raisonnement, mais qu'elles

---

1. 25 novembre 1771.

le précèdent; elles suivent immédiatement les sensations. Ainsi nous trouvons par le raisonnement qu'un bâton ne se courbe pas dans l'eau; cependant l'idée que nous en avons le montre courbé, parce que la sensation de l'œil nous le dit ainsi et que l'idée suit cette sensation. De même pour l'idée de la liberté, nous la concevons avant tout raisonnement qui démontre qu'elle est fausse, et tous les syllogismes du monde ne parviendront pas à la redresser. C'est la différence de la persuasion à la démonstration. L'une ne peut pas obéir à volonté et suivre l'autre. Vous me démontrez qu'un infini est le double d'un autre, vous me le démontrez par le calcul intégral; je n'ai rien à vous répondre, si ce n'est que votre démonstration s'oppose à l'idée que je me suis formée de l'infini et n'en viendra pas à bout. De même pour la liberté. Il nous est impossible de nous former l'idée de n'être pas libres. Donc vous aurez beau me démontrer que nous ne le sommes pas, nous agirons toujours comme si nous l'étions. Le raisonnement de Galiani pourrait être utilement complété. Pour cela seul, dirons-nous en reprenant son argumentation trop tôt interrompue et la portant plus loin, par cela même que nous croyons être libres, nous le sommes. Ce n'est pas seulement la conviction de notre liberté que nous avons, c'en est la réalité même que produit cette conviction. Un être intelligent, dès qu'il se croit libre, l'est en fait. Moralement et psychologiquement on est libre aussitôt qu'on pense l'être et dans la mesure où l'on croit l'être. C'est là la vérité humaine, complète, en dépit de tous les raisonnements *a priori* et de tous les théorèmes du déterminisme et du mécanisme. Je suppose que c'est cela, au fond, que Galiani a voulu dire, et je ne saurais, pour mon compte, trop l'approuver.

Galiani s'enchante lui-même de sa théorie : « Montrez,

dit-il à Mme d'Épinay, ce que je viens de griffonner au philosophe (à Diderot); s'il ne me trouve pas sublime cette fois, et même peut-être neuf, il a grand tort. Il trouvera que j'explique bien mal mes grandes idées et que mon jargon est peu français. Mais je suis comme le bourgeois gentilhomme, qui savait tout, hormis l'orthographe. » L'effet produit sur Diderot ne répondit pas à l'attente de Galiani. « J'ai montré votre lettre au philosophe, lui écrit Mme d'Épinay; il en a fait des sauts et des bonds à mourir de rire. Sa perruque n'a jamais autant voyagé sur sa tête que pendant la lecture de cette lettre. » Mme d'Épinay, bien avisée, se range du côté de l'abbé; elle montre à merveille le point faible du fatalisme : « Le philosophe prétend que les peines et les récompenses sont de surérogation; qu'il faut seulement étouffer les mauvais sujets pour l'exemple, parce que l'homme est susceptible de modifications. Moi qui n'entends pas les affaires, je dis précisément que c'est parce qu'il est susceptible de modifications qu'il faut des peines et des récompenses. Je ne m'aviserai point de battre ni de broyer la pierre qui m'aura froissé les jambes en roulant à côté de moi, car j'aurais beau la mettre en poussière, je n'en serais pas pour cela à l'abri de la première pierre qu'on aura jetée dans la même direction. Mais si je donne un bon coup de poing à l'homme qui me frappe en passant dans la rue, si la douleur qu'il en ressent est assez forte pour qu'il s'en souvienne, il ne me frappera plus quand il me rencontrera[1]. » Voilà le dernier mot, le mot pratique sur la question théoriquement si embrouillée, et il appartenait à Mme d'Épinay de le dire. Cent ans après, nous ne sommes guère plus avancés, et le problème roule toujours dans le même cercle. On ne

---

1. Janvier 1772.

peut l'en tirer qu'en brisant le cercle magique par un coup de volonté qui rompe à la fois les enchantements de la nature et ceux du raisonnement.

Dans cette correspondance qui, à chaque instant, touche aux questions philosophiques, il ne faut pas oublier une série de réflexions justes et bien liées sur la *Curiosité*. Mme d'Épinay avait fait transcrire par l'abbé le morceau célèbre de Voltaire, sur le même sujet. L'abbé admire, mais il signale des lacunes; il essaye de les combler au courant de la plume, et il se trouve qu'il a écrit, tout en causant, une page des plus intéressantes et des plus fines. Il a très bien senti que la *curiosité*, la vraie, la curiosité désintéressée, marque un moment psychologique dans l'évolution de l'espèce et dans celle de l'individu, le moment où l'espèce et l'individu sont momentanément affranchis de tout besoin physique ou de tout danger immédiat. Cette passion ne s'excite en nous que lorsque nous nous sentons dans une parfaite sécurité. Le moindre péril nous ôte toute curiosité et fait que nous ne nous occupons plus que de nous-même et de notre individu. De là l'origine du plaisir que donne le spectacle. Plus le spectateur est en sûreté, plus le risque qu'il voit est grand, plus il y a d'intérêt pour lui, « et ceci est la clef de l'art tragique, comique, épique. Il faut présenter des gens dans la position la plus embarrassante à des spectateurs qui ne le sont pas ». Et à ce propos une foule d'observations de détails, ingénieuses et vraies : « Il est si vrai qu'il faut commencer par mettre bien à leur aise les spectateurs que, s'il pleuvait dans les loges, si le soleil donnait sur l'amphithéâtre, le spectacle est abandonné. Voilà aussi pourquoi il faut, dans tout poème dramatique ou épique, que la versification soit heureuse, le langage naturel, la diction pure. Tout mauvais vers, obscur, entortillé, est un vent coulis dans une loge. Il fait souffrir le spectateur, et alors le plaisir de la curiosité cesse tout à fait.... Ainsi la curiosité est une suite constante de l'oisiveté, du repos, de la sûreté ; plus une nation est heureuse, plus elle est curieuse. Voilà pourquoi Paris est la capitale de la curiosité ; Lisbonne, Naples, Constantinople en ont moins ou presque point. Un peuple curieux est un grand éloge pour son gouvernement[1]. »

Un autre point par où la question s'élève, et que Voltaire a omis, c'est que la curiosité est une sensation particulière à l'homme, et qui ne lui est commune avec aucun autre animal. Ceci est fondamental et Galiani arrive par degrés insensibles à nous faire considérer la curiosité comme la raison de toute science, développant, sans s'en douter, la belle théorie d'Aristote sur l'étonnement, principe de la philosophie. Les animaux n'ont rien qui ressemble à cette passion. Faites devant un troupeau tout ce que vous voudrez, si vous ne les touchez pas, vous ne les intéresserez jamais. Si les bêtes donnent quelque signe qui nous paraisse de la curiosité, c'est la peur qu'elles prennent, et rien autre. On peut épouvanter les bêtes, on ne pourrait les rendre curieuses. Or l'épouvante, étant un sentiment tout égoïste et intéressé, est le contrepied de la curiosité. De là de très belles conséquences, largement déduites. La curiosité désintéressée n'existant pas chez les bêtes, l'homme curieux doit être plus homme qu'un autre homme, et c'est ce qui est en effet. Newton était si curieux qu'il cherchait les causes de tous les phénomènes qui frappaient son attention, du mouvement de la lune, de la marée, etc. Le peuple le plus curieux a donc plus d'hommes qu'aucun autre peuple. « Si vous voulez, dit-il à Mme d'Épinay, vous donner la

1. *Passim*, 31 août 1771.

peine de développer ce que j'ai griffonné là, vous y verrez *un grand bout du cœur humain* ; l'homme animal curieux, l'homme susceptible de spectacles. » Presque toutes les sciences ne sont que de grandes curiosités.

Mme d'Épinay ne se rend pas facilement à cet axiome de la théorie nouvelle, que l'homme est le seul animal curieux. Elle défend sur ce point Voltaire, qui soutient que les singes et les chiens sont curieux comme l'homme. Elle a bien étudié son chien, elle ne doute point qu'il n'ait de la curiosité à sa façon. Au fond, il n'y a, selon elle, entre l'homme et les animaux *civilisés* qu'une différence de degré. « La curiosité chez les hommes, a différents motifs, mais, quelque modifiés qu'ils soient, et ils le sont à l'infini, on peut toujours les ramener à un point commun à tous les animaux raisonnables et irraisonnables, l'*intérêt*. » L'intérêt physique, comme l'intérêt moral, implique l'attention et explique la curiosité chez l'animal comme chez l'homme. « Nous ne nous entendons pas, répond Galiani, qui termine le débat par une distinction bien juste ; c'est la faute des mots qui nous manquent. Si vous appelez curiosité cette attention que l'on prête à une chose inconnue ou obscure pour découvrir ce que c'est, et savoir à quoi cela est bon, assurément les animaux l'ont autant que nous ou même plus. Mais j'appelle *curiosité* ce plaisir que l'homme a d'observer quelque chose, en même temps qu'il sait parfaitement que cela lui est indifférent et inutile. Le chat cherche ses puces aussi bien que l'homme ; mais il n'y a que M. de Réaumur qui observe le battement du cœur ; cette curiosité n'appartient qu'à l'homme. Et de même les chiens n'iront pas voir pendre un chien à la Grève. Adieu[1]. »

1. 9 novembre 1771.

.Nous aurions bien d'autres endroits neufs et piquants à citer dans cette inépuisable correspondance, particulièrement toute une théorie assez sceptique sur l'éducation et le jugement sur l'ouvrage de Mme d'Épinay (*Les Conversations d'Émilie*), relatif à cette question que J.-J. Rousseau avait mise à la mode[1]. Mais il est temps de prendre congé de notre abbé qui est bien plutôt, en toute chose de ce genre, un *humoriste* et un fantaisiste qu'un philosophe. Et ce serait exagérer le peu qu'il a eu de doctrine que d'insister davantage sur ces lueurs de bon sens, sur ces clartés de raison, mêlés à ces feux follets d'une imagination que la plus légère amorce allume et qui se consument en un instant.

Les dernières années de sa vie furent tristes, malgré ce fond de gaieté excentrique qui reparaissait de temps en temps à travers les circonstances les plus sérieuses et même les plus tragiques. La mort de son frère en 1774, en laissant toute une famille à sa charge, avait aggravé singulièrement ses devoirs de famille, subis de très mauvaise humeur, mais enfin acceptés. Voici sur quel ton burlesque il parlait de ces aubaines de charité obligatoire que lui envoyait la Providence : « Vous parlez de chagrins que vous causent les absents. Ah! si je commençais à vous parler de ceux que me causent les présents! Il me faudrait vous parler de cinq sœurs, trois nièces, un neveu, la femme et les enfants de ce neveu, une tante maternelle et sa famille, les maris de mes deux nièces, ma belle-sœur, son mari, sa mère, et puis à peu près trente cousins et une centaine de parents plus éloignés. Il est vrai, au pied de la lettre et sans exagération, que tout ce monde est sur mes bras; tous ont recours à moi; tous me pèsent; tous, à mon neveu près, sont dé-

---

1. Voir surtout au 1ᵉʳ vol. les pages 246, 352; au 2ᵉ vol., les pages 377, 370, 620, 622, 631, etc.

vots à brûler, et tous, y compris mon neveu, sont ennuyeux à périr. Ils m'ôtent la solitude sans me donner la compagnie[1]. » A mesure que sa maison se remplissait, le vide se faisait d'une autre manière autour de lui, ce vide que font les amis en disparaissant tour à tour. Bien qu'il ne fût pas très avancé en âge (il mourut à cinquante-huit ans), il se voyait abandonné successivement par ses plus chers compagnons de route. Depuis quelque temps, Mme d'Épinay, rudement éprouvée par la maladie, par la pauvreté, par des chagrins de tout genre, ne lui écrivait que rarement. Un jour, on lui annonce de Paris qu'elle est morte. La lettre qu'il écrivait à Mme du Bocage n'est qu'un cri de douleur. « Mme d'Épinay n'est plus! J'ai donc aussi cessé d'être! Vous m'aviez proposé de continuer avec vous la correspondance que j'eus l'honneur d'entretenir avec elle; je sens tout le prix du sacrifice que vous m'offrez; mais comment pourrais-je y répondre? Mon cœur n'est plus parmi les vivants, il est tout entier dans un tombeau[2]. » Et résumant toute sa vie qu'il ramasse d'un seul trait sous son regard : « J'ai vécu, dit-il, j'ai donné de sages conseils, j'ai servi l'État et mon maître, j'ai tenu lieu de père à une famille nombreuse, j'ai écrit pour le bonheur de mes semblables, et, dans cet âge où l'amitié devient plus nécessaire, j'ai perdu tous mes amis! J'ai tout perdu! On ne survit point à ses amis! »

Il survécut quatre ans, mais malade et accablé. Au printemps de l'année 1787, sur le conseil des médecins, il fit un voyage en Italie, visita Venise, Modène, Padoue. Il se sentait frappé, et, à son retour, il disait : « Les morts s'ennuient à périr; ils m'ont envoyé une lettre d'invitation

1. 20 juillet 1776.
2. 10 juin 1783.

pour aller les rejoindre le plus tôt possible et les égayer un peu ». Il ne tarda pas à répondre à cette sommation d'outre-tombe ; dès le mois d'octobre de cette année, il voulut savoir de son médecin la vérité, qui ne lui fut cachée qu'à moitié, et il devina le reste. C'est à ce moment qu'il reçut une lettre bien curieuse, restée inédite jusqu'à ce jour[1], de la reine Caroline de Naples, qui, bien connue par d'autres exploits que des exploits théologiques et plus soucieuse du salut des autres que du sien, lui écrivait en termes pressants pour l'exhorter, en vue d'une mort prochaine et inévitable, à s'y préparer, « en abandonnant cette fausse idée de vouloir montrer un esprit fort, qui n'est qu'un entêtement irréfléchi, fruit d'une vie licencieuse, à ne pas se soucier des flatteries des faux amis en cet instant suprême », enfin à se réconcilier avec Dieu. Dans une lettre également inédite, Galiani remercie avec dignité sa souveraine, et l'assure que les doutes et les inquiétudes de Sa Majesté vont trop loin ; il ne nie rien de son passé, il confesse ses erreurs. « Mais, ajoute-t-il, je puis affirmer que les maximes de l'éternelle morale et de la *véritable* religion chrétienne sont toujours restées gravées dans mon esprit. » Et de fait sa mort fut édifiante.

Ici se pose une question grave et singulièrement délicate. Est-il sincère en écrivant, en mourant ainsi, et dans quelle mesure l'est-il ? Lui-même, quelques années auparavant, il avait semblé répondre d'avance à cette question, à propos de Mᵐᵉ Geoffrin, tombée dans la dévotion : « Ces métamorphoses, disait-il, sont la chose du monde la plus naturelle. L'incrédulité est le plus grand effort que l'esprit de l'homme puisse faire contre son propre instinct ;

---

1. Trouvée dans les archives du palais royal à Naples par M. Geffroy, directeur de l'École française d'archéologie à Rome.

et son goût. Il s'agit de se priver à jamais de tous les plaisirs de l'imagination, de tout le goût du merveilleux ; il s'agit de nier ou de douter toujours et de tout, et de rester dans l'appauvrissement de toutes les idées, des connaissances, des sciences les plus sublimes. Quel vide affreux ! Quel rien ! Quel effort ! Il est donc démontré que la très, très grande partie des hommes ne saurait être incrédule, et celle qui peut l'être n'en saurait soutenir l'effort que dans la plus grande force et jeunesse de son âme. Si l'âme vieillit, quelque croyance reparait [1]. »

Était-ce sa propre histoire qu'il écrivait là par anticipation ? N'oublions pas d'ailleurs que nous avons affaire à un Napolitain. Cela explique bien des contrastes. Il a été un homme du dix-huitième siècle, encyclopédiste, émancipé d'idées, riant de tout et plaisantant sur tout ; il s'est livré sans mesure à toutes les folies, aux débauches d'esprit qui se pratiquaient de son temps. Mais le rire, même à outrance, n'est pas une doctrine ; la bouffonnerie, même extravagante, n'est pas nécessairement l'athéisme. Galiani est un personnage très compliqué, où le temps et la race, le milieu et le tempérament, une foule d'instincts, d'habitudes et de goûts contraires, se mêlent pour en faire un ensemble insaisissable et changeant. Il serait absurde et injuste de parler ici d'hypocrisie ; de grands mots pareils seraient mal à leur place pour définir cet être léger, vif, mobile, inconsistant, inquiétant et charmant. Mais il y a chez lui comme une succession rapide de contrastes irréfléchis, l'abandon dans les sens les plus contraires, ce que j'appellerais des sincérités relatives et momentanées, qui font de ce petit abbé un des types les plus extraordinaires, une des énigmes les plus curieuses du dix-huitième siècle. J'ai essayé à mon tour d'étudier

---

1. 21 septembre 1776.

ce type sans parti pris d'aucune sorte, d'en démêler les éléments divers, de les noter dans leurs proportions variées et leurs contradictions apparentes; je voudrais que mon effort n'eût pas été vain.

RIVAROL ET LA SOCIÉTÉ FRANÇAISE

PENDANT LA RÉVOLUTION ET L'ÉMIGRATION (1753-1801)

I

Il se fait depuis quelque temps une sorte de renouveau autour du nom de Rivarol. On ne peut pas dire que ce nom fût oublié; on le citait couramment avec quelques autres, soit en compagnie de Chamfort quand on voulait rappeler quelques anecdotes célèbres de la fin du dernier siècle ou caractériser l'esprit de mots, soit avec Champcenetz, quand il s'agissait de pamphlets ; mais c'était tout. Quelques épithètes faisaient l'affaire ; on se croyait quitte envers lui et depuis plus de trente années que Sainte-Beuve avait tenté de le remettre en lumière, l'ombre s'était refaite sur cette célébrité toujours quelque peu équivoque. Un érudit et abondant historiographe du dix-huitième siècle littéraire, M. de Lescure, a entrepris de restituer à Rivarol ses titres à un renom plus solide et plus durable. Il y a trois ans il publiait les *OEuvres choisies*[1] avec une notice intéressante. Aujourd'hui il reprend sur une plus grande échelle la biographie de son personnage dans ses rapports avec la société du temps. De ce nouvel effort il est résulté une étude complète, puisée à

1. Librairie des Bibliophiles.

des sources en partie nouvelles, et qui, sans rien changer d'essentiel à ce que l'on connaissait de l'homme, répand la lumière sur un grand nombre de détails jusqu'ici ignorés ou inaperçus. C'est là tout à fait une monographie dans le goût du jour ; elle est ample, copieuse, non sans prolixité : les épisodes et les digressions s'y donnent pleine carrière. Le portefeuille de l'auteur s'y verse au hasard avec une prodigalité qui semble s'amuser d'elle-même et dont le public devient le complice, puisqu'il s'y plaît. Et qui de nous n'appartient un peu à ce public tout moderne? Les fermes traditions sur l'art de la composition, sur l'harmonie et la juste distribution des détails, semblent bien compromises aujourd'hui. M. de Lescure ne les respecte pas suffisamment ; qu'il me pardonne l'expression de ce regret. La recherche des documents, la passion de l'inédit, la connaissance approfondie de cette société dont il est moins un juge qu'un contemporain, voilà où il excelle. Mais il a dans sa dernière œuvre quelque peu gâté ces heureuses qualités par une rapidité excessive d'exécution. L'auteur est un travailleur, dilettante à ses heures, écrivain châtié quand il le veut, comme dans sa récente étude sur Marivaux, couronnée par l'Académie française. Pourquoi cette fois ne s'est-il pas tenu mieux en garde contre les entraînements d'un style qui semble lutter de vitesse avec la parole et qui en reproduit trop fidèlement la diffusion, les inégalités et les hasards? Cela aussi est un trait de l'époque où nous sommes. Sous l'influence du journal et de la tribune, on s'habitue à écrire comme on parle. Parmi les écrivains des nouvelles générations, combien peu connaissent ces méfiances ou ces repentirs littéraires, si visiblement marqués sur les manuscrits d'un Pascal, d'un Bossuet, de tant d'autres, par des remaniements nombreux, par des retouches, des corrections infatigables, des substitutions de mots qui serrent de plus en plus près la pensée, par des suppressions surtout ! Un travail de ce genre n'est d'ailleurs ingrat qu'en apparence ; il procure à l'écrivain un plaisir discret et délicat, la satisfaction d'une conscience littéraire toujours en quête et en souci du mieux et qui se récompense elle-même par cette inquiétude de de la perfection dont le sentiment n'est ni sans joie ni sans honneur.

Il n'est guère probable que l'on recommence le travail de M. de Lescure pour tout ce qui touche à la biographie de son personnage. La famille, M. Édouard de Rivarol, fils du général, mort en 1870, et ses héritiers ont mis à la disposition de l'auteur les papiers du célèbre écrivain, sa correspondance avec la famille pendant l'émigration, le carnet de notes qu'il tenait pendant son séjour à Londres, le texte même de son traité avec le célèbre libraire de Hambourg, Fauche, enfin le beau portrait peint par Wyrsh en 1784. Un amateur a communiqué la correspondance avec le banquier Cappadoce Pereira, l'hôte de Rivarol pendant une partie de son séjour hors de France. Il y a de plus, nous assure-t-on, une petite secte d'admirateurs fervents, de *rivarolisants*, qui ont conservé la tradition de quelques anecdotes, de quelques particularités de vie ou de caractère, et qui se sont empressés de les placer sous les yeux de l'historien nouveau. La moisson a donc été abondante et aussi complète qu'il est possible ou désirable en pareille matière.

Nous indiquerons aujourd'hui les principaux résultats du travail de M. de Lescure. Une autre fois, nous essayerons de le compléter sur certains points, non de biographie, mais de critique philosophique ou littéraire, où il nous a semblé qu'il restait quelque chose à faire. Je parlerai avec plaisir de ce psychologue et de ce moraliste, trop dissimulé sous l'éclat superficiel du merveilleux conteur ou de l'implacable pamphlétaire, et qu'il est juste de remettre en pleine lumière, à sa vraie place. Attiré d'abord de ce côté par la curiosité, je l'avoue, plus que par la sympathie, j'ai été surpris de rencontrer, dans nombre de pages oubliées, un penseur d'une subtilité et parfois d'une vigueur rares, supérieur à ce que nous avions pressenti, même d'après les indications de Sainte-Beuve. Ce n'a été pour nous ni un profit ni un plaisir médiocre que d'être invité, à l'occasion du livre de M. de Lescure, à relire, le crayon en main, les œuvres complètes d'un écrivain qui a payé de la meilleure part de sa gloire, injustement sacrifiée, l'avantage contestable d'avoir eu trop d'esprit et le tort incontestable d'en avoir fait un mauvais usage.

II

Ouvrons la *Correspondance littéraire* de Grimm, la première fois qu'il y fait mention de Rivarol, c'est dans l'année 1782, au mois d'août, probablement sous la plume de Meister. La note qui lui est consacrée et qui révèle ce nom à un public spécial, à l'occasion d'un poème de Delille qui vient de paraître est ainsi conçue : « De toutes les critiques du poème des *Jardins*, la plus amère, la plus injuste peut-être, mais aussi la plus piquante, est une *Lettre de M. le Président de *** à M. le Comte de ****. Elle est d'un jeune « homme qui s'est fait appeler longtemps M. de Parcieux, et qui n'ayant pu prouver le droit qu'il avait de porter ce nom, s'en est vengé fort noblement en prenant celui de chevalier de Rivarol, lequel, dit-on, ne lui appartient pas mieux, mais dont il faut espérer qu'il voudra bien se contenter, tant qu'on ne l'obligera pas à en chercher un autre. »

Rivarol avait alors vingt-neuf ans, étant né, selon des documents désormais irrécusables, le 26 juin 1753 à Bagnols sur la Cèze, à quelque distance de Nîmes. Il y a eu longtemps incertitude sur la date de sa naissance, comme il y en a eu d'abord sur son véritable nom. Tous les aventuriers, les aventuriers de lettres comme les autres, ont soin d'embrouiller ou de dissimuler leur état civil. C'est donc dans sa trentième année que le nom de Rivarol émerge de l'ombre et c'est à l'âge de quarante-sept ans qu'il devait mourir. On est tout surpris de voir par le rapprochement des dates combien fut court l'intervalle de temps qu'il remplit de sa célébrité orageuse et qui appartient vraiment à l'histoire littéraire : dix-sept années à peine!

Comment s'était passée cette première partie de la vie de Rivarol, où il avait lutté obscurément moins pour la gloire que pour l'existence? Nous ne nous arrêterons pas à la question de sa prétendue noblesse, à laquelle son biographe consacre un chapitre entier, tout en déclarant qu'il lui est, au fond, assez indifférent que son héros soit né d'un père aubergiste, quoique noble, ou aubergiste seulement. A nous assurément, cela est encore plus indifférent qu'à lui. Ces prétentions nobiliaires, médiocrement justifiées par de vagues traditions et des analogies de nom avec une grande famille italienne, intéressaient les contemporains plus qu'elles ne nous touchent, et d'ailleurs elles desservirent plutôt Rivarol soit par les cruelles railleries qu'elles lui valurent de la part de Chamfort, de Cérutti et de Joseph Chénier, soit par les épigrammes de quelques grands seigneurs, tels que le marquis de Créqui et d'autres qui se plaisaient à rabattre sur ce point sa fatuité quelque peu imprudente[1]. Le

---

1. « Nous autres gentilshommes, disait un jour Rivarol. — Voilà

seul argument un peu sérieux qu'on puisse fournir en faveur de la noblesse de Rivarol, c'est la fortune militaire de son frère François, le futur général de la Restauration, reçu garde du corps du roi en 1786, après avoir fourni les preuves nécessaires, sans que l'on sache si l'examen des pièces produites était bien rigoureux et quelle était la valeur à cette époque du certificat signé par le capitaine de la compagnie. Ce qu'il y a d'incontesté c'est l'absence de toute qualification nobiliaire dans les actes qui constatent le baptême des seize enfants, c'est aussi la profession du brave père de famille qui faisait successivement ou en même temps bien des métiers pour élever cette nombreuse postérité, fabricant de soie, maître d'école, aubergiste à l'enseigne des *Trois-Pigeons*. Si le cabaretier de Bagnols était vraiment le descendant des Rivarol de Lombardie et d'Espagne, il est certain qu'il avait encouru, en exerçant une profession pareille, ce qui s'appelait alors la *dérogeance*. — On disait à Dufresny pour le consoler d'un accident pareil : « Pauvreté n'est point vice. — C'est bien pis », répondit-il. Il semble avoir dérobé d'avance le mot à Rivarol.

Les commencements de cette vie besoigneuse furent difficiles et livrés à bien des hasards. On n'a d'ailleurs à ce sujet que des informations très incomplètes et qui, réduites à l'essentiel, en dehors des commentaires de biographes complaisants ou des commérages d'ennemis, se bornent à peu de chose. Le jeune Antoine est élevé chez les Joséphistes de Bagnols, puis chez les Sulpiciens à Bourg-Saint-Andéol ; il entre au séminaire de Sainte-Garde à Avignon, grâce à la protection de l'évêque d'Uzès, qui se promettait merveille d'un pareil sujet ; mais la

un pluriel qui me semble singulier », s'écria le malicieux marquis ; ce mot a bien souvent servi depuis ce jour-là, et nous sommes heureux de le restituer à son auteur.

vocation ne dura pas, si jamais elle avait commencé. Le jeune abbé s'arrêta aux ordres mineurs et entra dans le monde avec le petit manteau et le collet qu'il ne quitta pas de sitôt. Ce qu'il fit pendant quelques années, en province, on ne le sait guère, sauf qu'il y fut précepteur ; il se dirige vers Paris en 1777, laissant derrière lui une traînée de dettes, de bons mots et de succès de médiocre aloi. Il y arrive comme solliciteur en quête d'une place ou peut-être même de quelque abbaye, prêt à tout, comptant sur sa belle figure pour plaire aux femmes, sur son esprit pour séduire les libraires, sur sa causticité pour réduire les sots au silence, sur sa verve pour captiver les salons dès qu'il pourrait y entrer. Il fallut peiner d'abord et lutter beaucoup. Il essaya de toutes les façons et même sous divers noms : abbé de Longchamps d'abord, de Parcieux ensuite, pour s'appeler enfin Rivarol, se faisant de son autorité privée chevalier, avant de se promouvoir lui-même au titre de comte ; s'il s'en contenta, il faut lui en savoir gré ; il aurait pu aussi bien se donner du marquisat ou même de quelque duché. Pourquoi pas ?

C'est sous ce nom de Parcieux emprunté à un physicien et géomètre célèbre, mort depuis plusieurs années, et avec lequel il s'était construit je ne sais quelle parenté apocryphe, qu'il fut présenté d'abord à d'Alembert par un compatriote et peu de temps après, par d'Alembert à Voltaire, qui lui fit bon accueil. Le voilà lancé dans le monde assez mêlé des éditeurs et des auteurs d'alors, gagnant sa vie dans quelques collaborations anonymes, se rendant redoutable à tous ceux qui l'approchent, amis ou ennemis, par des mots qui font le tour de Paris, déjà recherché par quelques friands d'esprit, invité sous caution dans quelques salons, s'y faisant vite sa place en s'y faisant craindre, au demeurant toujours soucieux du lendemain, jusqu'au jour où Panckouke lui offre cinquante écus par mois pour écrire au *Mercure*. Cinquante écus! Le premier emploi qu'il fait de cette fortune est d'attacher à sa personne un secrétaire et un valet. Faut-il moins que cela pour le service d'un écrivain et d'un chevalier à la mode? Il est, du reste, en passe d'arriver à tout et, en attendant, il se moque un peu de tout le monde. M. de Maurepas, ayant désiré le connaître, s'écrie, non sans quelque ironie : « C'est honteux qu'un homme de votre mérite soit ainsi oublié; on ne donne plus rien qu'aux oisifs. — Monseigneur, répliqua Rivarol, de grâce, ne vous fâchez pas; je vais à l'instant me faire inscrire sur la liste; dans peu, je serai un personnage. » Et quelque temps après, dans le même ordre d'idées et d'ironie, voyant de toutes parts des gens sans mérite enlever les places, il disait : « C'est un terrible avantage que de n'avoir rien fait; mais il ne faut pas en abuser ». Soit réminiscence, soit affinité d'esprit, c'est le même trait, remis au monde de nos jours par un académicien célèbre, à propos d'un candidat pour lequel on le pressait fort. Il y a des formes d'épigrammes, comme il y a des traits de comédie, si parfaitement naturelles et si bien en situation qu'elles s'imposent; et ce sont les meilleures.

Jusqu'en 1782, on peut dire, avec son historien, que Rivarol débutait tous les jours. Il était déjà estimé et surtout très redouté dans quelques cercles littéraires; mais il restait encore au rang de ces inconnus célèbres de coterie desquels on attend beaucoup. Ce fut son pamphlet sur les *Jardins* de l'abbé Delille qui l'introduisit dans le grand public. On en a retenu des épigrammes mordantes, et mieux que cela, des critiques d'une justesse heureuse, je dirai presque définitive. Quand il parle de ces ouvrages si vantés dans les soupers fins dont ils ont fait les délices, et qu'il les montre exposés au grand jour de l'impression, « ce sont, dit-il, des enfants gâtés qui passent des mains des femmes aux mains des hommes ». Et quelle fine remarque, quand il prétend que « toujours occupé de faire un sort à chacun de ses vers, l'auteur n'a pas songé à la fortune de l'ouvrage entier! » Voilà Rivarol en lumière. Il profita de l'occasion et la fit durer; poursuivant la lutte avec plus d'esprit que de générosité, il publia une satire en vers, le dialogue du *Chou et du Navet* contre celui qu'il appelait plaisamment « l'abbé Virgile ». Cette petite guerre amusa fort Paris. Un événement tout intime et qui n'avait en apparence aucun rapport avec la littérature vint arrêter un instant la jovialité malicieuse de Rivarol et venger Delille. Rivarol, on ne sait trop comment, se vit tout d'un coup pris au filet d'un mariage assez ridicule : on apprit, un beau matin, que le terrible railleur avait épousé une jolie pédante du caractère le plus acariâtre, une demoiselle Flint, la fille d'un maître de langue anglaise, dont Cérutti, dans son libelle sur Rivarol, disait : « Elle lui apporta la dot de son père; mais elle ne s'en tint pas là; il se trouvait qu'elle descendait de la maison de Saxe, comme son mari descendait de la maison de Savoie ». Cette union fut la seule sottise de cet homme d'esprit, mais elle ne fut pas médiocre; on en put juger à la joie de ses ennemis et à sa propre déconvenue dès qu'il eût été pris au piège. De tout, il riait volontiers le premier; mais quand on lui parlait de son mariage, il ne riait plus. « Tout Achille a son talon », disait Chamfort, et il en profitait, sachant désormais où frapper son rival de célébrité et d'esprit. La vie commune ne dura pas longtemps. Rivarol reprit sa liberté; mais sa femme répudiée n'accepta pas facilement l'indépendance qu'on lui rendait; elle accabla son mari volage d'une constance qui l'exaspérait et le public frivole de lamentations qui l'amusaient. Cet imbroglio conjugal, après bien des incidents et des péripéties, eut à la fin pour dénouement l'émigration qui fournit à Rivarol un prétexte légitime de vivre à l'étranger et loin de sa femme. En attendant, il célébrait ses louanges sur le mode ironique qui lui était familier : « Je ne suis ni Jupiter ni Socrate, disait-il, et j'ai trouvé dans ma maison Junon et Xantippe ». L'Académie française, par une sorte de bonté d'âme, un peu suspecte de malice, se mêla indirectement de cette histoire, en accordant le prix Monthyon en 1783 à la garde-malade de Mme de Rivarol, qui avait sacrifié ses gages et tout ce qu'elle possédait à l'entretien de sa maîtresse. On en rit beaucoup. « Il n'y a, dit à ce propos la *Correspondance littéraire*, que la vanité très humiliée de M. et Mme Rivarol qui se soit avisée de disputer à cette brave femme l'honneur d'une si juste récompense. » La *Correspondance* insinuait que l'abbé Delille n'avait pas été sans doute trop fâché d'avoir trouvé une réponse si chrétienne à certains vers de la fable du *Chou et du Navet*.

Quoi qu'il en fût de ces misères intimes qui ont une certaine importance dans l'explication de l'esprit de Rivarol, dont elles aiguisèrent encore et envenimèrent la pointe, c'est le moment où il tente des voies nouvelles, celles de la haute littérature ; il eût été désirable qu'il y persistât pour sa gloire et pour son bonheur. Il publie un *Discours sur l'universalité de la langue française*, couronné par l'Académie de Berlin (1784). Dès lors, les honneurs et les profits pleuvent sur lui ; il est élu membre de l'Académie de Berlin ; il reçoit une lettre flatteuse de Frédéric et une pension de Louis XVI. Malgré de violentes critiques, auxquelles toute sa vie il fut exposé, les rares mérites de ce discours le placent à un rang élevé. Sa traduction de l'*Enfer* de Dante, bien que très contestable comme système, ne le fit pas descendre dans l'opinion des lettrés. Il jouit pleinement de sa gloire naissante, comme on peut le voir dans une curieuse lettre adressée à l'abbé Romans, écrite de l'Hôtel Marigny, place du Louvre, le 8 janvier 1785 : « Je vous enverrai dans peu un exemplaire du discours sur la langue. J'avoue que je ne m'attendais pas au succès qu'a eu cet opuscule. Il m'a valu des lettres de tous les souverains et de presque tous les savants de l'Europe. Les envieux lui ont pardonné son succès en faveur de ses défauts, et surtout en faveur du bien que je disais d'eux. *Comme il est bien Français! comme il nous fait valoir!* disait-on à Versailles. Enfin, le roi de Prusse m'a écrit. Voilà mon apothéose. » Et en même temps, il annonce à son correspondant l'envoi prochain d'un exemplaire de sa traduction du Dante qui va paraître. « C'est un ouvrage fort attendu, dit-il, et qui va être jugé à la rigueur. Il y a cinq ans environ que je le tiens en captivité, et ce n'est pas sans répugnance que je l'ai enfin mis en lumière. Avec le goût que vous me connaissez pour le *farniente*, vous serez surpris que je me sois livré à un travail aussi pénible que celui de la traduction, et que j'aie précisément choisi le plus bizarre et le plus intraitable des poètes. Un défi de M. de Voltaire m'engagea, et une plaisanterie assez piquante acheva de me déterminer. Ce grand homme dit tout haut que je ne traduirais jamais Dante en style soutenu, ou que je changerais trois fois de peau avant de me tirer des pattes de ce diable-là. Vous sentez que c'est un assez bon moyen de faire ma cour aux Rivarol d'Italie, que de leur traduire un poète qu'ils idolâtrent et qui va prendre une nouvelle vie en France. » Rivarol est là tout entier avec sa fatuité mondaine et littéraire à la fois. Je ne vois pas pourquoi nous ne tiendrions pas compte de ces motifs frivoles qu'il nous donne et qui sont un trait de caractère, tout en reconnaissant que l'œuvre est supérieure aux motifs, que l'étude qui précède la traduction contient une appréciation élevée et ferme du génie avec lequel il osait se mesurer, enfin, comme l'a dit Sainte-Beuve, « que ce dilettante brillant et incrédule dut à quelque chose de fier et de hardi qu'il avait dans l'imagination, et qui tenait sans doute à ses origines méridionales, d'être le premier chez nous à parler dignement de Dante[1]. » Ce mauvais plaisant de Cérutti n'était pas si loin de la vérité en faisant cette épigramme : « M. le comte dit qu'il a traduit l'*Enfer*, parce qu'il y retrouve ses ancêtres ».

Nous réservons la critique des œuvres de Rivarol et l'examen des divers aspects de ce prestigieux et mobile esprit. Nous voulons seulement rappeler ici les diverses phases de sa vie, replacer à leur moment et dans leur cadre ses principaux écrits. Bien qu'il touche alors, comme il le dit, à son apothéose, il paraît bien qu'il n'en est pas plus heureux. « Quant à la vie que je mène, c'est un drame si ennuyeux que je prétends toujours que c'est Mercier qui l'a fait. » Viennent, enfin, l'éloge et le regret invraisemblable de la vie rustique au milieu de ses bonnes fortunes littéraires et autres : « Autrefois, je réparais dans une heure huit jours de folie, et aujourd'hui il me faut huit grands jours de sagesse pour réparer une folie d'une heure. Ah! que vous avez été bien inspiré de vous faire homme des champs! » C'est l'heure de ses grands triomphes. Son esprit lui a fait une puissance qui n'est pas contestée : il a beaucoup d'amis qu'il a conquis de gré ou de force, et beaucoup d'ennemis qu'il a tout fait pour mériter; tantôt bien, tantôt mal avec les hommes en vue et aussi avec les grands écrivains, selon les circonstances et un peu selon son humeur. Il avait séduit Voltaire, qui jouait alors le rôle d'initiateur à la

---

1. *Causeries du lundi*, t. XI.

célébrité, et qui disait de lui : « C'est là le Français par excellence » ; on l'avait même invité à passer une saison à Ferney. Le comble de l'honneur littéraire, en ce temps-là, était de recevoir une invitation pareille, et le comble de la prudence, de la décliner. En homme d'esprit, Rivarol la déclina. — A la distance où nous sommes de ce temps, ce n'est pas pour nous une médiocre surprise de le voir traiter de puissance à puissance avec un homme tel que Buffon, sans tenir un compte suffisant ni de l'âge ni du génie : il se lie avec lui ; nous les trouvons en coquetterie d'éloges et de flatteries ; puis arrive un moment où les relations tournent à l'aigre. L'admiration émue de Buffon pour Mme Necker, le patronage qu'il étend sur Mme de Genlis suffisent pour indisposer Rivarol qui, dans sa parodie du *Songe d'Athalie*, ne craint pas d'introduire ainsi l'*historien de la Nature* :

>   L'image de Buffon devant moi s'est montrée
>   Comme au Jardin du Roi, pompeusement parée.
>   Ses erreurs n'avaient point abattu sa fierté ;
>   Même il usait encor de ce style apprêté
>   Dont il eut soin de peindre et d'orner son ouvrage
>   Pour éviter des ans l'inévitable outrage, etc.

La seule et triste excuse de ces méchants vers, en quelque sens qu'on prenne le mot, c'est que l'auteur semblait les reconnaître pour tels en les désavouant et les attribuant à Grimod de la Reynière. — C'est tout un chapitre de l'histoire de ce temps qu'on remplirait des relations plus ou moins orageuses de Rivarol avec Chamfort, avec Laharpe, avec Beaumarchais, de sa guerre d'épigrammes contre Mirabeau, des mots enfin qu'il distribue impartialement sur le dos de son frère, de ses amis, du marquis et du chevalier de Champcenetz. C'est de son frère, le garde du corps du Roi, qu'il disait : « Il serait l'homme d'esprit d'une autre famille ; c'est le sot de la nôtre ;... c'est une montre à répétition ; elle sonne bien quand il me quitte. » Ce qui n'empêchait pas qu'il lui rendît justice à l'occasion. « Je fais les épigrammes, et mon frère se bat. » C'était un rôle dont le garde du corps partageait l'honneur avec le chevalier de Champcenetz, toujours prêt à dégainer pour les bons mots de celui qui, pour l'en récompenser, l'appelait son « clair de lune ».

Ce n'était plus le temps des salons célèbres de la génération précédente. A la veille de la Révolution, la société française avait subi déjà une sorte de dissolution significative. Les groupes étaient dispersés comme les opinions. Pourtant, il y avait encore le salon très en vue de Mme Necker ; mais nous savons que Rivarol fut toujours l'ennemi de la mère, surtout celui de la fille, plus célèbre que la mère, sans oublier le père, M. Necker, qu'il combattit et railla sans pitié, et particulièrement dans les deux *Lettres* écrites à l'occasion de l'ouvrage sur l'*Importance des opinions religieuses* et dont nous aurons à parler plus tard.

L'esprit de conversation, sans régner alors comme vingt ans auparavant dans des groupes organisés, définis, n'en avait pas moins et autant que jamais son culte, ses autels et ses dévots, bien qu'un peu plus disséminés. A ce titre, Rivarol était fêté partout où il lui plaisait d'aller exercer ses talents, comme chez la princesse de Vaudemont, l'amie de Talleyrand, Mme de Sabran, l'amie du chevalier de Boufflers, Mme de Tessé, Mme de Montmorin, la marquise de Polignac, fantasque personne si différente de la duchesse qui portait le même nom. Il vivait de plain-pied, non comme gentilhomme, ce qui était son secret désir, mais comme écrivain et comme causeur, avec des gens de cour qui faisaient profession de liberté de pensée, comme M. de Tressan, le vicomte de Ségur, le duc de Guiche, l'humoriste marquis de Créqui, qu'il peignait d'un mot : « Celui-là ne croit pas en Dieu, mais il craint en Dieu »; le prince de Ligne, le comte de Mercy-Argenteau, l'ambassadeur d'Autriche, le correspondant avisé de Marie-Thérèse ; enfin, l'excentrique duc de Brancas-Lauraguais, qu'il caractérisait ainsi : « Ses idées ressemblent à des carreaux de vitre entassés dans le panier d'un vitrier; claires une à une et obscures toutes ensemble. » — Cependant, cette verve, cette virtuosité incomparables rencontraient bien des résistances, secrètes ou déclarées. Un très bon esprit, Sénac de Meilhan, qui vivait intimement dans cette société, était de ceux qui ne se rendaient pas. A quelque vive critique qu'il avait faite, vers ce temps-là, en 1787, refusant d'être dupe du brillant causeur, la marquise de Créqui répondait assez timidement : « Je ne nie rien de ce que M. de Meilhan reprend dans Rivarol, mais, vu la misère du temps, je le trouve bon; il a une sorte d'originalité dans le style, et des aperçus qui ne sont que trop justes ».

Rivarol ne faisait rien d'ailleurs pour désarmer les hostilités qui naissaient autour de lui; au contraire il semblait aller au-devant d'elles et les provoquer. Son impertinence lui attirait de terribles représailles dans le monde comme dans le public lettré. On le vit bien quand il publia le *Petit Almanach des grands hommes pour l'année* 1788 et qu'il ameuta très gratuitement contre lui tant de haines et de colères; il n'est pas douteux qu'elles fussent justifiées, et si l'on usa contre le pamphlétaire de procédés regrettables, c'est à lui qu'il faut s'en prendre. Il n'est pas juste, en pareil cas, de se plaindre du scandale quand on en a si largement donné l'exemple. Cérutti, Garat, Joseph Chénier, Cubières, furent au premier rang des coalisés. Chamfort joignit à leurs armes les siennes, trempées dans du fiel. On fouilla dans la vie privée de

Rivarol, dans ses origines, dans ses débuts, on altéra ce qu'on y trouvait, on inventa ce qu'on n'y trouvait pas ; ce fut une *vendetta* sans pitié, en pleine lumière et en plein Paris. Le public se partagea entre les combattants; le résultat fut, comme il arrive en pareil cas, un accroissement de notoriété inouï. Diffamé, Rivarol n'en fut que plus célèbre ; mais sa célébrité toujours croissante ne fut jamais parfaitement liquide et nette ; il est resté un nuage sur ce nom. Lui-même, plus tard, devant la gravité tragique des événements dont il fut le témoin, il parut avoir quelque regret de ce genre d'œuvres et de succès; il les appelait les *Saturnales de la littérature*, et le mot est juste. Vainqueurs ou vaincus dans ces tristes luttes, il importe peu pour ceux qui y sont engagés : les victoires y sont aussi équivoques que les défaites.

Du reste, l'heure approchait où ces tempêtes ridicules d'amours-propres littéraires allaient être étouffées dans le bruit des grandes catastrophes. Cette guerre civile d'esprits vaniteux et enfiévrés est bien mesquine en face de la révolution qui arrive ; mais elle ne disparut pas entièrement dans le tumulte des événements, et le fait est à noter. On ne sait pas tout ce qu'il peut germer de méchanceté vindicative dans le cœur des incompris de la littérature et combien, dans ces grands mouvements de la rue, on voit surgir tout d'un coup de ces monstres frottés de bel esprit, la pire espèce des monstres. Il y a des envieux qui vous conduiraient à la guillotine. Chateaubriand a remarqué que l'*Almanach des Muses* a fourni nombre d'agents à la terreur. « La vanité des médiocrités en souffrance produisit autant de révolutionnaires que l'orgueil blessé des culs-de-jatte et des avortons ; révolte analogue des infirmités de l'esprit et de celles du corps. Tel poète attachait à ses épigrammes émoussées la pointe d'un poignard. L'instigateur du massacre des jeunes filles de

Verdun fut le poètereau régicide Pons de Verdun, acharné contre sa ville natale[1]. » Quand Rivarol émigra, il se retirait, non seulement devant des haines civiles, mais aussi devant des haines littéraires déguisées sous un masque politique, et qui se disposaient à profiter des événements pour la vengeance de talents méconnus ; lui-même donna la raison de son départ sous cette forme pittoresque qu'il garda (ce fut son honneur) au milieu des plus grands périls et qui resta le signe indélébile de son talent dans la mêlée furieuse des hommes et des passions : « Si la révolution s'était faite sous Louis XIV, Cotin eût fait guillotiner Boileau, et Pradon n'eût pas manqué Racine. En émigrant, j'ai échappé à quelques jacobins de mon *Almanach des grands hommes*. » Jusqu'au 10 juin 1792, Rivarol resta sur la brèche à Paris combattant de toutes les manières possibles et faisant feu de toute arme.

Il avait fait son choix librement, tristement, sans illusion sur la cause à laquelle il se dévouait, sans ambition et sans intérêt d'aucune sorte. Il voyait les fautes de la cour et du parti, il les signalait, consulté assez inutilement, plus considéré qu'écouté, conseillant au roi, par des intermédiaires suspects, des remèdes héroïques qu'il n'était plus temps d'adapter à une situation de jour en jour plus désespérée, usant ses forces et son crédit dans la poursuite d'une sorte de monarchie restaurée sur la base exclusive du tiers état : conception tardive ou prématurée qui vouait son auteur à l'ingratitude des partis et à une impuissance absolue. En attendant un rôle d'utilité pratique ou d'éclat qui ne vint pas et qui ne pouvait pas venir, il se jetait dans la mêlée ardente. Et là encore il faut faire deux parts dans le combat acharné qu'il livra à ses ennemis ; il faut distinguer le polémiste

---

1. *Mémoires d'Outre-Tombe*. t. III, p. 5.

hardi, le critique acerbe, résolu et attristé, qui est dans son droit quand il juge, au *Journal politique national*, les mesures et les décrets de l'Assemblée nationale, les fautes du gouvernement, les épreuves de la France, les partis qui en sont tour à tour les auteurs responsables et les victimes. Il faut distinguer le journaliste intrépide du pamphlétaire qui, de nouveau en proie aux tentations les plus malsaines de la haine, recommence une œuvre violente et inique dans le *Petit Almanach des grands hommes de la révolution*, dans la *Galerie des états généraux et des dames françaises*, enfin dans les *Actes des Apôtres*, ne craignant pas de déshonorer par le scandale la cause qu'il croit défendre. Désavoué, il quitte enfin Paris, las de la lutte. L'émigration semble lui rendre le sang-froid qu'il a perdu sur le terrain brûlant où il a combattu sans choisir ses armes ni ses adversaires.

Après quelques pamphlets nouveaux et sans écho, il redevient le simple spectateur des événements; il reprend, autant que cela est possible, à Bruxelles, à Londres et à Hambourg sa vie de salon; il retrouve ses succès de conversation, mais dans un milieu bien troublé, bien changeant, singulièrement mêlé d'éléments étrangers. Enfin, à Hambourg, à l'instigation du libraire Fauche, il entreprend ce qui devait être l'œuvre de sa vie, *le Nouveau Dictionnaire de la langue française*, il publie la première partie du *Discours préliminaire*, qui, sans répondre précisément au dessein de l'entreprise, contient un assez grand nombre de belles pages pour consacrer et garder un nom. Il va sans dire que le projet du *Dictionnaire* ne fut jamais réalisé. Par la nature même de son esprit, par la fatalité des pentes secrètes qui le conduisaient aux objets les plus divers, par une sorte de volupté qu'il goûtait à échapper à la règle et à faire autre chose que ce qu'il devait faire, enfin, puisqu'il faut bien dire le nom, par une sorte d'irrésistible paresse que les longs efforts et les vastes pensées décourageaient, Rivarol était incapable de mener à son terme une œuvre de ce genre ; il était de ces hommes supérieurs auxquels manque je ne sais quel ressort, qui épuisent toute leur activité en projets et se bornent à des programmes.

En face des traités qu'il signait imprudemment, ou mieux par nécessité, il était repris de ces nonchalances terribles qui paralysèrent une partie de sa vie, adorant le lit, y passant quelquefois des journées entières au milieu d'un cercle d'auditeurs, ayant en horreur la plume, « cette triste accoucheuse des esprits, avec son long bec effilé et criard », ou bien ne quittant ses oreillers que pour aller semer de par le monde ses épigrammes, ne se mettant au travail qu'à la dernière extrémité, sous la contrainte de Fauche, son libraire, qui l'enfermait de temps en temps, mettait des sentinelles à sa porte, et la défendait aux visiteurs. « Rivarol prisonnier, raconte M. de la Porte (son ami et commensal à Hambourg), fournissait alors, lentement, aux ouvriers de Fauche trois ou quatre pages chaque jour, en faisant l'appel de beaucoup de pensées éparses dans son portefeuille ou plutôt dans de petits sacs étiquetés où il avait coutume de les jeter. » Avec cette méthode de travail on ne fait pas des œuvres de longue haleine, ni peut-être des chefs-d'œuvre ; mais il n'est pas impossible qu'on écrive des fragments d'une originalité rare, et c'est ce qui arriva. Entre temps, il retrouvait d'anciens amis des beaux jours de Paris, M. de Tilly, la princesse de Vaudemont; il commençait d'autres amitiés; il se liait avec Chênedollé et appliquait l'enthousiaste jeune homme à ses travaux personnels, lui prenant sans scrupule son esprit et son temps; il retrouvait même son fils, qui lui arrivait un beau jour de Paris et dont il prétendait refaire l'éducation fort négligée, avec la même suite qu'il apportait dans ses ouvrages. Mais tout cela ne lui faisait pas oublier Paris, où il aurait pu très honorablement rentrer comme tant d'autres, d'autant plus qu'il n'avait aucun motif personnel à invoquer contre le gouvernement nouveau. « J'avais prévu, écrit-il à l'abbé de Villefort, que la Révolution finirait par le sabre, et le premier consul sait très bien s'en servir. Il faut voir à présent jusqu'où le poussera l'enivrement du pouvoir; on se perd souvent pour vouloir aller plus loin que ses espérances, et l'ambition se dévore elle-même. » Il ajoute qu'on lui a fait des offres de *grandeur* et de fortune, s'il voulait rentrer en France, et qu'il les a refusées. On comprend que ce royaliste, bien que de mœurs et de doctrine légères, ait refusé de servir le gouvernement du premier consul. Mais on ne voit pas bien ce qui l'empêchait de rentrer en France dans une condition privée. Avait-il peur d'y retrouver sa femme? Peut-être bien. Et cependant il sentait de plus en plus, en vieillissant, combien Paris lui manquait : « Paris est mon élément, écrivait-il au même ami, et je crains bien de ne plus le revoir. Ma santé est pourtant assez bonne, mais la lame use le fourreau. J'approche de la cinquantaine, et dans quelques années je serai dans cet âge où tout *décède* dans l'homme avant la mort. »

La nostalgie de Paris, l'ennui de Hambourg le jetèrent de nouveau dans la vie errante. Il partit pour Berlin dans l'automne de l'année 1800, chargé par le comte de Provence d'une mission officieuse auprès du roi de Prusse. Il y mourut au mois d'avril de l'année suivante, entouré d'amis dévoués, la tête toute pleine encore d'idées et de projets, que son âge lui permettait de concevoir ; il était dans sa quarante-huitième année. On lui a composé, avec des détails de pure invention, une mort théâtrale. Rien de plus faux que ce récit imaginé par Sulpice de la Platière. Il mourut simplement et en homme de goût, plus simplement qu'il n'avait vécu, et sans prononcer un seul de ces mots à effet que lui a prêtés ce biographe romanesque et ridicule.

III

Nous avons indiqué à grands traits les principaux résultats des recherches de M. de Lescure sur la biographie de Rivarol ; nous regrettons de n'avoir pu insister davantage sur les événements dont sont remplies les dernières années de cette existence aventureuse, et qui offrent, sinon le plus d'intérêt, du moins le plus de nouveauté. Le rôle de Rivarol, dans l'émigration, semble avoir été celui d'un représentant de l'esprit français à l'étranger. Nous aurions aimé à retracer l'histoire piquante de sa rencontre à Bruxelles avec le jeune Chateaubriand, revenu d'Amérique (comme il le dit dans une page un peu arrangée des *Mémoires d'outre-tombe*) pour se faire tuer « au service d'une cause qu'il n'aimait pas », et raillant tragiquement, chez le baron de Breteuil, ceux qui se contentaient de pérorer pour elle ; la lutte qui ne tarda guère à éclater entre Rivarol et les conseillers déraisonnables des princes en exil ; sa clairvoyance ironique sur tant d'illusions et de démarches fausses ; son voyage à Londres, où Pitt et Burke l'accueillent avec une bienveillance empressée et stérile : dîner chez le lord-maire, à côté de Cazalès et de Malouet, sans autre résultat que quelques épigrammes réciproques. Nous l'aurions volontiers suivi dans le détail d'une de ses journées à Hambourg, où quelques brillants débris des salons parisiens, réunis autour du causeur, lui donnèrent un instant l'illusion de la patrie absente et de la jeunesse évanouie.

Sa vie, disputée alors entre les engagements du monde, dont il reprend trop volontiers le joug, et le travail promis à son libraire : existence agitée et dispersée, mais laborieuse par moments et qui laissa, après tout, des traces plus durables que celles de ce « perpétuel feu d'artifice tiré sur l'eau » dont avait parlé Voltaire; enfin son voyage à Berlin, où la mission secrète dont il était chargé fut singulièrement gênée par Beurnonville, l'ambassadeur de la toute-puissante République, mais où il se consola sans trop d'effort de cette demi-disgrâce par ses derniers triomphes mondains : tout cela formerait un tableau varié, plein de mouvement. Avant ce dernier voyage, et pour ne pas compromettre son caractère semi-officiel, Rivarol avait mis ordre à ses affaires, il avait renvoyé à Paris la légère compagne qu'il avait associée à son exil, cette Manette dont l'un des charmes était pour lui son ignorance même et qu'il célébrait dans une *Épître* fameuse en la suppliant de ne pas changer :

> Ah ! conservez-moi bien tous ces jolis zéros
> Dont votre tête se compose.
> Si jamais quelqu'un vous instruit,
> Tout mon bonheur serait détruit,
> Sans que vous y gagniez grand'chose.
> Ayez toujours pour moi du goût comme un bon fruit,
> Et de l'esprit comme une rose.

Poète d'impromptus, causeur de salons, pamphlétaire, est-ce donc là tout Rivarol ? Non, sans doute; il n'en est pas moins vrai que deux mots, « les forces perdues », pourraient servir d'épigraphe à cette existence gaspillée sans remords dans une sorte d'ivresse qui s'était emparée de lui de très bonne heure, qui ne l'avait pas quitté un jour au milieu des plus grands périls de sa vie et des plus tragiques événements de l'histoire, et qui persista jusqu'à la veille de sa mort. On est saisi de regret en songeant à ce qu'il aurait pu être, à ce qu'il aurait dû faire, d'après certaines pages de haute valeur, d'après l'accent de quelques fragments superbes, si le monde, si une paresse incorrigible, l'entraînement de la parole improvisée et applaudie, ne l'avaient mis dans la servitude des succès faciles dont il sembla jamais ne sentir l'inanité. Et cependant, combien tout cela pèse peu dans la balance des destinées littéraires, quand le moment du fugitif triomphe a disparu et que la dernière fusée est éteinte !

Sa mémoire expie cruellement les torts de sa vie, les aberrations de son goût et aussi celles de sa conscience. Nul mieux que lui, d'ailleurs, n'a réussi à caractériser cet esprit de conversation par lequel il s'imposa, il vécut, il régna, et dont il connut l'enivrement sans la satiété : « L'esprit est cette faculté qui voit vite, brille et frappe. Je dis vite, car la vivacité est son essence : un trait et un éclair sont ses emblèmes. Observez que je parle de la rapidité de l'idée et non de celle du temps que peut avoir coûté sa poursuite. Ainsi qu'un écrivain sème son livre de traits plus ou moins ingénieux, il aura fait un ouvrage d'esprit, lors même que cet ouvrage lui aurait coûté la moitié de sa vie.... Mais, dans le monde, l'esprit est toujours improvisateur; il ne demande ni délai, ni rendez-vous pour dire un mot heureux. Il bat plus vite que le simple bon sens; il est, en un mot, *sentiment prompt et brillant*[1] ».

Ceux qui, comme Rivarol, font de l'esprit leur occupation particulière, je dirai presque leur profession, sont exposés à un grand péril. L'esprit, habitué au succès, en devient insatiable; de son côté, le monde, habitué à y chercher son plaisir, a des exigences toujours croissantes. De là des exagérations d'abord, des inventions ensuite, où

---

1. *De l'Homme intellectuel et moral*, œuvres complètes, t. I, p. 126.

la double malignité du causeur de profession et de son public trouve son compte. L'esprit non tempéré par la bonté, non surveillé par la justice, toujours excité à se dépasser lui-même et condamné à redoubler ses effets, arrive à les chercher et à les conquérir à tout prix. Il a bientôt épuisé la réalité qui lui semble pauvre et fade; il la torture, il la déforme de toutes les manières; il jouit des contorsions et des grimaces qu'il lui prête; il crée de toutes pièces le ridicule d'abord, l'infamie ensuite, qu'il marque sur ses victimes d'un trait souvent injuste et toujours sanglant. C'est d'abord la médisance qui fait son œuvre, plus tard ce sera la calomnie, et l'on finira par le pamphlet atroce, écrit ou parlé. Voici quelques définitions de Rivarol lui-même, qui étudiait de près son modèle : « La médisance dit étourdiment le mal dont elle n'est pas sûre et se tait prudemment sur le bien qu'elle sait. Quant à la calomnie, on la reconnaît à des symptômes plus graves. Pétrie de haine et d'envie, ce n'est pas sa faute si sa langue n'est pas un poignard[1]. » Il sort de tout cela un nouveau genre littéraire, la diffamation. C'est une triste gloire pour Rivarol d'avoir été le premier dans le dernier des genres. Tel il se montre déjà dans le *Petit Almanach des grands hommes de* 1789; tel aussi dans le *Petit Almanach des grands hommes de la Révolution*. Voltaire semblait avoir deviné et décrit d'avance ce talent funeste et la forme particulière qui s'y adapte : « Un nouveau poison fut inventé depuis quelques années dans la basse littérature : ce fut l'art d'outrager les vivants et les morts par ordre alphabétique. » Mais que dire des *Actes des Apôtres*, où Rivarol semble avoir repris la plume de l'Arétin pour défendre des idées qui avaient droit au moins au respect de leurs apologistes ? Comment

---

1. *De l'Homme intellectuel et moral*, p. 275.

qualifier ces excès d'une polémique effrontée où la haine déborde en violences et en obscénités? Rivarol avait des plaisanteries d'une sinistre gaieté. Tel mot de lui était un coup de poignard empoisonné dans le cœur d'un homme, un stigmate sur son front. N'y avait-il pas quelque chose comme un crime dans ce nom infligé par la rage froide de Rivarol à Joseph Chénier qu'il appelait *le frère d'Abel Chénier*, réveillant ainsi, pour l'éterniser, l'accusation de fratricide, mille fois réfutée, et l'incrustant pour la postérité dans une expression indélébile?

Ce Rivarol est connu; il a trouvé des peintres, des admirateurs, il a, de nos jours, une nombreuse postérité; ses disciples, devenus des maîtres à leur tour en ce genre, ont retrouvé le triste secret du mot déshonorant ou meurtrier. Mais c'est un autre Rivarol que je voudrais étudier ici, un écrivain à certains égards supérieur. C'est avec celui-ci que nous nous consolerons des *Saturnales* littéraires où l'auteur a conduit son talent et nous avec lui, tout en nous étonnant du singulier contraste qui va s'offrir à nos yeux.

Dans cette matière, assez confuse en apparence, des idées et des écrits de Rivarol en dehors de ses pamphlets, nous ferons deux parts. Nous examinerons d'abord quelques-unes de ses doctrines politiques, telles qu'elles résultent du *Journal national*, et sa théorie sur les rapports de la religion et des sociétés humaines, exprimée d'abord dans les deux lettres à M. Necker, reprise plus tard, avec des modifications profondes, dans la conclusion du *Discours sur l'Homme intellectuel et moral*. Nous réserverons pour une autre étude ses vues ingénieuses sur le langage en général, qu'il appelle « la physique expérimentale de l'esprit »; enfin, nous verrons se dessiner à nos yeux une philosophie dont quelques traits seulement apparaissent, mais qui a bien de l'originalité et une allure très personnelle.

Si l'écrivain politique, dans Rivarol, n'est pas placé par l'opinion à un rang élevé, c'est qu'on ne le connaît pas bien. Qu'on lise sans parti pris les extraits qui lui appartiennent dans le *Journal politique et national*, publié par l'abbé Sabatier de Castres dans l'année 1789, on sera surpris de la hauteur et de la fermeté de raison qui s'y révèlent. Mais là encore il faut distinguer. Quand il touche aux personnes, c'est avec une sorte d'injustice mal contenue, d'âpreté et parfois de férocité froide qui ôtent toute autorité à ses jugements. Mais quand il parvient à s'arracher à la tentation malsaine du pamphlet, quand il juge non plus les hommes, mais les événements et les idées, c'est une transformation; sa pensée et son talent s'élèvent devant le grand et terrible spectacle qui se déploie à ses yeux. On s'est trop arrêté, en le lisant, à la satire des personnes, qui n'est que la moindre partie de sa collaboration au *Journal :* ce qu'il faut considérer, c'est l'interprétation des faits historiques, c'est la doctrine politique qui en ressort. Il y a là une série de commentaires des plus curieux sur les événements et des conjectures singulièrement fines sur les conséquences possibles. Dans un ordre d'idées analogues, Mallet du Pan, Malouet, Monnier, en jugeant les mêmes faits, n'égalent pas toujours et ne dépassent jamais la ferme sagacité de Rivarol.

On s'étonne en lisant de telles pages que des écrivains systématiques ou légers aient pu traiter Rivarol comme un défenseur à outrance de l'ancien régime, un utopiste du passé. Ce qui frappe, au contraire, tout lecteur réfléchi, c'est la liberté d'esprit, la largeur d'idées, un effort véritable d'impartialité dans le discernement des causes et la discussion des responsabilités. Il y a là des vues qui décèlent l'homme né pour la grande histoire, qu'il aurait sûrement atteinte s'il avait su s'affranchir des misères de la polémique courante. L'époque où il collabora au *Journal national* marque le plus haut degré de sa vie intellectuelle. On comprend aisément que de si belles discussions aient vivement attiré l'attention des hommes d'État anglais et particulièrement celle de Burke, qui s'en inspira. Le style se ressent de cette contrainte heureuse que s'impose ici l'écrivain pour tenter de faire de l'histoire et non du pamphlet. La discipline des idées, à laquelle il se soumet, donne à l'écrivain une vigueur nouvelle, une simplicité énergique, une puissance rare de concentration. Certains passages révèlent une sorte d'émulation avec les maîtres de l'histoire : il y a des traits de force et d'éclat qui rappellent le commerce de l'auteur avec Tacite. Tout évidemment ne se tient pas au même niveau. Des inégalités et des négligences rompent la ferme teneur de ce style ; la concision trop recherchée produit plus d'une obscurité. Mais la langue politique est trouvée du premier coup et reçoit l'empreinte des qualités personnelles de l'auteur, d'où il résulte un mélange heureux et nouveau, très éloigné des déclamations, de l'emphase et de l'abstraction pompeuse qui dominent presque partout dans les journaux et les discours du temps, à quelque parti qu'ils appartiennent.

Nous ne nous donnerons pas le luxe facile de citations nombreuses ; il nous suffira de justifier par quelques fragments cette opinion qui semblera à quelques personnes trop favorable. Nous choisirons comme exemple un grand débat, celui de la sanction royale, qui émut si vivement l'Assemblée et le pays aux mois d'août et de septembre 1789. C'est une page d'histoire politique tracée avec un calme et un bon sens supérieurs : « Toutes les cabales étant prêtes, on commença par se demander ce que c'était que la sanction royale, et par cette seule question on troubla ce qui était fort clair. On trouva dans le mot *sanction* l'acceptation, la promulgation, la publication, et deux sortes de *veto*, l'un *suspensif* et l'autre *absolu*. Certes, la nation n'avait songé à aucune de ces subtilités. En disant à ses députés : « *Vous ne ferez « rien sans le concours du roi* », elle l'avait reconnu partie intégrante du souverain, c'est-à-dire du pouvoir législatif. La constitution et les lois ne pouvaient donc se passer du consentement royal.... Et ici le rôle des modérés est tracé avec une tranquille ironie : « Ils disaient qu'ils auraient à rougir pour la nation, si la France ne retirait de son assemblée qu'une *constitution aussi imparfaite que celle de l'Angleterre*, et ils travaillaient de bonne foi à nous éviter cette honte et ce malheur ». Le Comité de constitution demanda positivement deux Chambres et le *veto absolu* pour le roi : « A ces mots, on n'entendit qu'un cri. Une de ces Chambres, disait-on, sera l'aristocratie, et le *veto absolu* sera le despotisme. Les habiles songèrent donc à profiter au plus tôt de cette fureur et de cette ignorance, *en y joignant un peu de terreur*. Le Palais-Royal s'était attroupé; les courriers allaient sans cesse de Paris à Versailles; les motions se succédaient avec une rapidité prodigieuse; la fougue et l'effervescence étaient au comble; tout frémissait au seul nom de *veto royal;* enfin, avec ce mot, on fit une telle peur au peuple, qu'il en devint effrayant... L'Assemblée, épouvantée de tant de zèle, *trembla de tous ses membres, excepté pourtant de ceux qui étaient dans le secret*, et c'était le petit nombre [1]. » Et d'une plume impitoyable, Rivarol énumère les contradictions qui s'entassent dans les premiers articles de la constitution future et qui de-

---

1. N°s II et III du *Journal politique et national* (2e série).

vaient la rendre impraticable. On nous excusera de résumer cette discussion par ses traits essentiels seulement, mais qui permettront de juger de la pénétration de l'écrivain : « ... L'Assemblée décréta d'abord que la France était un État monarchique ; puis elle décréta tout aussitôt que l'Assemblée était permanente, qu'elle ne serait composée que d'une Chambre, et que le pouvoir législatif tout entier résidait dans cette Chambre. De sorte qu'elle déclarait que la France était une *monarchie*, mais il fallait entendre une *démocratie*. C'est de la même manière que les théatins ont commenté leurs statuts : il y est dit qu'*ils seront habillés de blanc*, et ils ont mis à côté : *c'est-à-dire de noir*. — Les honnêtes gens étaient bien un peu étonnés : ils disaient qu'un roi auquel on n'accorde qu'un *veto suspensif* n'est plus roi ; qu'il est tout au plus capitaine général, homme à brevet et à pension. Quelle dérision, en effet, d'accorder au chef de l'État un droit d'*empêcher* qui *n'empêchera* pas! Le peuple verra sans cesse l'instant où il faudra que le prince obéisse ; et par là même le voilà avili dans l'opinion. L'Assemblée forcera le roi à enregistrer ses décrets, beaucoup mieux que le roi ne forçait les parlements à enregistrer ses édits. Aussi, pour éviter un affront inévitable, le prince obéira toujours à la première sommation, et on ne lui aura conféré qu'une prérogative illusoire... En même temps qu'on lui conférait ce droit chimérique, on lui interdisait formellement toute proposition de loi; de sorte que le roi de France fut mis de partout hors de la constitution française ; et si l'on dit encore que son consentement est *nécessaire*, il faut entendre qu'il est *forcé*. — En vain M. de Mirabeau, qui feignait toujours de plaider pour la prérogative royale, voulut qu'on accordât au roi le pouvoir exécutif *suprême;* on en a fait un décret qui réunit dans un seul mot une décision et une sottise. Le pouvoir d'exécuter les volontés d'autrui est toujours suprême ; c'est la suprématie d'un intendant de maison : Louis XVI n'est plus que le grand officier de l'Assemblée nationale. Le titre de roi lui est conservé comme une antique décoration dont la politesse moderne n'a jamais privé les rois détrônés. Ainsi fut abolie, le vendredi 11 septembre 1789, la monarchie française, fondée l'an 420 de l'ère chrétienne, après quatorze siècles de fortunes diverses ; d'abord aristocratie royale et militaire, ensuite monarchie plus ou moins absolue, et maintenant *démocratie armoriée d'une couronne*. — Ce serait le comble de l'hypocrisie ou de l'ignorance que d'appeler encore la France une monarchie. Mais alors, quand on a rendu le roi inutile, pourquoi ne pas le déclarer tel ? Pourquoi laisser la nation chargée de l'entretien d'une cour, et pourquoi tendre le piège de la royauté à cinq ou six millions de bons Français qui seront toujours tentés de traiter Louis XVI en roi, et se rendront, sans le savoir, criminels de lèse-majesté nationale ? » — Et, tirant la conclusion logique des faits qu'il vient de commenter : « Je le déclare donc à la face de l'Europe, s'écrie-t-il, l'Assemblée nationale ayant tué la royauté dans la personne de Louis XVI, je ne vois de souverain en France que cette Assemblée, et je révère avec elle l'Hôtel de Ville, les Districts et le Palais-Royal. Voilà mes législateurs et mes rois ; ils peuvent me compter au rang de leurs sujets ; et malheur, dans une révolution, à qui, ne pouvant dresser des échafauds, ne dresse pas des autels [1]. »

Nous avons voulu donner une esquisse fidèle, bien qu'incomplète, de cette argumentation si pleine, si substantielle, et dont on ne peut se faire aucune idée d'après des citations isolées ; car c'est dans le dévelop-

---

1. N° VIII du *Journal* (2ᵉ série).

pement de sa dialectique que Rivarol excelle ; nul mieux
que lui ne conduit une discussion ; nul ne la varie avec
plus d'art, n'en fait mieux ressortir tous les aspects ; nul
n'associe mieux, dans la trame ferme et brillante de son
style, la logique et l'ironie. C'est là, on en conviendra,
un début éclatant du journalisme politique, et la presse
peut être fière d'un pareil ancêtre. Quant au fond des
idées que développe ici Rivarol, il faudrait pousser bien
loin la mauvaise foi pour soutenir qu'elles sont d'un
esprit passionné et aveugle. C'est exactement le même
genre d'objections que M. Thiers adresse, dans son *Histoire
de la Révolution française*, à ces premières et graves décisions de l'Assemblée constituante. On dirait qu'il répète
dans ses jugements les sévères avertissements de Rivarol.
Il signale cet élan qui entraînait alors les esprits vers les
idées les plus simples : un peuple qui déclare sa volonté,
un roi qui l'exécute. La *nation veut*, le *roi fait*; on ne
sortait pas de cette formule et l'on semblait vouloir la
monarchie parce qu'on laissait un roi comme exécuteur
des volontés nationales. Dans le fait, il n'était plus que
le premier magistrat de l'Assemblée. Pour fonder une
monarchie réelle, il eût fallu de grandes concessions de
part et d'autre. Ces concessions n'étaient pas possibles
alors, et M. Thiers conclut, presque dans les mêmes
termes que Rivarol, que « la république était déjà dans
les opinions sans y être nommée, et que l'on était répu-
blicain sans le croire ». En présentant sous une forme
si vive et si personnelle une pareille argumentation,
Rivarol n'est pas plus réactionnaire que ne le fut plus
tard M. Thiers ; cela doit suffire à sa défense.

Il ne l'est pas davantage quand il expose son plan politique. Il fallait, dit-il, pour asseoir à jamais la constitution française sur ses vrais fondements, conserver la
monarchie, établir les communes (c'est-à-dire une

Chambre basse), et créer une Chambre haute. Ainsi l'on aurait reconstitué l'aristocratie dans un sénat essentiellement inamovible, c'est-à-dire héréditaire et peu nombreux. Il serait résulté de ces trois forces, dont chacune est despotique par sa nature, un gouvernement sans despotisme, mais si énergique et si plein que la France serait rapidement montée au point de grandeur où sa nature l'appelle.... « Toute force dans la nature est despotique, comme toute volonté dans l'homme. Mais, de même que chaque plante et chaque animal tend avec la même énergie à occuper toute la terre, il en résulte que ces différentes forces, également despotiques, se répriment mutuellement; il se fait entre elles une compensation dont les lois nous échappent, mais d'où il résulte que, sans jamais se détruire, elles retiennent chaque espèce dans ses propres limites. » Cette comparaison ingénieuse explique à merveille toute la théorie de la monarchie constitutionnelle, où les trois forces essentielles, le peuple, la noblesse, la royauté, se limitent réciproquement sans se détruire. Et ici encore Rivarol se rencontrait d'avance avec M. Thiers, soutenant, à propos de la même discussion, que pour être réelle, telle qu'elle existe, même dans les États réputés libres, il eût fallu que la monarchie établie par l'Assemblée constituante fût la domination d'un seul à laquelle on aurait mis des bornes au moyen du concours national. C'est à limiter la volonté du prince que la volonté de la nation devait être appliquée; elle ne devait pas prendre sa place. Et dès l'instant que la nation pouvait ordonner tout ce qu'elle voulait, sans que le roi pût s'y opposer par le *veto*, le roi n'était plus que le premier officier du pouvoir exécutif, résidant tout entier, avec le pouvoir législatif, dans l'Assemblée. Il faut donc abandonner les accusations portées à la légère contre Rivarol. Ce n'est pas être un rétrograde, en 1789, que de souhaiter passionnément la constitution anglaise « comme le modèle d'une transaction intervenue en Angleterre, à la suite d'un débat semblable, entre le roi, l'aristocratie et le peuple ».

Mais qu'allait-on parler de transactions à des esprits égarés par leur passion ou par leur ignorance ? « Le plus grand nombre n'entendait pas l'état de la question et cela seul peut assurer leur innocence. On en a vu qui disaient naïvement : *Nous n'aimons pas le gouvernement d'Angleterre*; comme ils auraient dit : *Nous n'aimons pas la géométrie*. — Et voilà les raisons et les hommes qui ont balancé nos destinées : c'est par là que nous avons eu cette constitution qui soumet les campagnes à l'aristocratie des villes, les villes aux municipalités, les municipalités et les villes à l'Assemblée nationale, et qui ne laisse au roi que l'exergue des monnaies[1]. » Autant ou mieux valait établir la république du même coup. Cela, peut-être, eût épargné au pays des luttes inutiles et même des crimes. Car c'est le mensonge des situations fausses qui créa les résistances obstinées, les luttes sans pitié, des tentatives funestes de la part du roi pour échapper à une subordination impossible, et des répressions sanguinaires de la part des Assemblées qui ne voulaient rien laisser perdre de leur souveraineté.

Dans le même ordre d'illusions qu'il combat, il faut citer, au premier rang, les pages éloquentes dans lesquelles Rivarol dénonce l'erreur politique qui, selon lui, a vicié la *Déclaration des droits de l'homme*, l'idée toute théorique que conçut l'Assemblée de remonter à l'origine du monde pour fonder sur la terre un nouvel ordre de choses, oubliant que le corps politique est un être artificiel qui ne doit rien à la nature, que les hommes naissent

---

1. N° ix de la deuxième série du *Journal politique et national*.

inégaux et que la loi est précisément l'art de niveler les inégalités naturelles; enfin, se moquant peu philosophiquement de l'Angleterre qui n'avait pas su débuter ainsi lorsqu'elle se donna une constitution en 1688 : « Mais, d'autre part, on se demanda bientôt en Europe quelle était donc cette nouvelle méthode de conduire les peuples avec des théories et des abstractions métaphysiques; de compter pour rien la pratique et l'expérience, de confondre l'homme absolument sauvage avec l'homme social, et l'indépendance naturelle avec la liberté civile.... La liberté consiste à n'obéir qu'aux lois, mais dans cette définition le mot *obéir* se trouve; tandis que l'indépendance consiste à vivre dans les forêts, sans obéir aux lois, et sans reconnaitre aucune sorte de frein[1]. » Sur ce point, comme sur beaucoup d'autres, Rivarol peut être combattu. Mais on ne peut contester que, là encore, le fin critique ne démêle avec une rare sagacité l'excès de rationalisme et d'abstraction qui pesa sur les grandes discussions de la Constituante et le mépris injuste de cette Assemblée pour tout ce qui était expérience, tradition et histoire.

Et certes, ce n'était pas un juge aveugle, ce journaliste qui énumère sans pitié les fautes de la cour. Il ne s'y épargnait guère. Ni M. Necker, ni les autres ministres, ni les nobles, ni les modérés qui livrent tout, ni les violents qui compromettent tout, n'obtiennent grâce devant cette implacable censure qui éclate aussi bien contre les auxiliaires médiocres ou inertes du parti de la cour que contre les agitateurs et les meneurs du peuple. Mais c'est surtout les neutres et les lâches qu'il ne peut souffrir. « Quant à ces députés, s'écrie-t-il, qui n'ont été d'aucun secret, qui n'ont montré enfin

---

1. N° xvi, première série.

ni vice ni vertu, qu'ils n'espèrent pas apporter l'excuse de leur nullité au tribunal de l'histoire : je leur dirai qu'ils ont fait nombre avec les méchants ; qu'ils sont coupables de tout le mal qu'ils n'ont point empêché ; qu'ils sont coupables de tous les pièges que leur a tendus la perfidie et de tous les faux pas de leur conscience, parce qu'avec toute leur bonne foi deux passions les ont dirigés constamment dans leurs démarches, les ont décidés dans leurs mesures et leur ont dicté leurs motions : l'une est la *peur*, et l'autre la *vanité*[1]. » Pour retrouver des traits pareils, il faut aller jusqu'au *Journal de Paris* où écrivit un peu plus tard André Chénier, faisant déjà pressentir les *Iambes* qu'il devait tracer d'une main fiévreuse, sous la dictée d'un cœur « gros de haine, affamé de justice », une heure avant de paraître devant Fouquier-Tinville. C'est la même indépendance, le même courage hautain, mais non pourtant le même accent. La source de ces sentiments, était plus pure et plus haute chez André Chénier. C'est le mépris qui domine chez Rivarol ; dans l'âme de Chénier, c'est une colère émue et magnifique.

Après les événements d'octobre, le désastre de Versailles, le retour du roi et de la famille royale à Paris, dont on nous trace une peinture d'une réalité saisissante, le *Journal* s'arrête brusquement ; mais, avant que Rivarol dépose cette fière plume de journaliste, il signale à Versailles, pendant ces funestes journées, la défection de toutes les idées, grandes ou petites[2] : « Qu'on nous dise après cela que les cours sont des foyers de dissimulation, de politique et de machiavélisme ! » La cour de France a déployé, selon lui, une profondeur d'ineptie, d'impré-

---

1. N° VII, deuxième série.
2. N° XIX, deuxième série.

voyance et de nullité d'autant plus remarquable qu'elle n'avait devant elle, à ce moment, que des hommes au-dessous du médiocre. *Tout était médiocre jusqu'aux assassins.* Rivarol a noté d'un trait profond qu'il y a des circonstances et des temps où le défaut d'esprit a tous les effets de la perversité du cœur[1]. Quand on a vu les choses de près et sous leur vrai jour, on est effrayé du *délaissement universel* où s'est trouvé alors Louis XVI au milieu même de sa cour et de son parti. A quelques exceptions près, honorables ou glorieuses, cette dure sentence de Rivarol est juste. Comme il le dit, la religion pour le prince étant presque éteinte, sauf dans quelques âmes militaires et chevaleresques, il fallait des prodiges pour la ranimer. Ces prodiges sortirent de l'excès même du mal. Mais Rivarol ne pouvait les prévoir encore. Il arriva que ce peuple de courtisans et cette aristocratie, qui avaient montré tant d'indécision et de faiblesse aux premiers jours de la Révolution, se retrempèrent dans la persécution, et cette religion de l'honneur, presque éteinte à Versailles, se ralluma sur l'échafaud et jeta une dernière lueur sur l'agonie de la royauté.

IV

Parmi les questions de politique sociale qui ont préoccupé cet esprit doué d'une perspicacité peu commune, il en est une qu'il a reprise, en deux occasions bien différentes, avant et après la Révolution : c'est la question de la valeur et du prix des idées religieuses dans les sociétés modernes. En y revenant la seconde fois, avec des conclusions tout autres et tout autrement méditées, il montrait

---

1. N° xx, deuxième série.

qu'il avait le sens des problèmes politiques. Y en a-t-il un, même à l'heure où nous sommes, plus grave que celui-là? Y en a-t-il un qui attire davantage la méditation des esprits sérieux, au-dessus des expédients des uns, des passions ou de la légèreté des autres? Ni la force, ni la colère, ni le raisonnement, ne tranchent ce problème ou ne le suppriment. Il renaît au moment même où l'on pense en avoir fini avec lui; il se pose avec une obstination invincible devant chaque génération, et ceux-là mêmes qui croient pouvoir l'écarter par la science positive, se prennent parfois à trembler à l'idée de leur victoire possible ; le vide qui se creuserait dans l'âme de l'humanité, s'ils réussissaient, les épouvante ; ils en conviennent à certains moments, dans ces élans de sincérité qui ne sont pas toujours dans la logique d'une situation, mais qui n'en sont pas moins à l'honneur d'une conscience humaine.

La première fois que Rivarol aborda cette question, ce fut en 1788, à l'occasion d'un ouvrage de M. Necker, qui avait irrité ses nerfs, blessé son épicurisme délicat par un ton de solennité et en même temps une sorte de candeur d'apostolat.

Entre ses deux ministères, M. Necker venait de publier son traité célèbre alors sur l'*Importance des opinions religieuses;* il y dénonçait le péril croissant de l'athéisme social, et lui opposait avec une sincérité touchante, mais non sans emphase, ces sentiments naturels, « les majestueuses idées qui lient l'organisation générale de la race humaine à un être puissant, infini, la cause de tout et le moteur de l'univers ». Il démontrait que la législation humaine est bien imparfaite et bien précaire si elle ne trouve pas un point d'appui dans la conscience de la divinité présente en chacun de nous, et que la loi morale s'obscurcit et vacille si on la sépare de son principe.

Tout le livre était un appel au spiritualisme religieux, au nom de la raison spéculative comme au nom de la raison politique. C'était l'œuvre d'un homme d'État très légitimement inquiet de l'avenir moral de son pays, en même temps que d'un philosophe zélé pour la défense de ses convictions. Le succès du livre, le sujet traité, la personne de l'auteur avaient attiré l'attention de Rivarol ; l'occasion lui avait paru bonne pour se mettre en avant et jeter son nom dans la mêlée de l'opinion. Il s'était empressé, sans trop y réfléchir, sans prendre le temps de mûrir ses idées, d'écrire deux lettres publiques à M. Necker pour le réfuter.

C'est l'improvisation d'un bel esprit. On n'y trouve ni plan, ni argumentation suivie, rien d'approfondi. Les idées s'y mêlent et se confondent ; elles arrivent comme au hasard et disparaissent sans raison. Mais à travers ce désordre et au milieu d'opinions paradoxales et à effet, se font sentir ici et là les coups d'une dialectique embarrassante.

Il y a une singulière et blessante fatuité d'homme du monde dans la manière dont le jeune écrivain traite M. Necker. Tantôt il le raille pour sa manière un peu lente et vague, un peu cérémonieuse, d'écrire, avertissant les jeunes gens « qu'outre le style *simple*, le *tempéré* et le *sublime* si bien classés dans les rhétoriques de collège, on sera forcé désormais d'admettre le *style ministériel* » ; tantôt il le plaisante sur la facilité avec laquelle l'excellent homme a passé du ministère des finances à celui de la parole et de la prédication. Il l'appelle spirituellement un *Fénelon, sans évêché;* il caractérise assez bien cette disposition d'esprit et de cœur, cette bienveillance qui l'attire vers tous les hommes et qui le rend heureux, cette tolérance universelle « qui voudrait protéger toutes les croyances et jeter de nouveaux liens parmi les hommes, en leur montrant à tous le même père, dans un Dieu toujours prêt à recevoir la variété de leurs tributs, et à sourire avec indulgence à la bizarrerie de leurs hommages[1] ». Mais là où éclate l'impertinente légèreté qu'il apporte dans cette discussion, c'est quand il lui reproche de venir parler de philosophie et de religion. Il paraît que ce n'est plus la mode. « Aujourd'hui l'usage est de ne parler ni de l'une ni de l'autre. Ces questions ont fatigué le monde. Il n'y a que quelques jeunes gens, vexés par des pratiques minutieuses de dévotion, qui s'en vengent par des propos au sortir du collège ; mais l'expérience leur apprend bientôt que si l'homme est une trop chétive créature pour offenser l'Être suprême, il n'en est pas moins vrai que les irrévérences sont des crimes envers la société ; qu'il ne faut ni blesser les dévots, ni ennuyer les gens d'esprit ; et qu'en tout il est plus plaisant de parler de ce monde-ci que de l'autre[2]. » Et l'on croit voir, après cette belle tirade, le chevalier de Rivarol secouant de son jabot de dentelle quelques grains de tabac d'Espagne et faisant une pirouette sur son talon rouge.

Voici quelques arguments plus forts. Rivarol critique vivement le sujet même du livre de M. Necker et son titre. L'importance des opinions religieuses ! En prenant un titre pareil, l'auteur ne déclare-t-il pas d'avance qu'il n'alléguera, pour règle de morale, que l'utilité générale des sociétés ? Ce n'est point par des considérations si froides et si nues, ce n'est point par des calculs de ce genre qu'on mène les peuples. Le titre seul du livre est donc très coupable ; on ne doit pas souffrir qu'on traite d'*opinions* la morale et la religion à la fois. « Vous affectez, Monsieur, de ne les regarder que comme des hypo-

1. *OEuvres complètes*, t. II, p. 117
2. *OEuvres complètes*, p. 121.

thèses, afin que l'esprit de calcul nous fasse pencher pour celle qui promet les plus grandes récompenses. Vous ne parlez que de chances, que de vertus, qui doivent être acquittées ou escomptées dans une autre vie. Était-ce donc à vous, Monsieur, à nous offrir des effets décriés? » C'était là, en effet, le défaut de la cuirasse, et Rivarol ne se fait pas faute d'y frapper rudement. « Voyez comme tout s'avance, s'écrie-t-il : on ne disputait autrefois que de la *vérité* de la religion ; on ne dispute aujourd'hui que de son utilité[1]. » — Il insiste ; il revient plusieurs fois sur cet argument qu'il enfonce comme un coin dans le système de M. Necker. La religion est nécessaire, dites-vous, mais d'abord est-elle vraie? Voilà ce qu'il faut d'abord démontrer. « Or il semble bien que si la religion est si nécessaire au peuple, c'est moins pour le rendre heureux que pour lui faire supporter son malheur. Quand on a rendu le monde insupportable aux hommes, il faut bien leur en promettre un autre. Cela est si vrai que si un homme du peuple parvient à la richesse, on ne suppose plus que la religion soit si nécessaire, et sa fortune sert d'otage à la société. » Et ici Rivarol devient singulièrement vif et pressant. « C'est une grande immoralité, dit-il, que de prêcher ce qu'on ne croit pas. Or, c'est là l'hypocrisie irrécusable dans les sociétés très civilisées. Si l'on veut absolument que la religion soit le garant du peuple envers les gens du monde, il faudrait du moins que la morale fût la caution des gens du monde envers le peuple. Il n'en est rien, et il se joue ainsi partout une grande et triste comédie. Chacun recommande la religion et on la laisse au petit peuple ; et de même chacun recommande la vertu et on la laisse aux dupes[2]. »

1. *Œuvres complètes*, p. 114.
2. *Œuvres complètes*, p. 168 et sq.

Rivarol estime qu'il est inutile, et par conséquent dangereux, d'agiter de nouveau le fond de ces idées, qui serait peut-être immuable si l'on ne venait, à chaque instant, en remuer les obscurités : « La croyance en un Dieu est si naturelle et si nécessaire aux gouvernements, aux peuples, à la société, à la richesse pour sa sûreté, à la misère pour sa consolation[1], » qu'il est imprudent de la compromettre par des démonstrations faibles. Or, telle est la situation d'un déiste tel que M. Necker : « Pascal vous eût rejeté bien loin avec vos preuves tirées du spectacle de la nature, lui pour qui Dieu était moins probable que Jésus-Christ, et qui concevait mieux qu'on pût être athée que déiste[2]. » La conclusion de l'opuscule est en faveur de la morale indépendante. Le mot n'y est pas, mais l'idée y est présente et inspire les dernières pages. La morale sans le dogme, voilà ce qui nous reste, nous dit-on, du grand naufrage. Toutes les religions se fortifient de son alliance ; elle n'a besoin d'aucune d'elles. C'est aux philosophes à répandre la morale, et il faut qu'ils y mettent autant d'ardeur que les prêtres en ont mis à propager la religion. Rivarol les convie, et particulièrement M. Necker, à donner à la France un catéchisme de morale qui remplacerait tout le reste.

Tel est l'état d'esprit de Rivarol en 1788. C'était alors un sceptique bel esprit, s'efforçant seulement de sauver la morale, sacrifiant légèrement tout le reste. Mais ce n'est là que la première forme de sa pensée sur cette question.

Il y revient neuf ans plus tard dans l'esquisse de sa philosophie, publiée comme discours préliminaire d'un *Dictionnaire de la langue française*. Les temps étaient changés ; la Révolution avait passé par là. Sans transfor-

---

1. *Œuvres complètes*, p. 138, 139, etc.
2. *Œuvres complètes*, p. 107.

mer le fond de ses idées philosophiques, l'expérience a modifié son point de vue sur l'importance politique des religions ; il fait appel, dans ce grand procès, à ce que Volney appelait le *jury des faits*, et ce jury lui a répondu. Voici quelques traits de cette apologétique inattendue. Selon lui, la philosophie du dix-huitième siècle a manqué la grande expérience qu'elle avait tentée sur l'esprit humain ; elle a créé un fanatisme nouveau qui a fait, pour établir la domination de ses dogmes, tout ce que le fanatisme religieux avait osé pour les siens ; elle a soulevé les passions populaires au lieu de les diriger et de leur mettre un frein. Cela ne s'est pas fait tout de suite. Les Voltaire, les Diderot n'ont rien vu de pareil ; mais, pour n'avoir redouté que le fanatisme religieux, pour avoir méconnu la nature de l'homme et les corps politiques, pour avoir ignoré le poison des germes qu'ils semaient, une effrayante complicité pèse sur leur tombe. Ils ont engendré, à leur insu, toute une postérité de philosophes qui, de la théorie, sont descendus dans la réalité ; qui se sont armés des passions du peuple, en même temps que le peuple s'armait de leurs maximes ; il s'est fait un troc périlleux des théories de l'esprit et des pratiques de l'ignorance, des subtilités des chefs et des brutalités des satellites ; de cet accouplement de la philosophie et du peuple, il est sorti une nouvelle secte, forte des arguments de l'une et de l'autre, mais également redoutable à tous deux. « Je ne peux me défendre ici d'observer combien les Rousseau, les Helvétius, les Diderot, les d'Alembert et les Voltaire sont morts à propos. En nous quittant à la veille de nos malheurs, ils ont emporté les suffrages du siècle ; ils n'ont pas à gémir de la révolution qu'ils ont préparée ; ils n'ont pas à rougir des hommages de la Convention. S'ils vivaient encore, ils seraient exécrés par les victimes qui les ont loués, et massacrés par les bourreaux qui les déifient[1]. » Il y a sur ce sujet une soixantaine de pages très éloquentes, à la façon de M. de Maistre, de Bonald ou de Saint-Martin, qui méritent d'être signalée, à quelque point de vue qu'on se place, comme une manifestation, une sorte d'explosion de sentiments tout nouveaux, issus d'une grande et tragique expérience. Ce qui domine alors en Rivarol, c'est l'idée, la crainte de l'interprétation qui peut être faite de certaines doctrines philosophiques dès qu'elles entrent en contact avec les passions et les ignorances de la multitude. Rivarol a été très longtemps le favori des brillantes coteries où l'on faisait impunément et sans péril de l'impiété à huis clos, entre gens de bonne compagnie, quand ce n'était encore qu'un divertissement d'esprit et un jeu de hardiesse applaudies. Mais les portes et les fenêtres de ces petits sanctuaires d'athéisme ont été brisées; les nouveautés d'opinions se sont répandues à flots sur ces masses qui se précipitaient dans la vie politique, et il a vu ce qu'elles pouvaient produire, quels sophismes pratiques on en pouvait tirer, quels soulèvements de force brutale, quels crimes en pouvaient sortir. — En vain il espérait d'abord que le peuple n'entendait rien, ne lisait rien de tous ces dogmes nouveaux; bien au contraire, le peuple les a grossièrement appris et il a voulu, sans tarder, les mettre à profit; il s'en est saisi comme d'une arme de combat; les principes sur l'égalité absolue et naturelle sont devenus entre ses mains des arguments contre toute autorité et tout ordre; ces fameuses thèses sur la bonté native de l'homme, qui étaient des thèses d'école ou de boudoir, ont été appliquées furieusement à la ruine d'une société, qu'on a rendue responsable de tout le mal. Ce qui était réservé pour la discussion des

---

1. *De l'Homme intellectuel et moral*, œuvres complètes, p. 507.

livres a été traduit en applications brutales. Rivarol a vu de près opérer cette effroyable logique ; épouvanté par ce déchaînement de passions qui n'étaient pourtant que des commentaires pratiques d'idées, il arrive à penser et à dire hautement que la philosophie ne peut pas faire l'éducation du peuple : « Le crime des philosophes est de faire présent de l'incrédulité à des hommes qui n'y seraient jamais arrivés d'eux-mêmes ; car ceux qui ont le malheur d'y parvenir par la méditation ou par de longues études sont ou des gens riches, ou des esprits calmes et élevés, retenus à leur place par l'harmonie générale. Leur éducation et leur fortune servent de caution à la société ; mais le peuple, que tout invite à remuer et qui ne sent pas l'ordre dont il fait partie, reste sans crainte et sans espérance dès qu'il est sans foi[1]. » C'est une dangereuse chimère que de vouloir faire un *peuple philosophe* : « La philosophie, que le peuple entend toujours mal, ne laisse pourtant pas de lui donner une sorte de tournure impie qu'elle-même désavoue et qui tue tout. — Sans doute la religion ne répond pas de tel individu, mais elle répond des masses ; et ne fût-elle pas indispensable à tel homme en particulier, elle l'est à telle quantité d'hommes. Il n'en est pas ainsi de la philosophie ; elle ne répond que de quelques individus ; les masses, les peuples et les empires lui échappent, même à l'époque où il n'y a ni prêtres, ni rois.... La conscience contracterait en vain avec elle-même : il faut l'intervention de Dieu pour que l'homme ne se joue pas de lui-même. La morale sans religion, c'est la justice sans tribunaux : toutes choses corrélatives dont l'existence est solidaire comme la parole et la pensée... En un mot, la philosophie divise les hommes par les opinions, la religion les unit dans

---

1. *De l'Homme intellectuel et moral*, p. 334, 335 et sq.

les mêmes principes. Il y a donc un contrat éternel entre la politique et la religion. Tout État, si j'ose le dire, est un vaisseau mystérieux qui a ses ancres dans le ciel. »

C'est une volte-face, une situation retournée. Imaginez une série de pages semblables à celle-ci, vous conviendrez qu'il y a là un phénomène plus que littéraire, et qui mérite d'être étudié de près. Quoi qu'il puisse en dire et malgré tout ce qu'il a pu tenter dans une note pour rétablir l'accord de ses idées actuelles avec quelques-unes de celles qu'il avait exprimées dans ses *Lettres à M. Necker*, voilà Rivarol jeté par le mouvement de son esprit au pôle opposé; le voilà à côté de M. Necker lui-même qu'il avait combattu, ajustant aux doctrines qu'il avait raillées la même faculté de dialectique. Sainte-Beuve s'étonne d'un tel changement; il est même tenté de l'exagérer : « Il y a, dit-il, des moments où Rivarol va si haut, qu'on se demande si c'est bien lui qui écrit, le Rivarol né voluptueux avant tout et délicat, et si ce n'est pas plutôt franchement un homme de l'école religieuse, un croyant qui parle. » Nous ne pouvons le supposer : car il y a de telles restrictions à son adhésion aux idées religieuses, une façon si libre de juger les dogmes, qu'on voit bien que Rivarol, même alors, se réserve sur le fond des choses. Et, d'ailleurs, lui-même espère que *le peuple ne le lira pas*, preuve évidente qu'il ne croit pas possible que l'on se trompe sur la nature et les limites de son adhésion. Il faut donc en revenir à l'autre terme de l'alternative posée par Sainte-Beuve : « C'est un philosophe repenti et devenu politique, un incrédule qui s'est guéri de la sottise d'être impie ».

Rivarol a successivement énoncé deux opinions contraires sur la même question. Mais, dans les deux cas, il se trouve être dans une nuance d'idées qui nous est bien connue. Sans doute, parmi nos contemporains les plus célèbres, il en est beaucoup qui, comme l'auteur des *Lettres à M. Necker*, répudient toute intervention, tout secours de la religion dans la vie sociale, et qui soutiennent l'absolue indépendance de la morale. Mais combien en est-il d'autres parmi les hommes de notre âge, qui, même sans adhérer à une religion positive, s'effrayent sincèrement de la disparition possible de l'élément religieux et se demandent avec angoisse par quoi il sera remplacé dans le monde, à qui sera dévolue la grande œuvre de l'éducation et de la moralité populaires, et d'où descendra la parole assez puissante pour imposer à la conscience universelle un contrat respecté par l'égoïsme et les passions? Il serait puéril d'attribuer de pareilles préoccupations à l'hypocrisie ou à la peur. Non; c'est dans des sentiments plus nobles et plus délicats qu'il en faut chercher la source ; elles ont d'ordinaire pour origine l'impossibilité, profondément et douloureusement ressentie par des esprits sincères, de prendre, au nom d'une autorité purement humaine, la direction du monde moral. Ce n'est pas un médiocre honneur pour Rivarol que d'avoir eu l'intelligence très nette et le souci de ce problème.

LA PHILOSOPHIE DE RIVAROL

On a fait tort à Rivarol en le disposant sous forme de citations, en le découpant par phrases à effet; on l'a ainsi morcelé, rétréci, mutilé; on a donné l'idée d'un Rivarol exclusivement frivole et amusant. C'est un peu la faute de son genre d'esprit, qui se prête trop volontiers à cette opération littéraire; mais on en a tellement abusé à son égard que le public s'est habitué à chercher uniquement sous son nom des saillies, des traits, des boutades cruellement préparées ou délicatement ciselées. On a fini par faire de lui, comme il le disait plaisamment de son frère dans un sens un peu différent, une sorte de *montre à répétition*. Il vaut infiniment plus que cela; il mérite mieux que cette gloire infinitésimale de bons et de méchants mots qu'on lui a infligée, et à laquelle nous l'abandonnerions sans défense, comme à une expiation légitime, s'il n'avait pas marqué, d'une main virile, dans quelques écrits, ses titres à une réhabilitation. Nous ne prétendons pas qu'il ait jamais eu assez de suite dans les idées pour exécuter une œuvre de longue haleine et la mener à terme. Mais quelques ouvrages assez courts et plusieurs beaux fragments montrent de quoi il eût été capable en gouvernant mieux ses idées et sa vie, ces deux sortes de discipline étant plus étroitement liées qu'on ne pourrait le croire. Il a du moins, à plusieurs reprises, conçu l'ambition d'une œuvre, il en a même une fois réalisé de notables parties. Cela est à son avantage, si on le compare à Chamfort, qui n'a presque rien laissé après lui[1], qu'une multitude de mots acérés, piquants, tourbillonnant autour des hommes et des événements, quelque chose comme une poussière d'esprit qu'il jette aux yeux de ses lecteurs et qui les aveugle sur le peu de consistance de ses idées et de ses talents.

A l'appui de ce jugement sur Rivarol et pour compléter l'image que nous avons tracée de l'écrivain politique (en dehors du pamphlétaire, que nous abandonnons à son juste sort), nous prendrons le *Discours sur l'universalité de la langue française* et l'étude sur *l'Homme intellectuel et moral*, deux écrits dont on sait les noms, dont on fait des citations, toujours les mêmes, mais qui ne sont vraiment connus que d'un très petit nombre de personnes, malgré le solide agrément que l'on y trouve.

I

L'Académie royale de Berlin avait proposé pour prix, en l'année 1784, le sujet suivant : *Des causes de l'universalité de la langue française, du mérite de cette langue et de la durée vraisemblable de cet empire.* Rivarol concourut. Son discours eut le plus grand succès devant l'Académie et à Paris; mais ce qu'on ignore généralement, c'est qu'il n'avait eu que la moitié du prix, un prix partagé avec un savant allemand. En France il paraît bien qu'on ne connut pas cette circonstance. Rivarol avait assez d'envieux pour qu'on eût été charmé de jeter cette ombre sur son succès. En Allemagne même, le fait est

---

1. Malgré le préjugé contraire, on ne peut savoir sérieusement gré à Chamfort de quelques pièces de théâtre insignifiantes, de deux éloges académiques sans grande valeur ni de sa palinodie contre l'Académie française.

resté à peu près inaperçu. Huit années après, et quand la Révolution eut passé sur tous ces petits événements littéraires, dans une publication où l'on avait recueilli quelques lettres posthumes de Mirabeau, on trouve à la suite de ces lettres, et avec des remarques de Mirabeau lui-même, un extrait de la dissertation allemande; cet extrait était l'œuvre de M. de Mérian, secrétaire perpétuel de l'Académie de Berlin, qui faisait volontiers ce genre d'exposition pour faire connaître en Europe et même en Allemagne les travaux remarqués par son Académie. En 1805, un ancien député, Robelot, qui avait passé le temps de sa déportation en Allemagne à étudier la langue et la littérature du pays, donna une traduction de ce discours, revue avec soin et recommandée par l'auteur. Mais bien peu de personnes firent attention à cet incident littéraire, tardivement ressuscité, et, bien qu'il ait été consigné dans quelques dictionnaires biographiques, presque aucun critique ne l'a relevé. Sainte-Beuve, si exactement informé d'ordinaire, semble ne pas connaître cette particularité intéressante d'un concours devenu célèbre par le reflet même de la célébrité de Rivarol, qui a pris là son origine et sa date. M. de Lescure y fait une allusion, en passant, mais sans donner le nom du concurrent heureux. En tout cas, il reste étrange que la comparaison très curieuse des deux discours n'ait tenté personne. L'auteur était M. Schwab, conseiller de cour et secrétaire intime du duc de Wurtemberg[1], qui se fit connaître plus tard par sa polémique très vive

---

1. Je trouve ce nom cité tout récemment dans la note d'un article de notre savant collaborateur, M. Egger, et justement placé à côté de celui de Rivarol (*Journal des Savants*, mai 1883, p. 258). Mon excellent confrère de l'Académie française, M. Marmier, qui joint à tous ses mérites celui d'être un bibliophile éminent, a bien voulu me confier un exemplaire très rare de la traduction de Robelot.

contre la philosophie nouvelle et l'influence naissante de Kant.

Dans le discours de Rivarol je goûte médiocrement, bien qu'elles aient été louées, les premières pages et celles qui le terminent. Il y a trop de rhétorique dans l'exorde, ou, pour mieux dire, tout ce commencement est trop sensiblement un exorde; on se souvient en le lisant que c'est un discours d'académie, écrit en vue d'un concours et qui cherche à frapper tout d'abord l'attention par de spécieuses généralités. En tous cas, c'était compter singulièrement sur la générosité de l'Académie allemande que de s'écrier : « Le temps semble être venu de dire le *monde français*, comme autrefois le *monde romain* ». A peine eût-on pu dire quelque chose de pareil, un siècle plus tôt, à l'apogée du règne de Louis XIV, ou vingt-deux ans plus tard, au lendemain d'Iéna. En 1784, il semble que le temps était passé ou n'était pas venu encore de parler ainsi, et ce fut assurément une preuve de bon goût à l'Académie de Berlin et au roi Frédéric, qui la dirigeait et l'inspirait, de ne pas se formaliser autrement de cette hyberbole. Je n'aime guère non plus la dernière page où sous prétexte d'écrire une péroraison éloquente et qui n'est qu'emphatique, l'auteur exalte tout à coup, avec un à-propos contestable, l'invention des aérostats, et avec moins d'à-propos encore, les automates parlants de l'abbé Micel. On pourrait signaler enfin, dans le texte courant, plus d'un trait de mauvais goût, des assertions très légères sur l'origine et l'histoire des langues, des allusions forcées dont quelques-unes semblent être des énigmes élégantes proposées au lecteur. Mais à travers cet appareil d'école, malgré ces traces de mauvais style académique (car il y en a un bon et un mauvais), plusieurs pages subsistent, marquées au coin de l'écrivain et du penseur. Les observations ingénieuses abondent; elles révèlent un

instinct véritable, une intuition juste des ressorts et des
ressources de la langue française, un sentiment pénétrant
de la psychologie du langage, tout cela revêtu de formes
heureuses bien appropriées, orné de traits, d'expressions
neuves et pittoresques, véritables créations de style, qui
méritent d'être mises en lumière avec les idées qu'elles
traduisent et de survivre à l'occasion éphémère d'où naquit ce discours.

L'auteur ne se méprend pas sur l'étendue de la question. Il sait que le privilège superbe de l'universalité
dévolu à la langue française tient à des causes délicates
et complexes qu'il est assez difficile de démêler. Il les
discerne assez bien néanmoins dans leur confusion: c'est
la position de la France, sa constitution politique, l'influence de son climat, le génie de ses écrivains, le caractère de ses habitants et l'opinion qu'elle a su donner d'elle
au monde. Tout cela est nettement saisi, clairement indiqué, mais rapidement. La comparaison avec les autres langues les plus accréditées dans l'Europe, et les motifs pour
lesquels ces langues n'ont pu prétendre à cette universalité, sont traités avec plus d'esprit que de profondeur.
On sent que l'érudition est hâtive et à la surface; la
partie historique est fort incomplète; mais l'œuvre se
relève par des aperçus justes, profonds même, et qui, à
certains égards, devancent le temps, sur les lois du développement des langues, sur leurs procédés instinctifs, sur
leur évolution organique et leur adaptation aux circonstances diverses de la nature et de l'histoire. L'idée maîtresse qui, plusieurs fois indiquée, plusieurs fois aban-
donnée et reprise, domine l'ensemble de ces considérations
et de ces comparaisons successives, c'est que le caractère
des peuples et le génie de leur langue marchent d'un pas
égal, que l'un est toujours garant de l'autre, et que c'est
« l'admirable propriété de la parole de montrer ainsi

l'homme tout entier ». Que si l'on demande ce que c'est que
le génie d'une langue, bien que la chose se sente mieux
qu'elle ne se définit, l'auteur essaye de montrer que la
douceur ou l'âpreté des articulations, l'abondance ou la
rareté des voyelles, la prosodie et l'étendue des mots,
leurs filiations et enfin le nombre et la forme des constructions qu'ils prennent entre eux sont les causes les
plus évidentes du génie d'une langue, et que ces causes
se lient au climat et au caractère de chaque peuple en
particulier. Quoiqu'on trouve les mêmes articulations
radicales chez des peuples différents, les langues n'en ont
pas moins varié comme la scène du monde; chantantes
et voluptueuses dans les beaux climats, âpres et sourdes
sous un ciel triste, elles ont constamment suivi la répétition et la fréquence des mêmes sensations. La diversité
des langues s'explique donc par la nature même des
choses; l'union du caractère d'un peuple et du génie de
sa langue se fonde sur l'éternelle alliance de la parole et
de la pensée.

C'est à cette hauteur de vues que Rivarol se maintient
dans la seconde moitié, la plus remarquable du discours.
D'un parallèle prolongé avec la langue et la littérature
anglaises, la seule qui, selon lui, pourrait disputer l'empire du monde civilisé à la France, il conclut que, si la
langue française a conquis cet empire par ses livres, par
l'heureuse position du peuple qui la parle, elle le conserve par son propre génie, qui est l'analyse exacte et
fidèle de l'idée, la pensée rendue visible dans son mouvement à travers la transparence des mots. Nous résumerons ici une des belles pages qui aient été jamais consacrées à ces qualités de l'esprit français, mis en parallèle
avec l'esprit des autres nations. — Ce qui distingue notre
langue des langues anciennes et modernes, dit Rivarol,
c'est l'ordre et la construction de la phrase. Cet ordre

doit toujours être direct. Le français nomme d'abord le *sujet* du discours, ensuite le *verbe* qui est l'action, et enfin l'*objet* de cette action : voilà la logique naturelle à tous les hommes ; voilà ce qui constitue le sens commun. Or, cet ordre, si favorable, si nécessaire au raisonnement, est presque toujours contraire aux sensations, qui nomment le premier l'objet qui frappe le premier. C'est pourquoi tous les peuples, abandonnant l'ordre direct, ont eu recours aux inversions, selon que leurs sensations l'exigeaient, et l'inversion a prévalu dans la plupart des langues, parce que l'homme est plus impérieusement gouverné par les sensations que par la raison. Mais il y a bien des pièges et des surprises dans les langues à inversion. Elles sont sujettes à recevoir bien des altérations de la pensée, bien des obscurités involontaires ou préméditées du raisonnement, bien des artifices et des défaillances de l'idée. Le français, par un privilège unique, est seul resté fidèle à l'ordre direct, comme s'il était *tout raison*, et l'on a beau par les mouvements les plus variés et toutes les ressources du style, déguiser cet ordre, il faut toujours qu'il existe ; et c'est en vain que les passions nous bouleversent et nous sollicitent de suivre l'ordre de sensation, *la syntaxe française est incorruptible*. Ce qui n'est pas clair peut être encore anglais, italien, grec ou latin. *Ce qui n'est pas clair n'est pas français.* Voilà pourquoi, malgré la beauté et la richesse de sa poésie, c'est par la prose que la langue française a régné, règne et régnera toujours : c'est la prose qui a dû lui donner l'empire. La logique ou plutôt la raison étant son essence, c'est par la prose surtout que cette raison travaille dans le monde ; elle est l'outil privilégié de la pensée nationale. Le prosateur tient plus étroitement sa pensée et la conduit par le plus court chemin, tandis que le versificateur laisse flotter les rênes. Que de faiblesse ne cache pas l'art des vers ! La *prose accuse le nu de la pensée ; il n'est pas permis d'être faible avec elle*. Notre langue est donc l'expression naturelle d'un peuple qui a reçu les impressions de tous les peuples de l'Europe, qui a placé le goût dans les opinions modérées, et dont on peut dire que *ses livres composent la bibliothèque du genre humain*. La prononciation même de cette langue porte l'empreinte de son caractère : elle est plus variée que celle des langues du Midi, mais moins éclatante ; elle est plus douce que celle des langues du Nord, parce qu'elle n'articule pas toutes ses lettres ; elle a une harmonie légère qui n'est qu'à elle. En un mot elle semble ajustée à toutes les nécessités sociales ; elle est plus faite que tout autre pour la conversation, lien des hommes et charme de tous les âges ; *elle est, de toutes les langues, la seule qui ait une probité attachée à son génie*. Sûre, sociable, raisonnable, ce n'est plus la langue française, c'est la langue humaine ; et voilà pourquoi les puissances l'ont appelée dans leurs traités ; elle y règne depuis les conférences de Nimègue, et désormais les intérêts des peuples et les volontés des rois reposeront sur une base plus fixe ; cette base, ce sera celle de la raison parlée ; et la raison parlée, c'est proprement la langue française.

Voilà la substance du discours, débarrassée de l'accessoire. Ces idées sont bien celles de Rivarol, et à peu de chose près dans le langage de l'auteur. Tout l'artifice pour nous a été d'y mettre de l'ordre : elles sont dispersées dans le texte ; elles se perdent à travers quelques digressions qui en ralentissent ou en refroidissent l'effet ; elles sont même déparées par quelques négligences qu'il était facile d'écarter et qui étonnent dans un style aussi substantiel et aussi juste[1]. Ce qui manque à Rivarol, c'est

---

1. Croirait-on, par exemple, que c'est le même écrivain qui dans

la continuité de l'inspiration ou du travail qui doit la remplacer dans les intervalles ; il y a des langueurs et comme des sommeils dans cette langue d'ordinaire si agile et si éveillée. Ce qui lui manque aussi, c'est la sûreté du goût. Il a des rencontres merveilleuses d'idées et de mots, des bonnes fortunes d'expression vraiment trouvées ou créées ; et, tout à côté, une expression faible et vague, une métaphore dissonante. Malgré ces défauts et bien d'autres, peut-on hésiter à reconnaître dans un pareil morceau des qualités de premier ordre ? La philosophie du langage a-t-elle eu souvent un plus pénétrant et plus délicat interprète ? C'est ici le mélange heureux d'un philologue d'instinct et d'un psychologue exercé, travaillant de concert à la définition de notre langue nationale.

Il est curieux de comparer à ce discours la dissertation laborieuse, lente d'allure, mais non dénuée de mérite, non sans érudition ni sans malice, du conseiller Schwab. Il ne nie pas la supériorité décisive de la langue française dans le commerce international des intérêts de la civilisation ; mais il ne tire pas de ce fait, qu'il reconnaît, les mêmes conséquences que Rivarol, et il ne l'explique pas tout à fait par les mêmes causes. Évidemment il se réserve sur le fond des choses et aussi sur l'avenir. La langue italienne était formée avant la langue française ; ce qui l'a empêchée de triompher, c'est la série de circonstances politiques que l'Italie a traversées. La langue allemande l'emporte, à son gré, par beaucoup de qualités sur la langue française ; mais elle n'est pas aussi aisée ni, au point de vue de l'usage, aussi parfaite. Une langue plus facile et plus parfaite que les autres, une littérature très répandue, une civilisation à certains égards plus

la conclusion de son discours, commet cette effroyable métaphore : « Les États se renverseront et notre langue sera toujours retenue dans la tempête par *deux ancres*, sa littérature et sa clarté. »

avancée, et la prépondérance politique de cette nation, effet de sa grandeur et de sa puissance, voilà les causes naturelles ou historiques qui ont procuré momentanément à la France ce privilège envié. Mais quand on en vient à examiner de près ces causes et à se demander, par exemple, pourquoi les productions littéraires de la France se sont répandues si facilement à travers le monde civilisé, on s'aperçoit que ce fait s'explique par une sorte d'ajustement et d'accommodation naturelle du goût français à celui des autres nations de l'Europe.

Ne nous pressons pas de triompher de cet aveu. Tout l'avantage de ce goût pourrait bien, nous dit-on, consister dans une certaine *médiocrité* qui la recommande auprès de toutes les nations comme de toutes les classes. C'est ce que l'auteur appelle l'*aurea mediocritas* d'Horace. La facilité de conception, la netteté dans les idées, jointes au mécanisme de la langue, voilà le caractère dominant des bons écrivains français et ce qui les rend si aisément accessibles même aux étrangers. On voit où notre auteur voulait en venir. Il nous fait entendre assez clairement que ces qualités moyennes de l'esprit français ont fait de la langue française une sorte de langue moyenne des nations civilisées. L'Allemagne, au contraire, rencontre un grand obstacle à la propagation de son idiome et de ses ouvrages dans l'*originalité* de son génie national dont sa langue et sa littérature sont profondément empreintes. Cela même fait que cette langue deviendra difficilement dominante en Europe. Il y a cependant, nous dit-on, trois circonstances qui pourraient amener ce résultat : ou bien si la langue française venait à s'altérer, ou bien s'il arrivait que la culture d'esprit fût négligée dans la nation qui la parle, ou que cette nation perdît de son influence politique. Mais qui voudrait présager quelque chose de semblable sans se donner l'air de prophète? Le bon docteur allemand n'y résiste pas cependant et voici qu'il prophétise. Qu'on remarque la date, 1784. « Le destin de l'Allemagne est, selon toute vraisemblance, de réunir tôt ou tard ses forces éparses pour ne former que deux ou trois États. C'est alors que le principe de la supériorité et de la grandeur politique pourrait agir puissamment pour répandre sa langue. Et si, en admettant l'hypothèse en son entier, le commerce de l'Allemagne, sa prospérité, la culture de son esprit, suivent, comme il est arrivé à la France, toujours d'un pas égal, les accroissements de sa puissance, la langue allemande, qui compte dès à présent, dans le Nord, tant de peuples qui la parlent, pourrait bien détrôner un jour en Europe la langue française, après lui avoir quelque temps disputé son universalité. »

C'est la vraie conclusion de ce discours, cachée dans une page en apparence très simple et sans prétention. On comprend maintenant, malgré l'infériorité littéraire de l'œuvre, si on la compare à celle de Rivarol, qu'elle ait trouvé quelque faveur auprès de l'Académie de Berlin. Frédéric envoya une lettre de félicitations à Rivarol. Mais son rival, moins heureux en apparence et moins félicité officiellement, avait exprimé les aspirations secrètes de l'Allemagne et traduit le vœu national. Ce qu'il reçut en récompense, ce fut moins un prix d'éloquence qu'un prix de patriotisme. Il l'avait bien mérité.

II

Rivarol fut engagé par le succès de ce discours dans des recherches plus approfondies sur le langage. Ses curiosités de linguiste et de psychologue trouvaient également à s'y satisfaire. C'est ce courant d'esprit et d'études qui le porta plus tard, pendant son exil à Hambourg, à entreprendre un nouveau *Dictionnaire de la langue française* dont les matériaux ne nous ont pas été livrés, bien que des collaborateurs, et parmi eux le poète Chênedollé, aient donné, sous sa direction, un commencement d'exécution à cette idée. Je ne doute pas que le travail achevé et même les fragments du travail ébauché, s'ils avaient été publiés, n'eussent offert un sérieux intérêt. Il ne nous en reste qu'un *Prospectus* et une *Étude préliminaire*. Le *Prospectus* est curieux : il contient le plan des améliorations que Rivarol comptait introduire dans son dictionnaire. La plupart de ces réformes sont ingénieuses ; mais elle prêteraient à un examen qui nous entraînerait trop loin. L'*Étude préliminaire* porte ce titre : *De l'Homme intellectuel et moral*. Ce n'est rien moins qu'une esquisse de la philosophie de Rivarol.

On comprendra sans trop de peine par quel lien elle se rattache à l'idée du dictionnaire.

Le langage est l'ingénieux et fidèle contemporain de la pensée ; il en est le témoin. Le véritable problème de son origine est de savoir comment l'homme a dû et pu associer ses sensations et ses pensées à la voix articulée et, d'une manière plus générale, à des signes quelconques. Traiter de la parole, c'est donc parler de l'homme ; parler de l'homme, c'est l'analyser dans les modes divers de sa vie intellectuelle et morale. *La parole est la physique expérimentale de l'esprit ;* chaque mot est un fait ; chaque phrase une analyse ou un développement ; tout livre est une révélation plus ou moins circonstanciée du sentiment et du langage. La meilleure histoire de l'entendement humain doit, avec le temps, résulter de la connaissance approfondie du langage[1]. Rivarol essaye, dans ce discours,

---

1. *Œuvres complètes*, t. I, p. 210.

de justifier les expressions que le besoin a créées et qu'a consacrées l'usage. « Les besoins naturels étant toujours vrais, leurs expressions ne peuvent être fausses; elles forment, pour ainsi dire, la logique des sensations. » Ce traité est donc tout à fait à sa place en tête du nouveau dictionnaire dont il est d'avance le résumé; et de même, à son tour, le dictionnaire ne sera que l'application étendue et variée, un exemple prolongé, une vérification constante, par l'histoire et la fortune des mots, de l'origine et de l'évolution des idées.

Voilà comment ce discours est né. Il est né à la façon de presque tous les ouvrages de Rivarol, d'une manière irrégulière dont sa conformation porte la trace. Aucun ordre apparent, aucun plan dans la composition. Après avoir traité du sentiment, comme principe de tout dans l'homme et les animaux, de l'association, et de toutes nos facultés, l'auteur fait une longue station, d'ailleurs très intéressante, dans l'analyse des idées de temps et de nombre; puis il recommence l'étude de nos facultés et s'arrête de nouveau sur la question des animaux, de leur analogie et de leur différence avec l'homme. Enfin, après une suspension médiocrement motivée, l'auteur sent le besoin de faire une revue de ses idées et, comme il dit, « de se récapituler lui-même, » sous prétexte qu'on ferait souvent un bon livre de ce qu'on n'a pas dit et que tel édifice ne vaut que par ses réparations. Après quoi il repart d'un élan nouveau et les trois derniers chapitres, sans qu'il y ait de motif apparent à l'ordre adopté, sont consacrés à Dieu, aux passions et à la religion.

Rivarol croit avoir fait un traité de métaphysique; ce n'est au fond qu'un traité d'idéologie ou, comme nous dirions maintenant, de psychologie. C'est une recherche sur les éléments primitifs de notre faculté de penser. Il a voulu, dit-il, répondre à ce problème des idées premières dont le genre humain est toujours tourmenté. « Il faut donc y revenir sans cesse, les agiter et sans cesse les placer sous de nouveaux jours, jusqu'à ce qu'il se rencontre un homme dont la manière de voir et de peindre, plus conforme à la nature des choses, ou du moins à la nôtre, satisfasse mieux aux conditions du problème, et donne enfin quelque repos à l'esprit humain. » L'auteur a le sentiment vif des grandes questions qu'il aborde ; il a fait les plus ingénieux efforts pour en résoudre quelques-unes. Mais je voudrais d'abord définir sa manière propre et personnelle d'écrire sur les sujets philosophiques. C'est un peintre d'idées ; il a un art merveilleux pour colorer les abstractions : il donne à chacune des conceptions de l'esprit un saisissant relief. En faisant cela il a su ce qu'il faisait et il l'a voulu ainsi. « La méthode et la forme analytique, dit-il, ne parlent qu'au pur entendement et lassent bientôt l'attention. *J'ai voulu parler à l'homme tout entier....* J'ai cru devoir des images à l'être qui n'a pas sans doute reçu l'imagination pour écrire et parler sans imagination[1]. » D'ailleurs, qu'on le veuille ou non, on ne peut ni écrire ni parler sans cela, l'esprit sec se sert de métaphores comme les autres esprits, mais de métaphores vieillies et usées, qui ne frappent plus ni lui ni les lecteurs. « Locke et Condillac manquaient également tous deux du secret de l'expression, de cet heureux pouvoir des mots qui sillonne si profondément l'attention des hommes en ébranlant leur imagination. Leur saura-t-on gré de cette impuissance[2] ? » Au fond, les plus grands écrivains, même philosophes, sont ceux qui se sont le mieux servis de ce symbolisme de la nature. Les belles images ne blessent ni la raison ni le goût :

---

1. *OEuvres complètes*, t. I, p. 376
2. *OEuvres complètes*, p. 227.

« elles ne blessent que l'envie. » Et de fait, c'est une justice à rendre à Rivarol qu'il apporte, dans l'obscurité des problèmes qu'il traite, un don et un bonheur d'expressions qui les illuminent.

La base de sa philosophie est une théorie sur le sentiment, où il voit « le principe de tout ». A ce propos, Sainte-Beuve prétend que ceux qui connaissent M. de La Romiguière trouveront là une des origines de sa philosophie : c'est à Rivarol, dit-il, que ce professeur distingué et élégant a dû emprunter son expédient de la transaction entre la *sensation* et l'*idée*, entre Condillac et M. Royer-Collard, et de ce terme mitoyen qui a longtemps eu cours dans nos écoles, sous le titre du *sentiment*. L'étude de Rivarol précédant de quelques années à peine le cours de la Sorbonne, la supposition de Sainte-Beuve paraît assez vraisemblable au premier abord. Cependant il ne semble pas que ce mot signifie la même chose chez La Romiguière et chez Rivarol. J'y vois seulement une analogie de tendance chez l'un et chez l'autre, le désir de marquer leur dissentiment avec Condillac et de réagir contre la fameuse théorie de la sensation transformée. C'est évidemment cette tendance qui amène le philosophe de la Sorbonne renaissante à créer des mots singuliers, comme celui-ci, *sentiment-sensation*, voulant marquer par là que la sensation ne suffit pas pour créer même des idées sensibles et qu'il y faut faire sa part à l'élément moral de notre être, sans que le célèbre professeur réussisse à expliquer ce qu'est cet élément moral et à se dégager complètement des formules de l'école qu'il combat. Chez Rivarol je constate le même désaccord avec Condillac, mais plus net, et le sentiment qu'il met à la base de sa théorie de l'entendement me paraît comporter une signification plus étendue et plus profonde. Je ne crois pas me tromper en interprétant ce mot, par lui-

9

même si vague, dans le sens de *conscience du moi*, conscience de l'activité essentielle de l'être vivant.

C'est quelque chose de tout à fait différent de la *sensation* de Condillac se sentant elle-même, et aussi de la *réflexion* de Locke, qui est l'attention que l'âme donne à ses propres opérations. Pour Rivarol, toute la vie intellectuelle et morale, les sensations et les idées, les besoins et les passions ne sont que les modifications du sentiment. Point de contact ou lien de l'esprit et de la matière, source de plaisir et de douleur, principe de certitude et de toute conviction, le sentiment, quelle que soit sa nature, est *le premier en ordre*. Sans lui, l'animal ne serait que machine, la vie ne serait que mouvement. Voilà ce que notre philosophe essaye d'établir dans les premières pages de son *discours*. Cependant ce n'est que dans les dernières pages qu'on arrive à une clarté satisfaisante sur ce principe obscur de sa philosophie : Le sentiment, c'est la conscience de la personne. La personne, c'est une puissance animée, et c'est le sentiment qui la crée. En un sens, il faut bien reconnaître que les animaux sont des personnes, puisqu'ils sont des puissances animées, mais il y a des *personnes* de divers degrés, comme il y a des sentiments de degrés différents. Il n'y a pas d'être vivant qui soit absolument passif; même dans la sensation, l'être est passif et actif à la fois, il *reçoit* et *perçoit*. Mais il faut en convenir, quand l'homme passe des sensations aux idées, quand il pense et se détermine, il est encore plus actif[1], et le sentiment de l'être, la conscience du moi se développe en proportion.— Voilà certes une théorie qui n'est pas méprisable, et si

---

1. *Œuvres complètes*, t. I, p. 370. Ce qui jette souvent du trouble dans la pensée de Rivarol, c'est la confusion perpétuelle des divers sens du verbe *sentir*, qui s'applique également à la sensation et au sentiment.

on la compare aux doctrines idéologiques qui avaient cours alors, on ne peut s'empêcher de voir poindre énergiquement l'idée d'une force animée et pensante, réagissant contre la passivité de l'école sensualiste, et comme un essai de philosophie nouvelle, qui, développée, par la méditation dans la seconde partie d'une existence qu'on imagine volontiers plus calme et plus recueillie que la première, aurait pu marquer une date dans l'histoire de l'esprit français.

Si l'on voulait trouver quelque analogie entre cette doctrine et un mouvement d'idées contemporain, ce ne serait pas dans les théories hésitantes de M. Laromiguière qu'on la trouverait, ce serait dans la correspondance d'Ampère avec Maine de Biran, de 1805 à 1812; c'est là que nous verrions apparaître, d'abord sous des traits indécis qui peu à peu s'accentuent, une philosophie nouvelle, se détachant, comme celle de Rivarol, du système de la *sensation transformée*, rétablissant par de lents progrès le rôle de l'activité même dans la sensation (ce qu'Ampère appelle la *réaction*, distincte de l'attention volontaire), et plus tard, développée dans des entretiens avec des hommes tels que le Dr Bertrand, Stapfer, Loyson et M. Cousin tout jeune alors, devait aboutir à la réintégration de l'élément actif, à la philosophie de la conscience et de la personnalité humaine, marquée par l'influence et le nom de M. Maine de Biran.

Rivarol est donc, à beaucoup d'égards, un novateur. Je signalerai dans la suite du même ouvrage l'analyse qu'il nous donne de l'association des idées, sans rien devoir, à ce qu'il semble, aux philosophes anglais de ce temps qui déjà s'étaient emparés de ce fait-principe et l'étudiaient avec ardeur, mais qui certes n'ont pas dépassé le philosophe français dans le pressentiment de cette mystérieuse puissance, et ne l'ont pas même égalé dans la brillante précision avec laquelle il nous en peint les effets. Rivarol a même sur eux l'avantage de marquer, entre ces différents phénomènes, le *vinculum substantiale*, le principe qui les unit : « Semblable à l'aimant qui n'attend que la présence du fer pour manifester son penchant et son pouvoir, le sentiment (le moi qui se sent) est là, prêt à s'associer à tous les objets qui le frapperont par l'entremise des sens. Et non seulement le sentiment s'associe d'abord aux objets qui l'excitent, c'est-à-dire à leurs empreintes, mais encore il a la faculté de communiquer son principe d'association, qui passant comme un véritable magnétisme des sensations aux idées, et des idées aux signes qui les accompagnent, forme la chaîne de nos pensées d'un bout de la vie à l'autre, et, liant le monde intellectuel que nous portons en nous au monde visible dans lequel nous vivons, amène enfin et nécessairement, le langage de tous les arts.... Si l'on demande comment cette faculté peut ainsi s'attacher aux empreintes des objets, ce qui constitue la sensation ; comment elle peut forcer ces empreintes à se lier entre elles, ce qui constitue la pensée ; comment enfin cette faculté peut s'associer à des signes quelconques, ce qui constitue le langage ; on ne peut répondre que par le nom de la nature, et dès lors il n'y a plus problème, mais mystère ; il ne s'agit plus d'expliquer, mais d'exposer. » Et dans un grand tableau, tracé comme sous l'inspiration de Leibniz, réunissant toutes les espèces d'association qui forment une chaîne du monde physique au monde moral, Rivarol nous montre l'univers comme une harmonie, un grand tout, une vaste association de systèmes, les corps divers qui le composent n'étant que de petits systèmes, ou des associations particulières, ce qu'exprime le mot *ordre* qui signifie *liaison*. si bien qu'on ne peut se représenter le chaos qu'en rompant l'alliance des éléments ; dans l'ordre politique, les associations des hommes entre eux et des peuples avec les contrées ; dans l'ordre social, la puissante union des sexes qui répète et perpétue la création ; dans l'ordre moral, les vertus et les vérités qui ne sont qu'associations, rapports et accords d'objets, d'actions et d'idées. Enfin la nature, voulant établir dans l'être à qui elle destinait la pensée l'ordre même qu'elle a mis dans l'univers, a donné pour principe d'association à l'esprit humain le *sentiment* (le moi se sentant lui-même), qui est pour nous et pour nos idées ce qu'est l'attraction pour l'univers et ses parties. Otez cette propriété, la vie ne sera qu'une suite de sensations sans rapport et sans ordre, par conséquent sans jugement et sans mémoire ; de sorte que la pensée, naissant et mourant à chaque sensation, n'aurait jamais produit la parole. — Voilà quel développement prend dans une imagination vraiment philosophique cette grande vérité que tout commence et continue par des associations dans le monde physique où elles constituent l'ordre, dans le monde moral où elles constituent la pensée, dans l'univers des corps où la physique et la chimie ne trouvent partout que combinaisons et affinités, et dans l'être qui a débuté lui-même par une association de matière et de vie [1]. Il y a là une grandeur de perspective sur la nature dont on ne trouverait l'analogue, parmi les écrivains du dix-huitième siècle finissant, que dans quelques pages de Buffon.

Ainsi naissent et se développent toutes les variétés de nos opérations intellectuelles et morales, toutes nos facultés. Je n'entrerai pas dans le détail de cette génération logique et continue du sentiment qui sent les idées et qui s'appelle entendement, du sentiment qui souffre

---

1. *OEuvres complètes*, t. I, p. 19, 22, etc.

ou désire, du sentiment qui, selon les circonstances, s'appelle le cœur ou la volonté. La base de toutes ces opérations mobiles, c'est la fixité du *moi*, qui se maintient à travers la succession de mes idées, de mes besoins et de mes passions [1]. Mais je ne puis m'empêcher de remarquer l'importance que Rivarol attache à l'analyse de nos idées fondamentales. Sur Dieu, principe et caution de ces idées, sur l'espace, sur le temps, sur le mouvement qui est impliqué dans ces deux notions et sur le nombre qui nous permet de le mesurer, ces pages abondent en beaux aperçus, exprimés avec une sorte de magnificence de parole inconnue parmi les disciples de Condillac. Voyez cette définition de l'espace, que je résume. L'espace se présente à nous sous deux faces : comme lieu occupé par les corps, ou comme vide absolu. Comme lieu des corps, l'espace se confond avec leur étendue et tient davantage à l'univers. Comme vide, qui le croirait! c'est à la fois du néant et de la divinité qu'il se rapproche…. Indifférent à la création comme à son contraire, se laissant envahir et pénétrer sans cesser d'être, il garde sur l'univers la priorité du contenant sur le contenu. Théâtre immobile des mouvements, on le conçoit comme Dieu, avec ou sans l'univers : tous deux infinis, immuables, coéternels, il est de leur double essence qu'on n'y puisse rien ajouter ni en rien retrancher, ce qui les distingue éminemment de l'univers que j'étends ou que je resserre à mon gré. Il est pourtant une différence entre ces deux infinis. Dieu est de toute nécessité intelligence suprême, l'espace reste étendue sans bornes : c'est la présence de Dieu et l'action vivifiante de Dieu qui garantissent l'espace de n'être que le vide ou le néant. L'idée de l'espace ne nous donne que la privation des

---

1. *Œuvres complètes*, t. I, p. 80.

limites; l'idée d'une cause intelligente nous donne celle de puissance et de perfection. Or, la puissance est tout autre chose que la privation des limites; peut-être est-ce assez pour la majesté de Dieu que l'espace soit à sa disposition et non qu'il le remplisse; peut-être suffit-il à sa grandeur, de la conscience de sa solitude. — Source de l'existence, maître de la durée, dominateur de l'espace, dispensateur du mouvement, en un mot, volonté première et sentiment universel, nous le composons de tout ce que nous sommes, et sans l'atteindre jamais. *Dieu est la plus haute mesure de notre incapacité*[1].

Remarquez qu'il y a soixante pages de ce style, d'une vigueur qui se renouvelle, d'un élan qui recommence sans cesse dans les sphères les plus hautes et les plus abstraites de la métaphysique. Où donc retrouverait-on ici la frivolité proverbiale de Rivarol et qu'est-elle devenue en de pareilles méditations?

J'étonnerais beaucoup ceux qui méprisent avec justice le pamphlétaire, si je mettais en lumière, comme elles le méritent, les considérations diverses sur le temps et le nombre, le temps surtout qui n'est qu'une conception sans réalité, formée par l'opposition de l'idée du *moi*, qui est fixe, et de nos idées, qui se succèdent et se partagent devant lui en idées qu'il a et en idées qu'il a eues; mesure purement intellectuelle, immuable et mobile à la fois; immuable par sa nature, comme le moi qui l'a conçue, mobile par une sorte d'illusion naturelle et nécessaire, à cause des idées, des mouvements et des événements qui passent devant elle. Je parcours l'espace, mais je ne fais que concevoir le temps: *il n'est qu'un regard de l'esprit*. Tout se réduit, dans cet ordre de conceptions qui désespère la raison, à voir l'esprit humain

---

1. *OEuvres complètes*, t. I, p. 72, 73, 74, etc.

tel qu'il est, c'est-à-dire comme lieu fixe de la succession de ses idées, et la vie telle qu'elle est dans sa perpétuelle mobilité, et avec elle toutes les images qui se succèdent devant ce grand et unique témoin, et comme elle, tous les mouvements dont elle est composée, toutes les formes de l'univers dont elle fait partie. « On conçoit que le temps chargé d'événements et privé du secours des nombres ait écrasé l'esprit des peuples naissants : leur mémoire était hors de mesure, et leur entendement fatigué de l'idée, à la fois abstraite et sensible, d'un mouvement général auquel rien ne résiste, s'en délivra en le renvoyant à l'imagination qui le personnifia d'abord. De là sont venus ces emblèmes de l'antique Saturne dévorant ses enfants; du vieillard armé d'une faux qui moissonne les générations; d'un fleuve éternel qui entraine tout dans son cours. Mais, à parler métaphoriquement, le temps n'est point un veillard, ce n'est point un fleuve; tous ces emblèmes ne conviennent qu'au seul et grand mouvement, par qui tout est éternellement détruit et reproduit dans l'univers. Le temps serait plutôt l'urne qui livre passage aux eaux du fleuve et reste immobile : rivage de l'esprit, tout passe devant lui, et nous croyons que c'est lui qui passe[1]. »

Les esprits habitués à se mesurer avec les idées métaphysiques pourront seuls estimer à leur vraie valeur les ressources déployées ici pour peindre à l'imagination ce que la raison peut à peine concevoir. Ce serait une criante injustice que de s'arrêter à quelques détails où le talent fléchit sous une sorte de fatigue et comme par l'excès d'une tension prolongée. Qu'importe si parfois cette trame brillante et forte s'emmêle et s'embrouille, par suite de l'impuissance de la pensée à suivre dans leur ordre dis-

---

1. *Œuvres complètes*, t. I, p. 80, 91.

tinct ces milliers de fils avec lesquels la nature produit son œuvre si complexe et si fixe? Il y a des intervalles d'idées à combler; on le peut presque toujours avec l'aide de Rivarol lui-même bien compris. Il y a des corrections à introduire dans son argumentation; cela encore est facile, si l'on y met quelque bonne volonté. Il y a enfin à élaguer, dans ce luxe étonnant d'expressions trouvées, quelques-unes qui sont d'une nouveauté moindre, d'un goût douteux, ou d'une mythologie passée de mode. Nous avons eu déjà l'occasion de dire que si la main est d'un artiste pour le mouvement général de la pensée, l'exécution n'est pas sûre; elle est rarement achevée. Enfin, si nous voulions examiner dans le détail quelques-unes de ces théories, nous aurions plus d'une objection à présenter. Encore une fois, à quoi bon? Jouissons de ces nouveautés d'idées et de style sans trop disputer sur notre plaisir. Considérons surtout cette faculté fine et puissante d'un philosophe qui se révèle par instants grand écrivain, dessinateur exquis de formes idéales, coloriste harmonieux d'abstractions.

J'ai voulu montrer un Rivarol nouveau. J'espère n'avoir pas tout à fait échoué dans cette tâche, bien que je me reproche de l'avoir trop limitée. Il n'eût été que juste, si les bornes de ce travail nous l'eussent permis, de donner au moins une idée des différences que Rivarol marque entre l'homme et les animaux, et qu'il sait rendre nouvelles même après Montaigne qui les supprime et après Bossuet qui les rétablit; de montrer enfin et surtout comme il sent le tourment du mystère de la nature, quels efforts il fait pour l'atteindre et se reposer dans une conquête qui recule toujours : « Tout ce que nous apercevons du grand but de la nature, dit-il avec l'accent d'une mélancolie toute moderne, c'est qu'elle veut se perpétuer, et que tout tend en effet à continuer l'univers.

C'est peu dire sans doute sur un si grand mystère et pour notre curieuse avidité. Mais le maître de la nature nous laissera deviner ses lois plutôt que ses raisons, et l'*à-quoi-bon* de l'univers sera toujours le problème des problèmes[1]. »

Les autres parties de ce discours sont plus facilement abordables, et ont été souvent parcourues. Nous ne voulons pas repasser sur les traces de ceux qui se sont occupés avant nous de cet écrivain singulier, véritable énigme par le mélange qu'il offre des plus hautes qualités de l'esprit et de ses plus coupables emplois. Mais quand on étudiera désormais les psychologues et les moralistes qui ont honoré notre littérature, il faudra réserver une place plus large qu'on ne l'a fait à celui qui a marqué d'une note énergique et profonde certains traits de l'humaine nature, la surprise, par exemple, *l'étonnement*, noté déjà par Aristote comme la cause de la réflexion et du progrès chez l'homme, les passions comme un élément nécessaire de notre grandeur et même de notre moralité, les conditions vraies de la vertu et du bonheur, l'honneur, « cette fière et délicate production de l'orgueil et de la vertu, qui supplée à la vertu, comme la politesse à la bonté »; enfin toutes les variétés de l'esprit, le génie, le talent, le goût; le génie *qui est trouveur, jamais créateur*, le talent, qui est un *art mêlé d'enthousiasme*, le goût enfin, qui jouit et qui souffre, tandis que le jugement se contente d'approuver et de condamner, *le goût qui est au jugement ce que l'honneur est à la probité*. « Ses lois sont délicates, mystérieuses et sacrées. *L'honneur est tendre et se blesse de peu :* tel est le goût, et tandis que le jugement se mesure avec son objet ou le pèse dans la balance, il ne faut au goût qu'un coup d'œil

---

1 *OEuvres complètes*, t. I, p. 169.

pour décider son suffrage ou sa répugnance, je dirais presque son amour ou sa haine, tant il est sensible, exquis et prompt. »

Un homme qui a senti de cette manière les délicatesses de l'honneur et du goût eût été digne de n'y manquer jamais. Une telle peinture des biens que Rivarol a perdus ou compromis dans la mêlée violente où l'ont engagé les évènements et son tempérament, une description si pure et si noble de la beauté intellectuelle et morale a sous sa plume presque l'accent d'un remords et redouble en nous les regrets que nous laissent certaines parties de sa vie et de ses œuvres.

GUSTAVE MERLET

Tableau de la littérature française (1800-1815).

M. Gustave Merlet s'était préparé par les travaux d'une vie studieuse à l'entreprise considérable dont il nous donne aujourd'hui plus que la promesse, je veux dire une partie déjà achevée, sous ce titre : *Tableau de la littérature française* de 1800 à 1815. Pourquoi ce mot trop modeste « Tableau », qui peut nous induire en erreur sur la véritable portée du livre et l'importance de l'œuvre future ? C'est bien, à ce qu'il nous semble, une histoire de la littérature française au dix-neuvième siècle que M. Merlet entreprend avec un courage d'esprit, des habitudes de travail et une expérience littéraire, consacrés par de solides succès et destinés à des succès plus grands encore. L'horizon s'est étendu devant la pensée de l'auteur ; ses forces se sont accrues en se sentant mieux elles-mêmes, devant ce large espace qu'il a mesuré du regard et déjà rempli en idée; la fortune de l'œuvre grandira en proportion de la juste ambition de l'auteur.

Les limites du travail qui nous est proposé s'étendent à peu près du Directoire à la seconde Restauration, de l'an III à 1815. Ce sont là des limites approximatives : comme le dit fort bien l'auteur, on ne peut guère se régler sur le calendrier pour fixer les frontières ou d'un siècle ou d'un période littéraire. « L'an 1800 ne fut pas témoin d'un brusque changement à vue. Car la crise qui venait d'inaugurer un monde sur les ruines d'un autre n'avait pu produire encore ses conséquences dans la littérature. Elle n'avait réussi qu'à remuer plus de passions que d'idées et à supprimer toute fine culture. Aussi, après une violente dispersion, les intelligences n'eurent-elles rien de plus pressé que de retourner à leurs habitudes de la veille.... Les lettrés semblèrent, eux aussi, comme tant d'autres, n'avoir rien appris ni rien oublié. » Mais ce n'était là qu'une apparence. Au fond, sous ces formes d'une littérature vieillie, sous cette surface qui ressemblait à une décadence, s'édifiait un esprit nouveau. Le sens critique consiste à démêler les germes encore indistincts et confus d'une renaissance à travers ces ruines provisoires qui attirent le regard et peuvent le tromper. C'est là ce qui fait l'intérêt d'une étude sur cette portion ingrate de la littérature française. M. Merlet a eu le mérite de ne pas désespérer de son sujet; il l'a fécondé en l'approfondissant. Il a réussi à donner ses justes proportions et sa vraie couleur à une époque de transition.

L'auteur n'épuise pas sa matière dans ce premier volume. Il se borne à décrire aujourd'hui les principales phases du mouvement religieux, philosophique et poétique, ajournant à une publication prochaine le roman, la critique, l'érudition, la science, l'histoire, l'éloquence et la politique, c'est-à-dire les parties les plus intéressantes d'un tableau où figureront, parmi des écrivains estimables, Chateaubriand, Mme de Staël, Joubert, Benjamin Constant et Napoléon Ier. Ainsi le présent volume ne touche qu'indirectement aux grandes parties du sujet et à l'élite de ces morts qu'une gloire durable a consacrés. Après la philosophie, c'est surtout la poésie qu'on y étudie dans cette foule pâle et monotone d'ombres élégiaques ou tragiques « dont le souffle s'épuisait à ranimer les cendres de foyers éteints ».

Cette division de l'histoire de l'esprit français sous l'Empire ne s'explique pas très bien : elle sera pour nous l'objet d'une première critique. Il nous paraît que le mouvement religieux et philosophique devait plutôt se séparer du mouvement poétique, auquel il est complètement étranger, et se réunir à l'étude de l'histoire, de la haute critique et de l'éloquence, avec lesquelles il a d'évidentes affinités. Il y aurait eu de sensibles avantages à cette répartition plus exacte des sujets. On ne comprend pas bien la disposition d'un volume qui s'ouvre par une étude sur MM. de Bonald, Joseph de Maistre, Royer-Collard, et sur le *Génie du Christianisme*, pour passer immédiatement, dans les chapitres suivants, à ces poètes qui n'étaient pour la plupart que des amateurs, des gens du monde, des traducteurs, de vieux professeurs ou de grands écoliers, et qui menaient d'une manière si frivole les funérailles de la vraie poésie. Il y a là un contraste qui étonne l'esprit, et dont on ferait volontiers un grief à l'auteur. Il eût été facile de mettre plus d'harmonie entre les groupes de ces noms si divers, les uns illustres, les autres à moitié oubliés ou tout à fait inconnus. M. de Bonald et Royer-Collard, M. de Maistre et Mme de Staël, Benjamin Constant et Joubert, Chateaubriand et Napoléon Ier, n'auraient pas dû être séparés. Malgré tant de dissidences d'esprit et de tendance, on aurait eu là, réunie sous les yeux, une société de grandes intelligences et de nobles figures qui suffisaient largement à l'intérêt d'un volume. On aurait relégué dans l'autre volume les représentants de la poésie légère, de la poésie officielle, de la tragédie, de la comédie, de la poésie lyrique, du roman, des œuvres d'imagination, et l'art de l'auteur eût été de faire sortir de ces limbes quelques grands talents incomplets, Marie-Joseph Chénier, Ducis, Népomucène Lemercier, M. de Fontanes, qui déjà portent en eux quelques pressentiments d'une rénovation littéraire et la préparent dans les esprits. Au lieu de cela, nous avons un premier volume quelque peu disparate de ton et d'intérêt, où le premier et le second livre s'accordent assez mal avec les quatre autres, et dont la liaison ne se fait guère qu'à l'aide du fil qui a rejoint ces divers feuillets plutôt que par l'idée organique qui doit faire l'unité d'une œuvre.

A ce premier reproche vient se joindre un autre, qui se rattache peut-être à ce même vice de composition. Dans le mouvement religieux et philosophique, un grand nom est omis, celui de Mme de Staël. On a le droit de s'en étonner. Personne n'a travaillé mieux que cette femme illustre au rétablissement des idées spiritualistes en France; personne n'a apporté à cette œuvre plus de ressources d'esprit et d'intelligente passion. Avec un livre comme *l'Allemagne*, Mme de Staël ne renouvelait pas seulement les sources de la poésie, elle ne créait pas seulement la critique comparée, dont il sera sans doute parlé dans le prochain volume; elle innovait aussi dans la science des idées. Son livre fut une éloquente protestation, selon le mot de Jean-Paul, « contre le matérialisme des encyclopédistes, des révolutionnaires et des soldats. » Sans doute elle n'a pas pénétré dans ses profondeurs la *Critique de la raison pure;* mais elle ne s'y est pas épargnée, elle a fait ce qu'elle a pu pour nous faire connaître Kant, « ce nouveau Curtius, dit-elle, qui s'est jeté dans le gouffre de l'abstraction pour le combler ». Et comme elle s'est heureusement inspirée, dans les pages les plus belles de son livre, du sentiment de ce grand moraliste ! Avec quelle émotion elle le répand dans toute son œuvre! Elle s'était consciencieusement préparée à sa tâche par un long commerce d'amitié avec Schlegel et par ce voyage de 1803 en Allemagne, où elle vit Schiller et Goethe. Qu'on se rappelle le noble et digne témoignage que Goethe lui-même a rendu à cet ouvrage sur *l'Allemagne*, qu'il est de mode de traiter fort légèrement aujourd'hui. Goethe admire franchement « ce grand esprit de femme, qui a fait un si grand effort pour comprendre une société et une philosophie si différentes de celles dans lesquelles elle avait vécu. Cet ouvrage, dit-il, résultat de conversations familières, fut comme un puissant instrument qui fit la première brèche dans la muraille chinoise d'antiques préjugés élevée entre nous et la France. On voulut nous connaître d'abord au delà du Rhin, puis au delà du Canal, ce qui nous assura une influence très sensible sur l'extrême Occident[1] ». Interprète de l'Allemagne, initiatrice de l'esprit français à tout un mouvement d'idées auquel il était resté obstinément fermé, apologiste enthousiaste des plus nobles doctrines morales, quel titre a manqué à Mme de Staël pour occuper une place d'honneur dans ce tableau de la renaissance de la philosophie en France? C'est une lacune que M. Merlet devra combler dans la deuxième édition de son livre.

On lira avec intérêt les chapitres consacrés à la réaction qui s'opère contre la philosophie du dix-huitième siècle et la Révolution, au système théocratique de M. de Bonald, aux paradoxes, refutés d'une main brillante et légère, de la *Législation primitive*. Joseph de Maistre est étudié de près et avec soin. On y trouve une fine esquisse de « ce Vendéen piémontais », qui mit presque du génie au service du gouvernement de Dieu, s'exposant seulement, par sa manie de prophétiser, au terrible malentendu des événements, et risquant plus d'une fois d'être désavoué par la Providence, dont il s'est fait l'interprète et qui ne lui a pas livré tous ses secrets. Chateaubriand et le *Génie du Christianisme* offraient à l'auteur un sujet déjà plusieurs

---

1. Correspondance entre Goethe et Schiller.

fois traité, et qui, après les vives peintures si souvent reprises, retouchées et finalement agrandies par Sainte-Beuve, devait paraître épuisé. M. Merlet a tenté de renouveler cette question de la restauration littéraire et poétique du sentiment religieux coïncidant avec la restauration officielle du culte, et du *Génie du Christianisme* avec le Concordat, par une analyse qui touche les points justes de la controverse sans trop insister, avec une délicatesse de sens critique et une sympathie qui ne veut pas être dupe. Dans le chapitre suivant, consacré à des portraits soit d'idéologues, héritiers de Condillac, comme M. Destutt de Tracy, soit de philosophes, précurseurs ou apôtres du spiritualisme, peut-être l'auteur n'a-t-il pas donné la mesure exacte des influences réelles, qui ne sont pas en proportion avec l'importance et la signification des noms mis en avant. Je ne prendrai qu'un exemple, M. Maine de Biran, que l'auteur place au premier rang des philosophes de cette période. Ce rang, il le méritait sans doute par la vigueur de son esprit ; mais d'influence, il n'en eut à aucun degré à l'époque dont il s'agit. Bien peu de personnes se doutaient alors de ce qu'il y avait de méditation ardente et de profondeur d'analyse dans ce silencieux et ce maladif, qui traversait la politique sans s'y attacher et les salons sans y rien produire de son rare esprit ou de ses subtiles recherches. Ce n'est que beaucoup plus tard que l'on saisit et que l'on comprit le développement harmonieux de cette grande pensée, toujours soucieuse de se corriger et de s'élever plus haut. La fortune de ses idées est une fortune posthume. Son nom relève bien plutôt d'une histoire spéciale de la philosophie que d'un tableau de la littérature française dans un temps où il vécut en solitaire et resta comme un étranger. Par les dates de sa vie Maine de Biran appartient à cette période ; par son action philosophique, il est tout à fait en dehors et bien au delà. Je crois qu'il eût été bon, pour l'harmonie du tableau, de tenir compte de cette différence essentielle entre des travaux ignorés et sans écho et l'influence qui ne vint que plus tard, et ne se fit sentir que sur une autre génération.

Encore une critique et j'en aurai fini avec la partie ingrate de ma tâche. Dans les deux premiers livres de ce volume, l'auteur ne trace guère que des portraits ; lui-même n'a pas ignoré les inconvénients et le danger de cette méthode, il s'est excusé en très bons termes de l'avoir adoptée; mais ses raisons sont des excuses et ne m'ont pas convaincu. Il faut maintenir la distinction nécessaire entre l'œuvre du critique et celle de l'historien littéraire : l'un procède tout naturellement et ne peut procéder que par études et par portraits, qui, même réunis, rassemblés sous la même date, formeront une galerie intéressante sans constituer précisément une histoire. L'historien d'une littérature a d'autres devoirs et doit édifier son œuvre dans des conditions plus sévères. Il ne suffit pas d'encadrer l'homme ou l'écrivain dans le milieu politique et social dont il a reçu l'empreinte : il faut donner la première place aux idées avant d'introduire les hommes qui les représentent ; il faut les retracer elles-mêmes à grands traits, peindre les circonstances qui les ont fait naître, les suivre dans les courants d'opinions qu'elles suscitent ou qu'elles contrarient. C'est la différence d'un tableau d'histoire à une galerie de portraits. C'est à l'esprit français lui-même qu'il faut faire les honneurs d'un pareil travail; c'est lui qui doit être mis en pleine lumière et placé au centre de la scène, comme le véritable personnage, le héros de la pièce, celui dont nous aimons à suivre les illustres aventures. Les grands talents, les grands noms, ne doivent être que des exemples et des preuves à l'appui de la thèse exposée par l'historien, précisément parce qu'il ne s'agit plus de biographie, mais d'histoire.

M. Merlet n'a pas toujours su défendre son œuvre de l'invasion de la biographie littéraire, qui a été sa tentation et son danger. Pourtant, une fois qu'il s'est affranchi de la première partie de sa tâche, la plus difficile à remplir parce qu'elle était la moins neuve, son allure devient plus vive, plus dégagée; la méthode est moins biographique; il y a plus de largeur dans le plan, de généralité dans les idées, de liberté dans l'art. La poésie, la tragédie, le drame, et la comédie, voilà les vastes cadres où se distribuent, chacun à sa place et dans la proportion de son talent, les appelés et les élus. On dirait que l'auteur est plus à son aise dans ces régions purement littéraires, et qu'il y respire plus librement que dans l'atmosphère philosophique, où M. de Bonald et M. Royer-Collard l'ont entraîné un moment. Il excelle à peindre « cette floraison artificielle qui servit de parure à la scène où se jouait le drame politique et militaire », et qu'on a appelé la *Poésie de l'Empire*. Il y a eu, en effet, un *Parnasse impérial*, qui, à bien des égards, ne fut que la réapparition au jour du Parnasse un peu flétri de 1780 et de 1788. « Certains contes de fées parlent de palais merveilleux soumis à un enchantement qui tout à coup suspend la vie pour des années entières. On peut en dire autant de la poésie française, si on la cherche dans cet interrègne tumultueux qui s'étend de 1789 à 1800. Plongée en un profond sommeil durant toute la Révolution, qui avait bien d'autres affaires en tête, elle ne se réveilla qu'après cette laborieuse tourmente, sans s'être un instant doutée (car elle était en pleine léthargie) des secousses qui, près d'elle, venaient de renverser un trône, des autels, des institutions, tout l'édifice du passé. Au lendemain de ce déluge universel, la *Belle au bois dor-*

mant se retrouva donc, ainsi que dans la fable, ce qu'elle était avant sa subite torpeur, revêtue de ses atours comme pour une fête, tout enluminée de fard, et portant galamment les modes d'autrefois. Seulement, le temps et la poussière avaient fané les parures de la veille. »

Est-il bien sûr même que la *Belle au bois dormant* n'eût fait que dormir pendant ces longues années d'attente? Je pense plutôt qu'elle était morte et bien morte, à en juger par ce qui s'appela la poésie, quand on crut la réveiller de son long sommeil.

C'est en effet une revue des morts que passe M. Merlet dans cette partie de son livre. Il a eu le courage de cataloguer, en y mettant des inscriptions justes et fines, « la multitude des urnes funèbres qui peuplent ces catacombes ». C'est là qu'on ira chercher maintenant la trace légère de ces milliers de poètes sans poésie qui remplissaient de leurs jeux innocents tous les recueils lyriques éclos en foule à chaque retour du printemps, l'*Almanach des Muses*, les *Saisons du Parnasse*, l'*Abeille française*, l'*Athénée des Boudoirs*, etc., etc. Là fleurissait la romance chevaleresque dont les héros étaient tantôt les troubadours consacrés par le marbre et le bronze des vieilles pendules du temps, tantôt des ermites d'opéra-comique et des paladins invraisemblables. « On dirait qu'après tant d'années orageuses, dans le voisinage des champs de bataille, les âmes ont besoin de s'attendrir, et que toutes les imaginations soupirent après un idéal d'oubli voluptueux ou de félicité sentimentale dont elles cherchent la vision dans je ne sais-quelle évocation complaisante d'un moyen âge tout parsemé de lis, fleur symbolique d'une dynastie vaguement regrettée. » La versification était devenue un talent de société. Pour faire un poète il suffisait de quelques recettes de rhétorique et de quelques éléments de prosodie, mêlés aux souvenirs classiques des humanités de collège. Quand on ne se sentait pas en fond d'imagination pour la romance, la chanson, l'épigramme ou l'impromptu, on traduisait en vers quelques morceaux choisis d'Ovide ou d'Horace, de Virgile ou d'Anacréon. Tout le monde s'y mettait de bon cœur. Un homme du bel air était tenu de payer tribut à cette mode innocemment ridicule. La Harpe lui-même, vieilli, fatigué de palinodies, sentant de plus en plus se refroidir une imagination qui n'avait jamais été ardente, sans qu'il sentît en même temps se tempérer une vanité toujours fiévreuse, La Harpe enjolivait le Tasse, ce qui lui valut cette épigramme d'Andrieux, que nous citons parce qu'elle peut s'appliquer au genre tout entier de ces traductions par à peu près, mortellement monotones, sans rayon et sans flamme :

> Rassurez-vous, mon Armide est de glace,
> Disait La Harpe à son cher directeur ;
> Clorinde est plate, Herminie est sans grâce ;
> Mes vers dévots ont quelque pesanteur :
> Un saint ennui du plaisir prend la place,
> Car ce n'est point par un orgueil d'auteur,
> C'est en chrétien que je traduis le Tasse,
> Pour mes péchés, et pour ceux du lecteur.

L'épigramme, voilà le seul genre poétique qui ne fût pas en décadence. C'est le seul qui, dans ce naufrage universel de l'inspiration, surnageât par sa légèreté même, renaissant à chaque instant du choc des amours-propres, inspiré et soutenu par ce qu'il y a de plus impérissable dans le cœur de l'homme, l'envie ou la malignité. Il y eut en ce genre de vrais chefs-d'œuvre, de grands duels presque épiques en quatre vers, dont les héros furent Baour-Lormian, Lebrun, bien d'autres encore. Ces batailles d'épigrammes occupèrent la cour et la ville, comme dans un autre temps la dispute des deux sonnets. Les traits volaient dans l'air et n'épargnaient personne. On raillait

> ....Delille,
> Du Pinde bijoutier charmant,
> Qui joint le strass au diamant
> Et brillante l'or de Virgile.

Un jour César même ne fut pas épargné : c'est un dialogue en vers caché dans un numéro du *Mercure*, échappé, on ne sait comment, à la vigilance de la censure.

« Sire, dit Bertrand à l'Empereur,

> Sire, il ne reste plus un seul homme des nôtres.
> — Ami, fais-toi tuer; je vais en chercher d'autres.

Et cependant les grands genres littéraires n'étaient pas négligés : la plus haute poésie avait ses prétendants. L'épopée renaissait de toutes parts avec cette facilité stérile qui survit à la mort de l'imagination par le triomphe de la rhétorique. Il y avait des procédés de collège pour faire des épopées : les rhapsodes de lycée et d'athénée s'appelaient Luce de Lancival, Campenon, Denne-Baron, mieux inspiré quand il traduisait Properce que quand il chantait *Héro et Léandre*. Qui se souvient aujourd'hui de l'*Enfance d'Achille*, de l'*Enfant prodigue*, ou bien de ces poèmes tirés de l'antiquité nationale, la *France délivrée* de Tardieu de Saint-Marcel, la *Caroléide* du vicomte d'Arlincourt, et même des *Rose-Croix* de Parny, du *Charlemagne à Pavie* de Millevoye, de la *Philippide* de M. Viennet, destiné à une meilleure fortune dans des genres plus modestes? Quant à la poésie didactique, toute concentrée dans des pastorales, des bucoliques et des géorgiques de salon (sans qu'on en excepte même celui qu'on appelait alors le *Virgile français*, selon une ingénieuse remarque de M. Merlet, elle servit d'apprentissage à une génération de poètes industrieux et sacrifiés d'avance, qui assouplirent de mille manières la langue française, l'initièrent aux ruses de la facture et du rythme, tentèrent toutes les ressources du vocabulaire, et transmirent un instrument discipliné et perfectionné aux talents plus naturels, plus vigoureux et mieux inspirés, qui devaient s'en servir pour de plus durables succès. A bien voir les choses, tout ne fut donc pas perdu dans ce travail laborieusement futile, consacré à peindre une fausse nature avec des couleurs de convention, et où l'art du poète excelle à indiquer les choses sans les appeler par leur nom, éliminant ou dérobant tout détail trop expressif et suspect d'être vulgaire parce qu'il est familier.

C'est ainsi que l'auteur s'efforce de démêler dans ce travail de la langue et du mécanisme de la versification le principe d'un obscur progrès qui se fera jour quand l'heure sera venue de la vraie poésie, quand l'âme des choses sera retrouvée avec l'âme humaine, quand la vérité sentie et vivante, la vraie passion, les grandes pensées de l'au delà auront passé par le cœur et l'imagination d'un Lamartine déjà prochain, presque pressenti dans quelques stances ou quelques notes fugitives. Ce qui n'empêche pas M. Merlet d'écrire quelques-unes de ses meilleures pages sur l'ennui de ce style faux des poètes de l'Empire, sur les puérilités de l'harmonie imitative, sur la fureur de la périphrase et la routine des expressions toutes faites, tout ce qu'il appelle la « poésie mécanique et impersonnelle ».

Comme il y avait des épopées et des géorgiques de facture, il y avait des tragédies sorties du même moule et qui n'étaient que des réminiscences classiques. Il ne faut pas oublier cependant qu'à côté de cette renaissance artificielle du théâtre, digne de l'oubli où elle est tombée, se produisirent trois phénomènes qui là aussi annoncent une rénovation : le génie de Talma, l'âme tragique de Ducis, le *Christophe Colomb* de Népomucène Lemercier. Le grand acteur qui prêta sa voix et sa vie à tous ces Brutus, ces Léonidas, ces Cincinnatus et ces Timoléon, a bien inspiré M. Merlet, qui a tracé de lui un vivant portrait : « Un masque césarien, un regard tendre et terrible, des attitudes de statue drapée dans sa toge, un geste épique, l'accent d'une voix sourde ou vibrante, assujettie à la gamme de toutes les inflexions, un jeu concentré que traversait l'éclair de la passion, l'alliance de l'inspiration et de l'étude, de l'entraînement et de la mesure, du naturel et de la dignité, le pathétique jusque dans le silence et dans le repos : telle fut la magie de cet enchanteur qui réussit à sauver l'indigence des poètes par l'enthousiasme que provoqua son génie.... Produisant les émotions les plus puissantes par les moyens les plus simples, il ressuscita véritablement l'âme de ces héros qui n'étaient que des ombres inanimées, avant de s'incarner en lui. Dans sa manière s'annoncèrent déjà les instincts d'une réforme qui, en attendant ses poètes, eut alors son acteur. Ne lui arriva-t-il pas souvent de jouer Racine comme un interprète de Shakspeare? »

Nous ne poursuivrons pas l'analyse de ce livre; il nous a suffi d'en indiquer les solides mérites et d'en faire sentir l'agrément varié. C'est au livre lui-même que nous renverrons le lecteur curieux de connaître l'histoire de la comédie sous l'Empire et d'étudier de près ces auteurs dont le nom a survécu, dignes de cette meilleure fortune par le don du rire aimable et de l'observation piquante, les Collin d'Harleville, les Andrieux, les Picard, les Étienne. Le dernier chapitre, un des plus intéressants et des plus nouveaux, est consacré aux *Poètes de transition*, à ceux chez qui se manifestent le plus clairement un désir du mieux, un souci de rénovation dans l'art, une certaine originalité dans l'inspiration, certains pressentiments d'une poésie nouvelle, tels qu'Ecouchard Lebrun, le Pindare français, devenu l'auteur célèbre de l'ode du *Vengeur* après avoir été l'hiérophante de la Révolution et le Tyrtée jacobin ; M. de Fontanes, l'homme de goût et de bon conseil, le poète sensible et délicat qui nous conduit des Chœurs d'*Esther* aux premières Méditations de Lamartine ; Arnault, à qui la fable satirique et poétique donne quelques airs de ressemblance avec Béranger ; Millevoye, qui retrouve dans l'harmonie d'un talent gracieux et d'une destinée mélancolique l'émotion de l'élégie personnelle, Chênedollé, un harmonieux rêveur, un poète né trop tôt, mort trop tard ; Pierre Lebrun, enfin, dont nous avons vu ici même s'achever au milieu de nous, parmi nos sympathies et nos respects, la belle et vigoureuse vieillesse, et qui, élève du Prytanée, écrivait de sa plume d'écolier, au lendemain d'Iéna, ces vers d'une si fière allure, que M. Daru et l'Empereur attribuèrent à Lebrun-Pindare :

> Suspends ici ton vol ; d'où viens-tu, Renommée ?
> Qu'annoncent tes cent voix à l'Europe alarmée ?
> — Guerre. — Et quels ennemis veulent être vaincus ?
> — Allemands, Suédois, Russes, lèvent la lance,
>   Ils menacent la France.
> — Reprends ton vol, Déesse, et dis qu'ils sont vaincus.

Ce vaste programme, que nous indiquons, se poursuit sans confusion à travers une multitude de noms propres habilement classés, de talents fort inégaux et finement appréciés, de détails significatifs et bien choisis sur les mœurs littéraires, sur les habitudes d'esprit et l'opinion publique du temps. Il y a des parties excellentes dans ce long travail, qui touche à tant de personnes et de sujets différents. Dans son ensemble, l'ouvrage nous offre non seulement un piquant intérêt, mais une véritable nouveauté. J'ai fourni, chemin faisant, des citations qui peuvent faire apprécier du lecteur le goût de M. Merlet, sa science étendue, ses qualités d'écrivain, non exemptes parfois de quelque raffinement d'esprit : au demeurant, une raison fine et ornée et je ne sais quoi d'alerte et de vif qui est le charme du bon sens. Partout se montrent les traces d'une intelligence nourrie de la substance et comme de la fleur de l'antiquité. Aussi je m'étonne qu'un aussi habile humaniste ait commis une assez grave erreur à la page 64 de son livre, où il attribue à M. de Talleyrand ce mot célèbre : « Il ne faut jamais se fâcher contre les choses; car cela ne leur fait rien du tout. » J'ignore si M. de Talleyrand avait l'habitude de répéter ce mot, mais Euripide l'avait dit avant lui :

Τοῖς πράγμασιν γὰρ οὐχὶ θυμοῦσθαι χρεών,
Μέλει γὰρ οὐδὲν αὐτοῖς[1].

Puisque j'en suis aux minuties, il y a une expression qui revient sans cesse, avec la fatalité d'une habitude, sous la plume de M. Merlet, c'est l'*inconscient*. Il nous parle sans cesse de *charlatanisme inconscient*, de *philosophie inconsciente*, de *naïve inconscience*[2], et à ce propos j'admire la fortune des mots, et comme elle dépend de la fortune des idées. Depuis une dizaine d'années, l'Inconscient est à la mode dans la philosophie allemande, et de là il a passé dans la philosophie française. Tout ce que faisait autrefois la nature, c'est l'Inconscient qui le fait aujourd'hui; il se prodigue sous toutes les formes, sous la forme de l'instinct, sous celle de la volonté quand elle ne délibère pas, et du génie quand il produit son

1. Fragments de *Bellérophon*.
2. Pages 77, 88, 126, 255, etc.

œuvre. La littérature s'est emparée de cette idée vague, et des écrivains habiles l'ont adoptée et acclimatée dans leur style, où elle se propage avec excès.

En fermant ce livre, le premier d'une série qui sera longue et à laquelle nous souhaitons vivement le succès, nous ne pouvons nous empêcher de regretter l'absence d'une conclusion, qui aurait remis sous nos yeux, comme dans un résumé et dans un tableau d'ensemble, les principales réflexions que l'auteur suggère irrésistiblement, qu'il suscite dans l'esprit du lecteur sur les causes déterminantes, essentielles, de la stérilité relative des lettres françaises sous le premier Empire. Il y avait comme une moralité à déduire de cette longue étude, et par là l'unité de l'œuvre aurait été plus sensible, plus clairement définie. Non pas que M. Merlet n'ait aperçu, le long de sa route, la plupart de ces raisons et ne les ait marquées au passage d'un trait juste et précis. Mais elles y sont disséminées un peu au hasard, et l'impression par là même en est moins vive.

Les conditions requises pour que l'esprit ait toute sa fécondité et qu'une littérature prenne tout son essor semblent être celles-ci : une tradition, une continuité non interrompue d'efforts intellectuels qui ait maintenu l'esprit en éveil, qui lui donne un point d'appui dans une méthode et une discipline, une lumière dans de bons modèles, des instruments appropriés dans une langue et une littérature déjà fortes et capables de porter le progrès littéraire ou philosophique qui se prépare dans les intelligences; une suffisante liberté de penser, le respect des pouvoirs publics pour les manifestations de l'esprit; la sécurité du lendemain qui permette les entreprises à longue échéance, les longs travaux et les vastes espoirs; enfin un état politique qui place les intérêts intellectuels au premier rang dans les préoccupations d'une société et leur permette de ne pas être écrasés sous la concurrence d'événements disproportionnés. En dehors de ces conditions il peut y avoir encore bien des jets hardis de pensée solitaire, des révélations de talents individuels ou des génies qui remontent le courant et grandissent par l'obstacle; il peut se produire aussi en abondance des productions diversement aimables et distinguées, des improvisations qui sont parfois des bonnes fortunes et le plus souvent des futilités laborieuses, où s'épuisent des imaginations sans ressort, mais il est presque impossible qu'il se manifeste une grande époque littéraire. Or toutes ces conditions que nous avons énumérées ont manqué à la littérature sous le premier Empire. Il n'y avait plus de tradition, ni de lettres sérieuses, ni de grand art. La seconde moitié du dix-huitième siècle inclinait déjà lentement mais par une pente sensible à la décadence : les sources de la poésie s'étaient graduellement taries ; la langue elle-même avait ressenti je ne sais quelle atteinte d'une fatigue qui ressemblait à une précoce vieillesse : elle s'était affadie et décomposée, elle n'avait plus offert à la génération qui ouvre le siècle qu'un instrument mal proportionné à son ambition. De plus, et c'est le point qui a été mis le plus souvent en lumière par tous les écrivains qui ont touché à cette époque, bien qu'il soit injuste de prétendre que Napoléon fût indifférent aux lettres ou dédaigneux de leur influence, il se montra trop souvent impatient de rallier les talents comme les partis et « empressé de gouverner les intelligences comme les affaires ». Il ne négligea aucune des séductions qu'il jugeait propres à gagner des recrues précieuses pour l'impérial cortège. Mais, habitué à mener les choses en conquérant, il traita les âmes comme les peuples, et protégea les lettres « comme il protégea la République de Venise ou la Confédération germanique ». Assurément ce n'est pas la faute de Napoléon si Luce de Lancival n'eut pas de génie ; mais ce fut sa faute si la pensée se trouva trop peu respectée dans Mme de Staël, dans Chateaubriand, dans Népomucène Lemercier, et s'il abaissa devant lui les âmes moins fières qui n'étaient pas de taille à résister ou à des menaces ou à des séductions. Or c'est une loi fatale que l'esprit perd sa fécondité et qu'il est frappé comme de paralysie pour les grandes choses, quand il ne sent pas devant lui l'horizon ouvert et les libres espaces. Il n'est pas nécessaire, pour qu'il donne ses fruits en abondance, qu'il soit honoré par les pouvoirs publics, il suffit qu'il soit respecté. Il faut aussi, pour entreprendre de grandes œuvres, qu'il ait non seulement devant lui l'espace libre, mais qu'il ait le temps assuré pour des préparations qui peuvent être lentes et des méditations qui peuvent être longues et demandent à n'être pas troublées par l'âpre souci de chaque jour, de chaque heure. Ce n'était pas le cas à cette époque, sur ce terrain tout brûlant encore des feux de la guerre civile, ébranlé par les coups de la guerre étrangère, et où un édifice colossal s'élevait sous la menace imminente et la colère de l'Europe coalisée. Enfin la grandeur même des événements qui s'étaient passés en France depuis 1789 et qui s'accomplirent jusqu'en 1815 faisait une trop rude concurrence à la littérature et à la poésie. Il y avait une disproportion trop sensible entre la réalité énorme, écrasante, et l'imagination qui se fût en vain épuisée à lutter avec elle. De 1789 à 1795, le drame fut dans Paris même, plus que sur la scène : « Que me parles-tu, écrit Ducis à un ami, de faire des tragédies ? La tragédie court les rues. Si je mets le pied hors de chez moi, j'ai du sang jusqu'à la cheville. J'ai beau secouer en rentrant la poussière de mes souliers, je me dis comme Macbeth : *Ce sang ne s'effacera pas.*

Adieu donc la tragédie; j'ai trop vu d'Atrées en sabots pour oser jamais en mettre sur la scène. C'est un rude drame que celui où le peuple joue le tyran. » Quand vint l'Empire, la tragédie se déplaça; elle ne remonta pas sur la scène, elle se répandit avec la guerre sur l'Europe entière. On raconte qu'un jour, l'Empereur, paraissant dans sa loge à l'Opéra, fut accueilli par des acclamations moins bruyantes qu'à l'ordinaire, et que, se tournant vers ses aides de camp, il leur dit : « Messieurs, il nous faudra bientôt entrer en campagne ». La curiosité publique était là; là était le vrai et grand théâtre, la vraie poésie, la terrible et glorieuse épopée où se jouait la fortune d'un peuple sous la main d'un joueur de génie. — Qu'étaient alors les héros de théâtre au prix de ces deux héros de la scène réelle, Napoléon et la France? Ce n'est pas à dire que ces événements fussent stériles pour l'imagination. Il n'est pas douteux que le drame gigantesque de la Révolution et de l'Empire n'ait remué l'âme humaine, l'âme nationale, jusque dans ses profondeurs, et n'ait eu une grande part dans la magnifique explosion de l'esprit français qui racheta avec tant d'éclat, sous la Restauration, trente années de stérilité. Mais il en est de ces événements grandioses et pathétiques, qui sont les perturbations de l'histoire, comme des passions qui sont les perturbations de l'âme individuelle. Les passions fécondent l'esprit, mais à distance, après que la fièvre est tombée et que la perturbation est passée, quand il ne reste que l'émotion du souvenir et que l'imagination en ressent le contre-coup sans être anéantie par la force de son amour ou de sa douleur. C'est une condition pour que le poète soit inspiré, qu'il ait aimé avec passion, qu'il ait souffert. Mais, pour qu'il puisse exprimer son amour avec des accents dignes de lui, il faut qu'il se souvienne de sa souffrance sans en être accablé. Il en est de même de l'âme des nations. Les grandes émotions de l'histoire renouvellent toutes les hautes sources de l'inspiration; mais ce n'est que plus tard, à quelque distance des événements, que cet effet se fait sentir, quand la réalité de la rue ou du champ de bataille a remonté dans l'imagination des peuples qu'elle émeut encore, sans la distraire trop violemment. C'est ainsi que je m'explique que les luttes civiles de la Révolution et les guerres de l'Empire aient produit ce double effet, qui n'est contradictoire qu'en apparence : elles ont stérilisé pendant un quart de siècle l'inspiration française, elles l'ont renouvelée et fécondée avec éclat dans les générations qui sont venues immédiatement après et qui ont succédé aux acteurs et aux témoins de ces grandes scènes.

ALBERT DE BROGLIE

L'Église et l'Empire romain au quatrième siècle.

Il faut distinguer deux périodes dans les origines du christianisme : la première, qui est celle où la religion se fonde dans les âmes ; la seconde, où elle s'établit dans la société. Pendant les trois premiers siècles, on assiste au grand spectacle de la prédication et de la propagation du dogme nouveau par la parole et par le martyre. Le christianisme conquiert les consciences ; mais il demeure en dehors des institutions civiles et politiques. Il ne prétend à aucun droit, à aucune influence, ni sur le maniement des affaires, ni sur la direction de ce vaste organisme qui constitue l'Empire. Il se maintient scrupuleusement dans la sphère des influences purement morales où le relèguent et la défiance jalouse du pouvoir et le sentiment de sa propre faiblesse, joint au souci sévère et délicat de sa dignité, l'exaltation purement spirituelle des intelligences qu'il attire à lui, l'ardeur immatérielle des espérances qu'il répand parmi les intérêts et les passions du temps comme une semence d'éternité. Il se préoccupe beaucoup plus de la réforme des mœurs que de la réforme des institutions. La transformation individuelle, la conversion des âmes, le salut, voilà le but unique et le prix de ses efforts. Son royaume n'est pas de ce monde.

A la fin du quatrième siècle, tout a changé. A travers

de nombreuses et terribles péripéties, sous le coup de formidables secousses comme celles d'une immense machine qui, fatiguée de son propre poids, craque de toutes parts, le souverain politique, effrayé du grand souci qui pèse sur lui, a cherché dans l'autorité spirituelle un appui contre sa propre ruine. Lentement, non sans peine, non sans de fréquents retours et de brusques démentis, l'union de l'Église et de l'État a été conclue. En 395, à la mort de Théodose, cette union est un fait accompli. « L'Église n'est pas dans l'Empire, a pu dire Ambroise; c'est l'empereur qui est dans l'Église ». L'Église n'est plus seulement la reine incontestée du monde moral; elle est la maîtresse de la société civile et politique. En vain, pendant trois siècles, César a tenté de la détruire, elle est restée invincible, croissant sous l'outrage, voyant ses enfants se multiplier dans la proportion des victimes. César, las de tuer sans profit, et reconnaissant Dieu à cette triomphante faiblesse, propose à l'Église un traité d'alliance, qu'elle accepte. Mais à l'aide de ce traité sincèrement conclu d'abord, frauduleusement interprété dans la suite, César prétend la dominer; elle résiste héroïquement, elle grandit toujours et, à la fin du siècle, qui commence à Constantin, après les tentatives insolentes et corruptrices de domination qui marquent d'un triste souvenir le nom de Constance, voici que la pénitence de Théodose devient le signe d'une ère nouvelle. Dès lors, il y a quelque chose au-dessus de César. César n'est plus que le second dans l'univers civilisé. Le souverain politique reconnait une autorité dont il relève à certains égards, avec laquelle il devra compter désormais. L'axe du monde est déplacé.

C'est cette révolution que M. le prince de Broglie s'est proposé de retracer en trois vastes tableaux, trois grands récits qui se sont succédé régulièrement et dont le dernier vient d'être tout récemment livré à la publicité : *Constantin, Constance et Julien, Valentinien et Théodose.* Comment cette transformation prodigieuse s'est-elle accomplie ? Par quelle succession d'événements se développent et se décomposent ces deux sociétés en présence, la société politique et civile d'une part, d'autre part la société religieuse ? Par quelles causes humaines peut-on expliquer cette révolution qui transporte de l'une de ces sociétés à l'autre, par un courant parfois insensible, mais continu, d'autres fois plus vif et plus marqué, le mouvement, la vie, puis la réalité et même l'apparence et les insignes du pouvoir ?

Cette révolution commencée par Constantin, continuée sans relâche à travers l'hostilité sourde de Constance et l'apostasie de Julien, accomplie sous Théodose, il fallait, pour bien la faire comprendre, pour en marquer exactement les origines diverses, les phases, les résultats, joindre à l'érudition de l'historien le coup d'œil du philosophe et surtout l'amour de son sujet porté jusqu'à la passion, inspirant le courage des études difficiles, des longues veilles, l'héroïsme du travail obstinément poursuivi à travers les obscurités d'un siècle lointain et dans la complexité infinie de deux sociétés, de deux mondes mêlés et confondus. Aucune de ces viriles et sérieuses qualités n'a manqué à l'historien de l'*Église et de l'Empire au quatrième siècle.* Grâce à lui, la seconde période des origines du christianisme est placée en pleine lumière ; une partie essentielle de l'histoire du monde est reconquise sur les vagues ténèbres où elle était encore plongée. Cet ouvrage est venu combler une regrettable lacune entre les travaux toujours renaissants de l'exégèse, appliquée à défendre contre la critique et à restituer dans leur pureté la vie et la doctrine du divin maître, et les essais historiques, déjà nombreux en Allemagne et en

France, tels que ceux d'Ozanam sur le grand travail d'assimilation des Barbares aux idées chrétiennes et sur l'origine des nationalités modernes. Entre ces deux époques, la prédication du christianisme et la formation de peuples distincts dans le sein démesurément élargi de l'unité romaine, il y avait place pour une curieuse et profonde étude qui nous expliquât clairement le passage de l'unité romaine à l'unité chrétienne, de l'autorité du César unique à la souveraineté d'un seul Dieu, qui nous montrât la suprématie de l'Église préparant, par la conversion, par l'éducation des Barbares, non pas la restauration chimérique de l'empire temporel, mais l'établissement de l'empire spirituel dans la diversité des nationalités et des races, c'est-à-dire le monde tel qu'il a existé au moyen âge.

De ces deux sociétés en présence, la société politique et la société religieuse, qui remplissent le quatrième siècle des alternatives de leur suprématie et de leur subordination, des violences de leur conflit ou des bienfaits de leur alliance, chacune a laissé dans l'ouvrage de M. Albert de Broglie son empreinte profonde, ses types les plus expressifs, étudiés avec un soin jaloux, saisis et rendus avec un art singulièrement habile dans leurs diversités et leurs contrastes. Mais évidemment, si l'on met à part Constantin, les grandes figures ne sont pas sur le trône; elles sont dans l'Église; elles expriment l'esprit nouveau de la société chrétienne, elles en manifestent la supériorité, elles en font pressentir le triomphe prochain et définitif.

Dans les nouveaux récits qu'on nous donne aujourd'hui, c'est encore l'Église qui nous présente les types les plus accomplis. Certes, Théodose avait en lui, dans son caractère surtout, des parties de grandeur qui le rendaient digne de recueillir, dans le péril des choses publiques, l'honneur et le poids du pouvoir suprême. Mais qu'on le place en face d'Ambroise, et l'on sentira du premier coup d'œil de quel côté se trouve, avec la droiture inflexible du sens moral, l'autorité du génie. Que dire de Valens, si l'on met cette triste et vulgaire figure en regard de Basile, aussi grand qu'Athanase par d'autres qualités, et comme lui debout, mais non plus devant un fils de Constantin, debout devant une ombre dégradée, un fantôme de César? Rien qu'à poursuivre ces oppositions de caractères et ces contrastes d'intelligences, on comprendrait pourquoi, à un certain jour, l'Église est devenue le refuge des institutions et de la société défaillantes, la véritable et unique autorité dans l'Empire, qui ne se soutient plus, à travers les catastrophes, que par quelques hasards heureux et par la superstition du nom romain.

Sur ce fond terne et obscur d'une société qui se décompose, se détachent avec un relief singulièrement vigoureux, les portraits de ces grands évêques.

L'auteur a mis à les peindre dans leur vivante réalité toute sa science et son effort le plus heureux. Par un effet d'optique littéraire qui marque bien où est la dernière grandeur de ces temps malheureux, où est en même temps la prédilection du peintre, on arrive à ne plus voir qu'eux seuls, Basile et Ambroise. Ils concentrent en eux tout l'intérêt du sujet ; véritables héros du livre, ils ne se laissent pas oublier, même quand le récit nous entraîne loin d'eux : présents, ils remplissent la scène; absents, ils laissent derrière eux un vide que rien ne comble, ni les intrigues de palais, ni les aventures de guerre. En dehors d'eux tout languit. Dès qu'ils se montrent, l'action se relève et quelque chose de vraiment épique se mêle à ces monotones récits d'une décadence que la vigueur d'un Théodose peut bien suspendre quelques instants, mais que précipite la fatalité des choses, instrument aveugle du plan divin.

Que cette histoire serait triste si Athanase, Basile, Grégoire de Nazianze, Ambroise, Jérôme, Augustin ne venaient révéler au monde un ordre de grandeurs que l'empire romain, dans ses jours les plus triomphants, n'avait pas connues! L'épiscopat de Basile, ses luttes, son génie particulier, son éloquence, son union si touchante avec Grégoire de Nazianze, malgré la diversité des caractères, voilà à coup sûr la partie la plus intéressante de l'histoire de l'empire d'Orient pendant tout le temps qu'il gouverne l'Église de Césarée. Quand nous savons ce qui se passe dans ce grand esprit, que nous importent ensuite les obscures personnages qui entourent Valens à Constantinople ou à Antioche, les misérables intrigues qui assiègent et remplissent cette existence vulgaire d'un commis promu par un caprice de la foule et du sort au trône impérial? La vie n'est pas là. Elle est toute à Césarée. Là est la force, la puissance, l'autorité même politique.

M. Albert de Broglie excelle à mettre en lumière ce trait de la figure de saint Basile, qui était jusqu'ici resté dans l'ombre. D'excellentes études avaient montré chez le saint évêque les grâces et la vigueur de l'éloquence sacrée. On n'avait pas encore révélé, avec cette abondance et cette précision de détails. cette âme de commandement qui éclate dans le gouvernement d'une seule Église, toutes les facultés qui font l'homme d'État et qu'on ne rencontre plus dans les cours avilies de l'Empire, cet ensemble de grandes qualités qui, en s'appliquant au gouvernement des consciences, montrent assez avec quel bonheur elles s'appliqueraient à tout autre gouvernement, « un mélange de souplesse et de force, de hardiesse et de douceur, un art d'appuyer le droit par l'autorité et de le modérer par l'indulgence, un don de comprendre les faiblesses humaines en les dominant, qui font le vrai caractère et constituent le tempérament du politique. » Est-il seulement l'évêque du diocèse, cet homme d'une si prodigieuse activité, de tant de prévoyance, de si grands talents qui se révèlent dans l'administration temporelle de la charité ? Quand, dans la détresse publique, il réussit à faire vivre une innombrable population, d'indigents et de malades qui succombaient sous la misère des temps, n'est-il pas le véritable édile de la cité, et près de lui, si le préfet de la province se montre, où ira le respect de la foule? où l'autorité politique ? C'est cette âme qui, par sa grandeur même, crée le pouvoir partout où elle se montre. Les contemporains de Basile ne s'y trompent pas, et déjà l'on pressent de quel côté va passer le gouvernement du monde.

Il ne faudrait pas croire, cependant, que tous les évêques de ce temps fussent aussi fortement trempés pour la lutte. A côté de l'évêque de Césarée, « prompt et précis dans ses résolutions, embrassant d'un coup d'œil le but à poursuivre » et y marchant droit à travers les difficultés des circonstances et les résistances des hommes, nous apercevons son ami, le pieux et aimable Grégoire de Nazianze, « atteint de cette délicatesse un peu maladive qui est chez les esprits d'élite, la source de l'inspiration poétique; sensible à la moindre nuance d'approbation ou de blâme, surtout à la moindre blessure de l'amitié; plus finement averti des obstacles, mais aussi plus aisément découragé; mêlant à la poursuite des plus grands intérêts un soin peut-être excessif de sa dignité et toutes les inquiétudes d'un cœur souffrant ». C'est l'âme d'un mystique et d'un poète, non d'un athlète. On le vit bien quand la redoutable épreuve de l'épiscopat de

Constantinople lui fut imposée et qu'il fallut sortir de l'extase solitaire pour gouverner des hommes, c'est-à-dire des intérêts et des passions. Je connais peu de pages aussi touchantes que celles qui nous retracent les douleurs de cette âme, si belle dans le calme et dans la retraite, exposée maintenant à toutes les violences de ces tempêtes humaines, plus cruelles mille fois que celles de l'Océan : son arrivée craintive à Constantinople, dans cette arène livrée depuis si longtemps aux disputes ariennes; ses premiers discours dans la chapelle d'Anastasie; ses premiers triomphes, suivis bientôt de revers et d'angoisses; sa tranquillité, comme celle d'un martyr, en face du poignard; ses défaillances, comme celles d'un enfant, en face des intrigues et des trahisons; cette incroyable facilité à être dupe, qui se montre dans sa méprise à l'égard du moine Maxime, et qui fut le signe le plus certain qu'il n'était pas né pour les grands rôles du commandement; ses projets d'abdication et de fuite; son personnage effacé, malgré l'autorité du rang et du génie, dans le concile de Constantinople; ses plaintes et ses gémissements inutiles; sa démission et ses adieux pour lesquels il retrouva une dernière fois l'accent d'un évêque et l'enthousiasme de la foule; sa retraite enfin consacrée à la piété et à l'étude, où il se ressaisit tout entier en face de Dieu, après s'être si facilement troublé devant les hommes. — Tel s'offre à nous l'ami de Basile : admirable quand il médite ou quand il parle, quand il n'est pas question d'agir; héroïque à sa manière, autant que Basile lui-même, quand il ne s'agit que de mourir; impuissant et débordé par les flots, quand il faut sauver la barque confiée à ses soins et gouverner dans la tempête.

Tous les deux, Basile et Grégoire, dans la diversité de leur âme et de leur intelligence, ont un trait commun par lequel ils sont bien les fils de l'antique Grèce, amoureuse de la parole, enivrée de poésie et d'éloquence. Malgré toute leur sainteté, ils ont retenu quelque chose de la civilisation païenne; en regardant bien au fond de leur génie, on distinguerait je ne sais quel reste persistant de rhéteur que le christianisme n'a pas entièrement détruit. Pour Grégoire, la preuve serait aisée, et son récent historien reconnaît lui-même que la parole est trop souvent chez lui un ornement ; que son imagination se complaît en elle-même; que l'orateur, entraîné à la poursuite de l'expression ou de la métaphore, semble parfois oublier son but et laisse en chemin celui qui l'écoute. Chez Basile la parole est d'ordinaire une arme, au lieu d'être un ornement ; mais est-il vrai que l'orateur sacré ait immolé en lui ce rhéteur que tous les Pères de l'Église grecque portent dans un dernier repli de leur âme? Je ne le crois pas, et je n'en veux pour preuve que ces compliments à Libanius, cette correspondance où s'étalent, dans un langage qui n'a presque plus rien de l'évêque, les brillantes mollesses du style à la mode, les agréments usés de la rhétorique des écoles, cette admiration emphatique pour les déclamations du sophiste, toutes ces puérilités de l'éloquence de la décadence que ne relève pas l'accent viril du christianisme. — Socrate et le divin Platon, en réfutant les sophistes, leur empruntent plus d'une fois les grâces subtiles de leur insidieuse méthode ; ils ont pour les ressources d'esprit de leurs adversaires une admiration secrète qui perce par endroits et qui se révèle par une sorte d'imitation naïve. Basile et Grégoire, eux aussi mêlent à la gravité de leurs méditations et de leur parole le parfum affadi d'une rhétorique dont ils ont respiré dans leurs jeunes années la dangereuse ivresse.

Rien de semblable chez Ambroise. Ici tout est tourné à

l'action, à l'action par excellence, le salut des âmes et celui des peuples. Ici tout nous révèle l'austère esprit de l'Église d'Occident, que rien ne détourne de son but, ni l'art, ni les souvenirs classiques, ni la tentation éristique, l'éternelle sophistique des Églises d'Orient, épuisant dans la controverse plus de forces qu'il n'en faudrait pour conquérir au Christ les Barbares. Ambroise est né pour accomplir la révolution qui s'annonce et qui précipite dans le sein de l'Église l'Empire vieilli et la société qui s'abandonne. Basile n'exerce les facultés du magistrat, du politique, que dans le gouvernement de son diocèse. En dehors du territoire sacré, il s'abstient. Ambroise, en face du péril suprême sous lequel la chose publique succombe, ose prendre la responsabilité de tous les grands rôles qui viennent d'eux-mêmes s'offrir, s'imposer à lui.

« Tranquille dans sa basilique, c'est là que vient le chercher, sans qu'il la repousse, mais sans qu'il l'appelle, la faveur suppliante de trois souverains…. A travers les vicissitudes du pouvoir suprême, il garde avec ses dépositaires passagers la même attitude de supériorité, tantôt protectrice, tantôt menaçante. Justin, le jeune Valentinien, Maxime, Eugène, Théodose lui-même en font successivement l'épreuve. La dignité impériale comparait devant lui tour à tour comme une pupille orpheline ou veuve dont il gère la tutelle, comme une pénitente qu'il reçoit en grâce, comme une criminelle qu'il éloigne de sa communion…. Dans ces occasions qu'il ne recherche pas, mais qui naissent d'elles-mêmes, de donner son avis sur la chose publique, pour conseiller, absoudre ou condamner, nul embarras dans son langage, nul étonnement dans son esprit. Il a sur les matières d'État des idées toutes préparées et un corps de doctrine dont il déduit toutes les conséquences…. »

On ne doit pas s'étonner, d'après cela, que saint Ambroise, dans sa basilique de Milan, tienne en échec Théodose lui-même, et que le jour où l'âme impériale dans laquelle fermentent encore des instincts mal étouffés de barbare, laisse échapper, avec un cri de colère, l'ordre qui noiera dans le sang la sédition de Thessalonique, ce jour-là, l'évêque, défenseur de la justice chrétienne, ose séparer l'empereur des fidèles et lui dicter, dans une scène mémorable, la formule de sa pénitence. M. de Broglie a retracé cette pénitence de Théodose dans une page d'une beauté et d'une grandeur qui laissent dans l'âme du lecteur la plus forte impression. Ce jour-là où le *premier justicier de l'empire* s'humilia sous la main de l'évêque, uniquement armée du pouvoir de lier et de délier les fautes, le pouvoir suprême passa dans l'Église. Elle devait le retenir, à travers des luttes terribles, et non sans de regrettables abus, pendant plus de neuf siècles. Ambroise, qui pensait couvrir la Rome impériale de la protection de l'Église, n'imaginant pas qu'il y eût un autre moyen de sauver le monde que de sauver l'empire, se trompait dans ses espérances. C'est à un autre titre que Rome devait régner : elle devait régner par l'unité de doctrine, non par l'unité de pouvoir, et ce fut par lui, fils presque superstitieux de l'empire, que le moyen âge commença.

Dans un dernier chapitre d'un dessin large et sévère, où tout le quatrième siècle, dans ses conflits et ses vicissitudes d'événements et d'idées, est résumé avec une vigueur rare de compréhension historique, on nous montre que cette révolution était inévitable et que le contraste même des caractères qui exprime cette révolution, n'était que le signe extérieur du changement qui s'opérait dans les institutions. Les principaux traits de ce tableau, où chaque détail est déjà une synthèse, peuvent à peine s'indiquer ici : c'est le déplacement insensible d'influence s'opérant par l'agrandissement du rôle de la papauté qui se substitue à l'empire dans l'enceinte sacrée de Rome ; par la supériorité chaque jour plus marquée de l'évêque sur le magistrat dans les provinces; par les progrès insensibles du sacerdoce chrétien aux dépens de toutes les dignités locales qui l'environnent, recueillant dans son sein tout ce qui reste de vie municipale; par ce rôle universel de tuteur que prend le pouvoir religieux en face de tous les disgraciés et de tous les malheureux, investi par la force des choses d'une autorité que l'incapacité et l'impuissance de l'État ont fait tomber en déshérence ; par l'établissement de ce vaste patronage de l'Église, sous lequel viennent se ranger successivement, dans la panique universelle, dans la ruine des institutions et des lois qui s'écroulent, les paysans, les soldats, les bourgeois, les magistrats, l'empereur lui-même, et qui se justifie en sauvant du grand naufrage les lois, les lettres, les arts, en réformant les mœurs, en transformant la famille, en préparant par l'égalité devant l'Évangile l'affranchissement des esclaves, en fondant une société, une civilisation nouvelle.

Est-ce à dire que le régime qui commence à Ambroise et qu'on peut définir par la tutelle universelle de l'Église sur les souverains et les peuples, soit du goût de l'auteur pour l'avenir comme pour le passé? Nullement. Il a pu constater historiquement les bienfaits de cette magistrature de l'Église, prise par elle au moment où tout périssait et du droit du péril public. Il a pu admirer les grands services rendus à ce prix : la civilisation sauvée, le monde transformé. Mais il pense avec raison que cette ère de la suprématie politique de l'Église est finie, irrévocablement finie, et qu'il n'y a que des rêveurs dangereux qui puissent en souhaiter le retour. « Non, dit-il, on ne verra plus l'Église chargée d'administrer, de juger, presque de nourrir les peuples. N'y eût-il point d'autre raison, celle-ci suffirait : c'est que les nations, nées chrétiennes, n'éprouvent plus le besoin qu'on les délivre ainsi d'elles-mêmes.... Un état social a pris naissance, mêlé de grandeurs et de dangers, plus sain que celui de Rome antique, plus viril que celui de l'Europe féodale : où les hommes, loin de s'abandonner comme des esclaves à des maîtres ou de se laisser guider comme des troupeaux par des pasteurs, veulent être consultés sur leurs intérêts et éclairés sur leurs croyances. »

Même dans cette situation nouvelle, qui est celle dans laquelle les sociétés essayent de s'établir depuis le seizième siècle, l'Église aura encore sa grande part, son influence légitime, son autorité divine ; mais elle se renfermera de plus en plus dans le monde de la conscience. C'est un monde assez vaste pour suffire à son ambition. L'Église et l'État tendent de plus en plus à une distinction de rôle et d'attributions qui ne sera pas une séparation, mais qui assurera, avec leur indépendance réciproque, leur dignité. Chacun de ces grands pouvoirs devra se mouvoir dans son orbite, et bien que ces orbites soient concentriques et aient pour centre unique la civilisation morale du monde, il est bon, il est nécessaire que ces orbites soient distincts, et qu'il n'y ait jamais de ces occasions de heurt et de conflit, jamais plus de ces chocs dont le monde est ébranlé dans ses profondeurs. — Ainsi l'Église aura parcouru ces trois phases : celle de sa fondation, jusqu'à Constantin, où elle est esclave, mais libre par la foi dans son esclavage politique et dans son long martyre ; celle de sa suprématie universelle, qui commence à Ambroise et qui remplit le moyen âge ; celle de sa souveraineté restreinte au monde des consciences, qui est la vraie condition de son indépendance et l'un des signes les plus irrécusables des temps modernes.

MIGNET

Éloges littéraires.

Dans la série de nos études sur les critiques et les historiens littéraires, le nom de M. Mignet mérite une place d'honneur. Chaque séance annuelle de l'Académie des sciences morales et politiques est, pour l'éloquent secrétaire perpétuel, l'occasion de prononcer ces éloges historiques « destinés à honorer des vies généreuses et de grands travaux, à célébrer de savants amis du bien, d'utiles serviteurs de l'esprit humain. Ceux auxquels ils sont consacrés appartiennent à l'histoire par ce qu'ils ont fait, à la science par ce qu'ils ont écrit. Tous, ils ont cultivé avec grandeur ou appliqué avec art les belles sciences qui ont pour objet, non la matière, mais l'intelligence, non la nature, mais l'humanité. »

Ce recueil de notices, qui compte déjà trois volumes (dont le dernier vient de paraître), devient l'histoire même de cette Académie, la plus intéressante, à coup sûr, qu'on puisse écrire : celle des personnages considérables qui l'ont successivement illustrée, en même temps qu'ils ont servi leur pays. Elle représente aussi une part considérable des lettres sérieuses et de la philosophie morale depuis un demi-siècle, la plupart des grands noms contemporains, dans les travaux élevés de l'esprit, appartenant à l'Académie dont M. Mignet est l'orateur privilégié.

Entendre une lecture de M. Mignet est devenu, on le sait, une fête pour cette partie du public parisien qui estime à leur prix les plus nobles et les plus délicats plaisirs de l'intelligence. Ces jours-là, les séances de l'Académie des sciences morales et politiques jouissent de la même faveur et provoquent le même empressement qu'une réception à l'Académie française. — M. Mignet commence. Les auditeurs lettrés (je suppose qu'il n'y a que de ceux-là à ces belles séances) éprouvent cette charmante inquiétude qu'on ne manque jamais de ressentir quand on assiste aux épreuves délicates de la parole publique. On a beau être rassuré par le talent de l'orateur et par le souvenir de ses succès continus, il y a toujours une émotion dans les âmes bienveillantes, en présence d'un homme distingué qui vient exposer son talent à tous les hasards de l'appréciation mobile de la foule, surtout si c'est une foule d'élite. Quant à moi, je n'ai jamais vu paraître un prédicateur illustre dans sa chaire, ou se lever un orateur dans nos assemblées, sans éprouver un serrement de cœur, une anxiété. Tant c'est une chose grave que l'acte d'un homme qui vient mettre son intelligence, son âme en contact par la parole avec des intelligences et des âmes qu'il ne connaît pas! Mais aussi la belle et l'enivrante victoire que celle que l'on obtient sur des esprits charmés, entraînés, dominés, que l'on pénètre de sa passion ou de son idée!

Il y a de si rapides et de si sûres ententes entre le public de l'Académie et son orateur des grands jours, que l'anxiété ne dure pas ; elle ne laisse à l'auditeur que ce qu'il faut d'émotion pour donner plus de prix à son plaisir. On se demande comment M. Mignet va pouvoir rajeunir un sujet très connu des uns, très étranger aux habitudes d'esprit et aux goûts des autres. C'est là l'art victorieux de l'aimable orateur. Il résume avec tant de justesse les parties essentielles de chaque sujet qu'il traite, il y ajoute même de temps en temps des vues si ingénieuses, que l'auditeur jouit de ses propres impressions rafraîchies, de ses idées renouvelées sur tel fait historique ou tel personnage qu'il croyait bien connaître. Quant à cette portion de l'auditoire, étrangère par son éducation et par son genre de vie à ces doctrines politiques ou morales que l'on discute, le débat est si judicieux, si clair, les peintures d'histoire si vivantes dans leur rapide précision, les anecdotes si bien choisies pour faire valoir un caractère ou une idée, la lumière distribuée si habilement sur toutes les parties du tableau, que les abstractions mêmes s'animent et se colorent, que les obscurités se dissipent, et que tout le monde croit voir, dans le cadre restreint de la Notice, paraître la réalité même, l'homme et son époque.

Le genre de ces *Éloges historiques* a cependant ses inconvénients et ses périls, qu'il ne faut pas dissimuler, mais qui ne deviennent sensibles, si l'art de l'orateur n'en a pu entièrement triompher, qu'à une seconde lecture plus calme, plus réfléchie, que l'on fait soi-même, en se dérobant à la séduction du débit, à tous les prestiges qui sont précisément ceux de l'action et de la vie. Ni d'Alembert, malgré la sollicitude qu'il apportait à ce genre de travaux, ni Fontenelle, avec tous les artifices de la plus savante finesse, ni M. Mignet, avec toutes les ressources d'un art exquis, n'ont pu toujours se soustraire aux inconvénients de ce genre.

Les voici tels qu'ils m'apparaissent à la réflexion, dans les *Éloges historiques* que je viens de relire.

Le premier, le plus grave peut-être, est l'uniformité du cadre. Dans les limites si restreintes et si précises d'une Notice, dont la lecture ne doit pas dépasser une heure, et dans laquelle il faut résumer une époque, une vie, un talent, il est trop clair que l'orateur ne peut pas varier beaucoup l'ordre ni la proportion des différentes parties de son étude. La nature même de ce travail a des nécessités qui s'imposent à lui. Au début, quelques belles généralités sur la science où excelle le personnage qu'on doit louer, puis un tableau sommaire, à grands traits, des événements et des idées de son temps auxquels il a été mêlé; l'appréciation rapide et concluante du rôle plus ou moins utile, plus ou moins éclatant, qu'il a rempli sur cette scène ouverte devant nous; enfin, l'homme lui-même, présenté au lecteur dans un portrait vif et saisissant qui termine la Notice en nous laissant dans les yeux le souvenir d'une vivante figure; telle est la disposition perpétuelle, inévitable de ces Notices, où il faut tout dire en si peu de temps, expliquer l'homme par l'époque, tout en faisant sentir sa valeur propre et son originalité.

Un autre inconvénient, qui semble lié à la condition même du genre (l'*Éloge*), c'est la nécessité de louer. Ces existences si variées, inégalement brillantes ou utiles, mêlées à des événements si extraordinaires, dans un pays comme le nôtre, sur le terrain mouvant de notre histoire, à travers tant de révolutions, de chutes éclatantes et de résurrections, de contrastes inouïs de fortunes, toutes ces vies, si généreuses qu'elles soient par certains côtés, tous ces caractères, si bien trempés qu'ils puissent être, ont été exposés à des responsabilités terribles, à des hasards effrayants, à toutes sortes de tentations qui ont pu s'offrir à eux sous le nom spécieux du patriotisme. Le devoir, comme il est d'une interprétation malaisée, dans ces jours ténébreux et agités ! Et comme il avait raison, ce philosophe qui disait que, dans les temps de révolution, connaître son devoir est plus difficile que le pratiquer dès qu'il est clairement connu ! Combien se sont trompés, à nos yeux, parmi ces hommes honorables dont on ressuscite devant nous la vie si éprouvée! Combien de leurs résolutions peuvent nous sembler regrettables, à nous qui jugeons, à travers le temps et l'histoire, ces décisions prises sous le coup de l'événement! — Il faut louer pourtant ; du moins, il ne faut pas blâmer. La confraternité académique, les conditions du genre, les amitiés survivantes, l'honneur des familles, tout en fait à l'orateur plus qu'une convenance : une loi.

Le parti-pris de l'éloge systématique, l'économie nécessairement uniforme de ces biographies oratoires, voilà deux conditions dont le talent, même le plus souple et le plus varié, ne peut complètement s'affranchir. Mais ce qu'un art délicat pourra faire, tout en acceptant la dure loi des conditions du genre, c'est d'en tirer le meilleur parti possible et de les tourner au profit de son auditoire, et même, à certains égards, à l'avantage de l'orateur lui-même. C'est à quoi ne manque pas M. Mignet, dans quelques-unes de ses Notices, avec ce bonheur du véritable artiste qui sait transformer les difficultés mêmes en occasions nouvelles de succès.

Ainsi fait-il, particulièrement, toutes les fois qu'il s'agit de raconter quelque trait de ses chers académiciens, qui n'est pas tout à fait selon son cœur. Il les loue, sans doute, mais de quelle spirituelle façon ! Quelle piquante manière de faire deviner sa pensée à travers la forme laudative dont il l'enveloppe ! Il ne retire rien de la louange qu'il doit, et s'arrange bien de façon à ne pas diminuer son personnage. Mais enfin, il ne tient qu'à nous de comprendre, si nous voulons ; et sans déclamation, sans tirade, j'allais dire sans épigrammes (je me suis arrêté), il insinue délicatement son propre jugement, presque toujours d'accord avec les bienséances morales, ou plus simplement avec celles du goût, et rétablit d'un mot, d'un geste, d'un sourire, la vérité légèrement troublée. C'est là un des côtés les plus charmants de ce genre littéraire, plus souple qu'on ne veut bien le croire, et qui, manié par un maître, tempère à propos, par quelques restrictions jetées en passant, la perpétuité de la louange. Parmi de nombreux exemples qui s'offrent à moi, j'en citerai un seul.

Il s'agit d'un des membres les plus célèbres de l'Académie, qui, dans son existence agitée, vit tomber deux fois l'Empire et deux fois restaurer la monarchie des Bourbons, sans applaudir à aucune chute, mais non sans adhérer à toutes les élévations. Quelle aimable raillerie dans cette page : « Son caractère l'éloignait de l'infidélité autant que de la désobéissance, et son esprit lui fit adopter dès ce moment pour système ce que tant d'autres ont pratiqué alors et depuis par intérêt : le service invariable du pays dans la mobile succession de ses gouvernements. Même, en certains cas, on peut dire qu'il poussa bien loin son système. Selon lui, exercer des fonctions sous tous les pouvoirs, c'était consentir à être utile dans tous les temps. Aider au salutaire maintien de l'ordre social, seconder la marche habile de l'administration, quelle que fût la forme politique de l'État, n'était pas seulement, d'après sa théorie, le droit, mais le devoir d'un bon citoyen ; il en faisait une obligation fort commode à suivre et à laquelle il ne manqua jamais. Il resta toujours fidèlement à son poste, et même il se laissa placer dans des postes meilleurs où ses talents rares lui permettaient de rendre des services plus grands. »

Si l'ironie académique devient un genre littéraire, cette page mérite d'en rester le modèle.

Une des graves difficultés de l'éloge historique, nous l'avons dit encore, c'est que l'orateur est obligé de se mouvoir dans les limites très restreintes. Cette nécessité de tout abréger, qui chez les esprits communs produit la sécheresse ou l'obscurité, se tourne chez les esprits distingués en précision et en clarté.

Dans ce temps de rhétorique verbeuse et de délayage pittoresque, où le bavardage est élevé à la hauteur d'un procédé littéraire, où l'on voit chacun noyer avec tant de zèle sa petite idée dans un océan de mots, quel heureux contraste que cette sobriété pleine de force, qui condense beaucoup de choses en peu de pages, et que cet art qui, au lieu de s'exciter par la déplorable émulation du développement, s'observe et se retient ! S'il n'y a pas de plus grand supplice littéraire que celui qu'inflige à un homme de goût la stérile prolixité des incidents inutiles, des parenthèses, des épisodes quel charme de sentir cette fécondité intérieure de la pensée qui se gouverne, au lieu de s'abandonner à des fantaisies d'enfant ou de vieillard, et qui s'applique à donner au style toute la substance qu'il peut porter !

De là l'exercice constant, perfectionné du coup d'œil, qui, entre mille particularités d'une figure historique, discerne sans hésitations et saisit le trait saillant, décisif, celui qui donne à la figure son accent, sa valeur, tout son relief, et qui la grave pour toujours dans le souvenir. La pénétration de M. Mignet ne se trompe pas et ne tâtonne jamais. Elle va droit à ce signe de race, de force ou de talent. Elle ne s'épuise pas comme la sagacité de quelques peintres, nos contemporains, à ressaisir l'accidentel, le bizarre, parfois le monstrueux, dans les physionomies des illustres modèles qu'il font poser devant eux et que leur indiscrète curiosité déshonore en nous fatiguant. Dans la figure de Cicéron, un maître doit avoir le courage de négliger la verrue qui déparait le nez du grand orateur ; il s'en consolera s'il nous laisse, dans une page pleine de mouvement et de vie, l'image vive de cette attitude victorieuse à la tribune, dans laquelle la postérité aimera éternellement à le contempler.

L'uniformité de plan des Notices, où la disposition des idées est comme imposée à l'orateur, est une dernière difficulté à vaincre. M. Mignet n'en a pas toujours triomphé. Mais si l'ordre et l'arrangement des parties laissent trop peu à l'arbitraire ou plutôt au goût personnel de l'écrivain et semblent se répéter symétriquement, voyez dans ce cadre, tracé d'avance, quelle variété, que de couleurs adaptées à la diversité des sujets, que de perspectives ouvertes sur l'histoire ! Dans un seul volume, quelles peintures variées d'hommes, de talents, de temps et de pays ! Jouffroy et l'ardeur mélancolique de la pensée qui le dévore ; le baron de Gérando, ce simple soldat de l'an VII, qui fait couronner à l'Institut un mémoire sur les *signes*; La Romiguière, le philosophe pur et modeste, l'auteur d'un seul livre, mais d'un livre exquis; Lakanal, l'intrépide défenseur des lettres et des sciences aux plus mauvais jours de la Révolution, l'ancien commissaire de la Convention, devenu planteur aux États-Unis ; la belle imagination de Schelling racontant avec une sorte d'ivresse le poème du monde divinisé, jusqu'au jour où, ayant reconnu Dieu au-dessus du monde, il ramène sa prodigieuse philosophie à une sorte de mysticisme; le comte Portalis et, avec ce grand jurisconsulte, presque tout l'Empire, les deux Restaurations, le gouvernement de Juillet; Hallam, l'écrivain grave, ses talents solides, ses pures vertus, image d'une partie de la société anglaise ; le brillant Macaulay enfin, orateur, historien *essayist*, et dans presque tous les genres, le premier ; âme et talent de haute race, imagination éclatante soutenue par la science la plus solide, équilibrée par la plus ferme raison, un Michelet raisonnable, sans maladie nerveuse.

Tel est le vaste ensemble des sujets auxquels s'applique, dans ce dernier volume, l'art de M. Mignet, qui semble égaler la diversité des sujets par celle de ses talents : philosophe avec Jouffroy et Schelling, jurisconsulte avec Portalis, historien avec Hallam, orateur, homme d'État, historien encore avec Macaulay; les jugeant tous successivement avec cette droiture et cette fermeté qui révèle leur égal.

Quelque chose marque dans la variété des applications de cet art si habile en ses métamorphoses, l'unité de l'esprit qui le dirige : c'est l'inspiration constante, en philosophie et en politique, de la pensée spiritualiste et du sentiment libéral. Cette unité fait celle du livre et le rattache à la plus pure tradition académique qu'il exprime et qu'il honore. Tous ceux qui pensent, en France, doivent applaudir à cette définition des académies : « ces petites et glorieuses républiques, fondées pour le service ou l'ornement de l'esprit humain, en l'honneur ou à l'avantage de la civilisation; dans leur sein des hommes supérieurs, en s'élisant les uns les autres et en vivant sous la même loi, ont donné le premier exemple de la liberté pendant la monarchie et de l'égalité au milieu des distinctions héréditaires. » A la bonne heure. Voilà l'idéal. Qu'il s'accomplisse et tous nous applaudirons. Mais souhaitons que ces petites républiques ne s'isolent pas trop du mouvement général des idées et des mœurs; qu'elles ne se tiennent pas rigoureusement fermées aux talents indépendants, même s'ils n'ont pas d'intelligences dans la place; qu'elles se renouvellent en dehors de ces parentés de doctrine et de parti qui épuisent les races intellectuelles par des alliances trop prolongées de famille; surtout qu'elles n'adoptent pas pour leur libéralisme de formules trop particulières, et qu'elles comprennent bien que les termes du problème sont aujourd'hui changés; qu'il faut toujours être libéral, mais qu'il s'agit de l'être au sein d'un ordre de choses tout nouveau (qui rend plus difficile à la fois et plus nécessaire que jamais l'usage d'un vrai et large libéralisme), la démocratie.

M. FRANCK

Réformateurs et publicistes de l'Europe.

Depuis bientôt dix ans, la chaire de droit naturel au collège de France est entourée d'un succès croissant que j'appellerais presque de la popularité, si ce mot n'impliquait d'ordinaire, en matière d'enseignement, certaines concessions auxquelles la science sérieuse ne consent pas.

Cette fois du moins, le succès ne s'est pas trompé. Il est la consécration d'une vie dévouée aux labeurs les plus élevés de la pensée et d'une conviction intègre, soutenue sans fléchir, à travers les vicissitudes des temps et les disgrâces passagères du spiritualisme.

C'est vers 1855 que M. Franck fut appelé à cet enseignement depuis plusieurs années éclipsé, oublié même, et qu'il sut ranimer, autour de cette chaire entièrement renouvelée, l'attention et la faveur publiques. Comme il arrive naturellement pour les esprits dévoués à leurs fonctions, et surtout à ces fonctions si délicates et si graves de l'enseignement public, qui ne souffrent pas de partage dans l'homme et qui le réclament tout entier, la matière de ses cours est devenue celle de ses livres, l'objet presque unique de ses méditations. C'est de cet effort continu de la pensée, dirigée dans le même sens, que doit sortir un jour cette *Histoire du Droit naturel* dont M. Franck nous donne, de temps en temps, quelque beau fragment, comme *le Droit chez les anciennes nations de l'Orient*, et son dernier ouvrage, *les Réformateurs et Publicistes de l'Europe* (Moyen âge et Renaissance).

L'histoire du droit naturel est la part que M. Franck semble s'être réservée dans le vaste domaine de la philosophie. C'est sa province propre, sa conquête. Nul n'était mieux préparé que lui à traiter ce grand sujet, soit par la culture générale de son esprit, soit par les qualités et les aptitudes personnelles qui lui composent, parmi les auteurs contemporains, une physionomie particulière et distincte. Pour cela, que fallait-il d'abord? L'esprit philosophique lui-même, sa pénétrante méthode d'analyse et de synthèse, l'habitude de l'observation intérieure et de l'induction psychologique, retrouvant sous la variété infinie des apparences les traits identiques et permanents de l'humanité morale, constante à elle-même et à ses lois. Or, tous ces heureux résultats d'une forte culture philosophique, M. Franck les avait depuis longtemps amassés, disposés, appliqués même à divers travaux justement estimés.

Une de ces œuvres ne se proposait rien moins que d'initier les lecteurs français aux mystères les plus savants de la *Kabbale* et d'analyser, à cette occasion, l'esprit des théosophies orientales. L'auteur y témoignait d'une érudition abondante et précise, d'une sagacité pénétrante, qui se démêlait dans les origines les plus ténébreuses et les plus compliquées d'un système. Déjà une sorte d'instinct ou de pressentiment l'amenait ainsi, dès sa première œuvre, vers cet Orient, vers cette patrie des enchantements et des mystères que sa pensée devait, plus tard, visiter de nouveau pour faire jaillir de ce vieux sol fabuleux les sources historiques de la civilisation et du droit.

Après cette première excursion en Orient, M. Franck

avait mis plusieurs années de sa vie dans une vaste entreprise qu'il dirigea, qu'il soutint, qu'il mena à terme à travers mille obstacles suscités par les événements peu propices ou par les hommes, plus difficiles à vaincre que les événements : je veux parler de ce *Dictionnaire des sciences philosophiques*, un répertoire complet de philosophie et d'histoire de la philosophie, une encyclopédie spiritualiste. Il fut l'âme de cette utile entreprise ; il en fut le régulateur et le guide. En même temps qu'il donnait l'impulsion à tous les écrivains associés à son œuvre, et qu'il tentait de faire prévaloir une certaine unité dans la diversité des écrivains, bien souvent opposés sur les détails et livrés aux mille conflits des opinions humaines, lui-même donnait, dans d'excellentes monographies, l'exemple et le modèle de ce que peut être ce genre de travail, plus difficile qu'on ne pense, puisqu'il exige à la fois du talent dans l'auteur et l'abnégation du talent dans l'œuvre collective.

Mais tout cela n'était que la préparation laborieuse d'une vocation philosophique qui se dessinait de plus en plus, et qui sollicitait du côté des applications sociales cette intelligence active, nourrie de fortes études, accrue par une continuelle méditation des problèmes moraux. Déjà la révolution de 1848, en remuant à de grandes profondeurs la question sociale, avait éveillé dans M. Franck toute la sollicitude d'un témoin qui va devenir un juge ; certaines des utopies qui se produisirent dans la confusion de ces temps agités, avaient trouvé en lui un critique sévère. Je me rappelle quelques leçons qu'il fit alors dans la vieille enceinte classique de la Sorbonne et qu'il dirigea, non sans courage, contre les dangereuses chimères dont s'enivrait la foule. L'orateur universitaire faisait de meilleure politique que beaucoup d'orateurs du dehors. En quelques discussions solides, pressantes, conduites avec la plus grande simplicité d'allures et de ton, M. Franck réfuta les thèses principales du socialisme, en démontra l'inanité. Le succès de sa dialectique fut un des premiers symptômes du retour de la raison publique qui, d'abord effrayée sans mesure ou tentée par l'utopie, éperdue ou surprise, revenait enfin à elle, à ses instincts qui sont ceux de la véritable civilisation, à ses convictions naturelles qui sont d'accord avec les principes élémentaires du droit, à la juste appréciation des périls qu'elle avait courus et qui n'étaient quelque chose que par la terreur ou la fascination subie.

Je pense que ce fut vers cette époque que M. Franck conçut cette idée de retrouver dans les profondeurs de la conscience humaine et de l'histoire les origines du droit naturel. Deux traits de sa nature intellectuelle semblaient le prédestiner à cette tâche : son goût vif pour la liberté, qui est l'essence même du droit, et le sentiment de curiosité sympathique qu'il avait toujours eue pour l'histoire de l'humanité morale, pour ses destinées, pour ses luttes et ses laborieuses conquêtes, pour ses progrès dans la justice, qui sont précisément l'élaboration graduelle du droit dans le monde.

C'est avec le sentiment délicat et viril du principe et des conditions du droit qu'il aborda cette étude, à laquelle désormais il allait vouer sa vie. A vrai dire, « la liberté, selon l'idée que nous en donne notre conscience, selon l'enseignement qui ressort de l'histoire des institutions sociales et du spectacle des révolutions politiques, la liberté n'est pas une partie du droit, c'est le droit tout entier, c'est le principe et l'essence du droit. L'autorité elle-même n'a pas d'autre but ni d'autre raison d'être que d'assurer le maintien de la liberté ou de défendre la liberté générale contre les agressions, soit du dedans, soit du dehors; celle de la société entière contre les membres et les parties isolées de la société, ou contre les ennemis extérieurs[1] ». Si la liberté est le principe même du droit, la conclusion toute naturelle doit être que les idées qui sont les conditions les plus nécessaires du droit, les idées de justice, d'humanité, d'obligation réciproque, de dignité morale, sont d'autant plus distinctes et plus inébranlables dans notre esprit, que nous avons une conscience plus parfaite de notre liberté, ou que nous apercevons plus clairement en nous les attributs de la personne humaine, les caractères d'un être libre et responsable[2]. Si l'homme se sent le maître de ses actions sous la loi du devoir, dès lors il est évident qu'il n'appartient à aucun autre être semblable à lui, mais qu'il ne relève que de cette loi suprême, la même pour tous les êtres intelligents. Le devoir, en l'obligeant, l'affranchit de toutes les servitudes humaines. « Si l'homme, au contraire, renie sa liberté, s'il renonce à s'appartenir, il descend alors au rang d'une chose, d'un instrument, d'un moyen; il est la propriété de quiconque peut se servir de lui, et est plus puissant que lui, soit par la ruse, soit par la force[3]. »...

Cette évidence rationnelle est en même temps une loi de l'histoire. « L'histoire montre que les progrès de la justice dans ce monde où les conquêtes du droit sur la force se développent dans la même mesure que l'idée de la liberté, soit de la liberté divine, soit de la liberté humaine, soit de toutes deux à la fois; que là où la liberté est complètement niée ou méconnue, comme dans les vieilles croyances brahmaniques, ou dans le culte encore plus ancien des forces aveugles de la nature, l'homme n'est qu'une chose, Dieu n'est qu'un mot, et il n'y a pas

1. *Réformateurs et publicistes* (p. vi — Avant-propos)
2. *Etudes orientales*, p. 4.
3. *Ibid.*

lieu d'avoir plus de respect pour l'un que pour l'autre; que, dès que la liberté commence à paraître dans les dogmes de la religion, elle ne tarde pas à se montrer dans la sphère de la morale et même dans les institutions civiles; qu'il suffit à l'homme de reconnaître parmi les principes de l'univers une cause intelligente, un esprit de lumière et de sagesse qui lutte contre les ténèbres, pour qu'il trouve en lui-même une pareille puissance, et qu'il revendique, avec sa responsabilité, au moins une partie de ses droits; mais qu'il n'y a de droit absolu, de règles absolues d'humanité et de justice dans la conscience des nations qu'avec l'idée de la liberté complète ou la foi en un Dieu créateur, maître de la nature comme de lui-même, et dont l'homme, dans les limites de sa volonté, est la parfaite image. ».

Nous tenions à rappeler ces grands principes qui fondent l'unité doctrinale des études de M. Franck. Tous se résument, on le voit, dans une foi ardente à la liberté, dans le sentiment profond des conditions de la moralité. C'est à la lumière de ces idées supérieures qu'il résout, à mesure qu'elles se montrent et se déroulent dans la série des temps, toutes ces questions que l'histoire pose, mais ne résout pas toujours : quel est le principe, quelle est la nature de l'État? quelles en sont les conditions éternelles, les formes diverses, les lois? qu'y a-t-il, dans la constitution des sociétés, de fixe et d'absolu sous les perpétuelles vicissitudes de leurs transformations? Quels sont les délicats rapports de l'individu et de l'État? L'État est-il tenu, comme l'individu, de reconnaître certaines obligations, ou bien est-il affranchi de tout devoir? Peut-il tout ce qu'il veut, ou bien, s'il ne peut pas tout, où s'arrête son pouvoir? Quel est le mystérieux obstacle du droit qui se dresse en face de lui et qui le limite? Ce droit même ne serait-il pas précisément la raison d'être de l'État qui serait institué pour le garantir ? L'État idéal est-il autre chose que le ministre et le serviteur du droit ?

Déjà, nous l'avons dit, dans un fragment très étudié et très substantiel, M. Franck avait recherché les origines du droit chez les anciennes nations de l'Orient. Aujourd'hui, c'est dans la société théocratique et féodale du moyen âge qu'il nous transporte, dès les premières pages de son nouveau livre, franchissant ainsi la double antiquité grecque et latine et le christianisme. Il y reviendra plus tard et rejoindra sans doute les deux parties de cette histoires, séparées par l'intervalle de sept ou huit siècles. C'est une lacune trop grave dans cette vaste histoire pour qu'elle ne soit pas comblée un jour.

Le christianisme avait posé des principes de charité, de fraternité, aussi bien que de liberté morale, sur lesquels la cité terrestre pouvait s'établir. Il faut bien dire pourtant que son principal soin avait été de fonder la cité idéale, la cité de Dieu. Il y invitait les âmes purifiées par l'épreuve. Il présentait la douleur comme un bien, il la divinisait par le sublime exemple d'une croix infâme où monte le Juste, par le mystère suprême de cette Passion, dans laquelle un pauvre persécuté lègue au monde un Dieu. Il enseignait la vertu du sang divin transformant l'homme et versant la charité dans son âme renouvelée. Il attendrissait le dogme stoïcien de l'égalité, le complétant, j'oserai presque dire l'exagérant. Ce n'est plus l'égalité qu'il prêche, c'est l'inégalité en faveur des faibles, des pécheurs, des humiliés, des opprimés. Il fondait ainsi une aristocratie nouvelle, celle de l'humilité et de la souffrance. Encore une fois, son œuvre est moins l'établissement de la cité terrestre dans des institutions et des lois régulières et définies, que la construction de la Jérusalem céleste dans les âmes. Sa grande affaire était moins la politique que le salut.

Mais bientôt, l'esprit d'abnégation du christianisme se perd dans des prétentions nouvelles. L'Église, devenue puissante, veut être la tutrice des peuples et des rois. Maîtresse de la doctrine du salut, elle veut l'imposer, même par la force, au genre humain. Une grande querelle éclate. Il ne s'agit de rien moins que du gouvernement universel. Les papes, et le plus illustre de tous, Grégoire VII, demandent d'une voix impérieuse que la puissance qui procure le salut soit aussi celle qui ait la haute main sur les empires. Au nom de la souveraineté de Dieu, ils réclament pour l'Église le droit de contrôle sur les souverainetés terrestres. Mais alors une légion d'avocats ardents se lèvent pour défendre la cause du César humilié. Les représentants du moyen âge se divisent : la souveraineté de l'État et la souveraineté de l'Église trouvent, de part et d'autre, des apologistes subtils et emportés. Une guerre interminable commence, plus dialectique qu'oratoire, entre les juristes et les théologiens. D'une part, les plus illustres champions sont saint Thomas d'Aquin et Gilles de Retz; — d'autre part, des laïques comme Dante, des religieux comme Jean de Paris, Guillaume Ockam, et l'armée des légistes contre l'armée des canonistes.

Après de longues controverses, qui remplissent le moyen âge, l'esprit vrai du christianisme triomphe par la défaite des prétentions de l'Église à la souveraineté universelle. Mais la cause du césarisme succombe aussi bien que celle de ses adversaires. Ce qui triomphe, ce n'est pas la doctrine du pouvoir absolu des Césars ou de la suprématie temporelle des pontifes ; c'est la cause de la société laïque émancipée de tutelle en matière temporelle, c'est la cause de la politique sécularisée ; c'est le droit, seul vainqueur dans cette grande querelle ; c'est la dignité de la personne humaine, affranchie en principe, sinon en fait, des formes multiples et subtiles de la servitude.

L'histoire de cette lutte remplit les deux tiers de ce volume. Elle y est exposée avec une clarté et une bonne foi parfaites, avec une logique animée, pleine de verve dans le développement des thèses contraires, dans la peinture des personnages et des temps ; enfin, avec une rectitude presque infaillible du sens moral et du sens historique, qui souvent se mêlent et se confondent. Sur un seul point, j'aurais une observation à présenter au juge si savant et si exact de cette grande querelle. Il m'a semblé qu'il inclinait à penser que, dans cette lutte du pouvoir temporel contre le pouvoir spirituel, les empereurs et les rois avaient pour eux la vérité; qu'en apparence c'était la force qui s'élevait contre l'idée, la matière contre l'esprit; qu'en réalité c'était le droit qui se fondait sous la tutelle et les auspices du pouvoir absolu. Si c'est là l'opinion de M. Franck, je ne saurais la partager sans réserve. Je crois que le péril était le même pour le droit, d'être absorbé par les théories insolentes des légistes, soutenant l'omnipotence des Césars, ou par les prétentions de la théocratie romaine. Ici encore, ce fut le conflit des deux pouvoirs qui créa la liberté. Elle naquit de la lutte des deux forces. Le césarisme triomphant sans peine et sans mesure n'eût pas été un meilleur régime pour la dignité de la personne humaine que la tutelle omnipotente de l'Église, suzeraine temporelle. Dans un excès comme dans l'autre, le droit eût péri. Au milieu de ces grandes luttes, où les légistes avaient tort dans leurs prétentions excessives, aussi bien que les canonistes, la conscience publique s'éveilla et se revendiqua elle-même. Voilà la vérité.

Il advint pour le droit à cette époque, ce que plus tard il advint pour la liberté de conscience. On a prétendu souvent que la liberté religieuse est due au protestantisme. Il faut s'entendre à cet égard. Comme résultat de la lutte engagée, je ne le nie pas; comme résultat intentionnel, comme effet *voulu* ou *désiré*, je le nie absolument. Quel historien sérieux a jamais cru à la sincérité de la Réforme, revendiquant la liberté de conscience au commencement de la lutte qu'elle entreprend? Ces réclamations étaient bien moins le cri d'une conviction et l'affirmation d'un principe, qu'un artifice de parti. Nul, plus que Luther, plus que Mélanchthon lui-même, plus que Calvin et Théodore de Bèze, n'eut de mépris pour ce prétendu droit à la liberté des croyances, quand leur croyance eut triomphé. Ce qui est vrai, c'est la passion égale des deux fanatismes, amenés par la fatalité de la lutte à une transaction nécessaire. Ce droit, qui est une des plus précieuses conquêtes de la société moderne, nous le devons, je le crois, à l'influence latente du principe chrétien de la charité, qui finit par se retrouver à travers la confusion des temps et la barbarie des mœurs. Nous le devons aussi aux progrès de la raison publique, qui finit par soustraire la conscience religieuse au contrôle injustifiable du pouvoir temporel. Historiquement et politiquement, nous le devons à la nécessité d'une transaction entre deux intolérances qui se neutralisent les armes à la main.

Voilà ce qu'a très bien vu et démêlé M. Franck dans la profonde étude sur Bodin, qui termine ce volume. Il y montre à merveille que l'idée de la liberté de conscience était étrangère aux esprits du seizième siècle; que protestants et catholiques reconnaissaient également à l'État le droit barbare d'imposer par la force ce que chacun des deux partis appelait la vraie religion; que l'Hôpital et de Thou, plus éclairés que leurs contemporains, ne songeaient pourtant qu'à l'extinction de la guerre civile; que le fameux édit de Nantes enfin n'est qu'un traité de paix intérieure, une transaction purement politique entre deux factions ennemies. Et, à ce propos, il établit une distinction fondamentale entre la tolérance, qui est un fait, et la liberté de conscience, qui est un droit. Cette distinction ayant été plusieurs fois empruntée dans ces derniers temps par des orateurs et des écrivains, il est de toute justice de la restituer à son véritable auteur : « La tolérance n'est qu'une concession plus ou moins mêlée de sacrifice, une grâce que les hommes s'accordent mutuellement pour vivre ensemble ; la liberté de conscience est un droit qui découle de notre nature intellectuelle et morale, et qu'en théorie on peut même considérer comme le premier de tous ; car si vous êtes maître de mon âme, vous avez tout le reste. Mais l'une est une préparation nécessaire à l'autre, et c'est en vain, comme l'expérience nous l'apprend souvent, que la liberté de conscience est inscrite dans les lois, quand la tolérance n'est pas entrée dans les mœurs. »

Machiavel, Thomas Morus, Bodin, telles sont les grandes figures que l'on nous retrace et dans lesquelles vit l'esprit de la Renaissance ; dans cette seconde partie de son ouvrage, comme dans la première, la doctrine de l'auteur est la même. C'est cette pensée constante que le spiritualisme seule fonde et garantit le droit, parce que seul il fonde et garantit la liberté. Cette généreuse doctrine soutient l'auteur dans la tâche immense qu'il s'est imposée ; elle fait l'inspiration et l'unité de tous ses écrits : elle donne à son style cette gravité soutenue, cet accent d'élévation morale, qui est la noblesse de l'écrivain.

P. S. À l'école du spiritualisme libéral que M. Franck honore au Collège de France et dans ses livres, se rattache une publication récente, les *Essais de philosophie et de morale*, qui présentent le résumé et comme un tableau fidèle des travaux et de la vie intellectuelle d'un écrivain cher à la philosophie et à l'Université, où il a laissé de nombreux amis, M. Ernest Bersot. Cette publication se compose de morceaux fort inégaux d'importance et d'étendue : le plus considérable est un *Essai sur la Providence*, publié pour la première fois il y a quinze ans environ, et destiné, par un retour inattendu des choses, à trouver aujourd'hui, dans la crise agitée des esprits, cet à-propos qui n'est pas à dédaigner, même pour un livre sérieux, cet avantage de l'opportunité, qui, en s'ajoutant au mérite intrinsèque d'un livre, le complète et le met en lumière. La Providence, que cet essai démontre et proclame, n'est pas « la puissance complice des crimes heureux, ou l'autorité banale qu'on entremet et compromet dans toutes nos petites affaires, *providence de ménage*, mais celle qui, gouvernant de haut, livrant le monde au combat du bien et du mal, fait germer sourdement et paraître, un matin, les idées justes ensevelies, recueille les bons sentiments perdus, et réserve à la droite volonté le contentement qu'elle n'a pas eu autrefois. »

D'excellentes études, un peu optimistes peut-être de couleur générale et de ton, sur les *philosophies du dix-huitième siècle*, Voltaire, Rousseau, Diderot, continuent, sous d'autres formes, la tradition du même esprit et la défense des mêmes idées. Le reste de la publication consiste en des écrits de circonstance, comme les *Lettres sur l'enseignement*, ou des articles qui ont paru, pour la plupart, dans le *Journal des Débats*, sur les choses ou les livres dont s'est occupé l'esprit public dans ces dernières années. Les plus remarquables, à mon sens, sont ceux sur le *Réalisme*, sur la *Médecine en littérature*, sur la *Critique biographique*, et surtout quelques pages qui ravirent, un certain jour, les connaisseurs, les hommes et même les femmes du monde, cette partie si influente du public, sur M. Michelet, à propos de la *Mer*; enfin un charmant pastel dont le sujet ou l'occasion plutôt a été la *Vie de Jésus*, de M. Renan. Dans toutes ces pages et dans bien d'autres que je ne peux pas citer, on retrouve cet atticisme délicat de l'esprit, ce goût de la morale sans pédantisme, de l'observation indulgente, ce demi-sourire, si charmant dans un philosophe qui, sans molle complaisance pour l'erreur ou la folie humaine, juge cependant l'homme moins méchant ou moins insensé qu'il paraît l'être, et qui méritait d'inventer les circonstances atténuantes, si la loi ne les avait pas reconnues avant lui.

M. GUIZOT

Méditations sur l'essence de la religion chrétienne.

Dans la crise fondamentale des idées philosophiques et religieuses, qui semble être un des traits caractéristiques de cette période du dix-neuvième siècle, personne n'a le droit de rester indifférent. Il faut prendre parti. L'indifférence en pareille matière ne pourrait être, ou bien que la volupté égoïste de certains comtemplateurs, pour qui l'humanité n'est qu'un spectacle, ou bien qu'un pitoyable aveu d'infériorité intellectuelle.

Mais s'il est des témoins attendus, et qui, moins que tout autre, ont le droit de se récuser, ce sont précisément ces hommes publics dont la vie s'est passée dans les luttes de la pensée ou dans les grandes affaires de l'État, au milieu de la considération et du respect croissant des générations nouvelles : personnages investis d'une sorte de magistrature d'idée, qui sont comme les autorités vivantes d'un temps ou d'un pays.

Il semble que ce soit pour eux comme une obligation plus stricte de dire tout haut le secret de leurs longues méditations sur la destinée humaine. Ils nous doivent leur témoignage en faveur des vérités éternelles. S'ils se taisent, leur silence doit être respectueusement sollicité ; quand ils parlent, nous devons accueillir avec déférence leurs déclarations. Leur parole porte avec elle des garanties précieuses et rares : l'expérience amassée pendant une longue vie, la solidité d'un jugement qui résume de nombreuses comparaisons d'événements et d'idées, et, enfin, un désintéressement plus complet des vains bruits d'une popularité éphémère. A qui possède la gloire, une célébrité équivoque ne peut plus être une tentation.

M. Guizot n'a jamais failli à ce devoir. Il a été un des premiers à prévoir cette crise des croyances. Il l'a annoncée, d'avance il l'a décrite et combattue. Il a été un des plus courageux à rendre, devant le siècle incertain et troublé, témoignage de sa foi. Dès 1851, il le faisait dans ces termes qu'on n'a pas oubliés :

« Ce ne serait pas la peine de vivre si nous ne retirions d'une longue vie d'autre fruit qu'un peu d'expérience et de prudence sur les affaires de ce monde, au moment de le quitter. Le spectacle des choses humaines et les épreuves intérieures de l'âme ont des clartés plus hautes, et qui se répandent sur les mystères de la nature et de la destinée de l'homme, et de cet univers au sein duquel l'homme est placé. J'ai reçu de la vie pratique, sur ces questions redoutables, plus d'enseignements que la méditation et la science ne m'en ont jamais donné.

« Voici le premier et le plus grand.

« Le monde et l'homme ne s'expliquent point naturellement et d'eux-mêmes, par la seule vertu des lois permanentes qui y président et des volontés passagères qui s'y déploient. Ni la nature et ses forces, ni l'homme et ses actes ne suffisent à rendre raison du spectacle que contemple ou entrevoit l'esprit humain.

« Ainsi que la nature et l'homme ne suffisent point à s'expliquer eux-mêmes, de même ils ne suffisent point à se gouverner. Le gouvernement de l'univers et du genre humain est autre chose que l'ensemble des lois et des faits naturels qu'y observe la raison humaine, et des lois et des faits accidentels que la liberté humaine y introduit.

« C'est-à-dire qu'au delà et au-dessus de l'ordre naturel et humain, qui tombe sous notre connaissance, est l'ordre surnaturel et surhumain que Dieu règle et développe, hors de la portée de nos regards[1]. »

Le nouveau livre de M. Guizot, les *Méditations sur l'essence de la religion chrétienne*, semble être le développement de ce programme.

Mais ce livre lui-même n'est que la première partie d'une œuvre considérable, qui, si elle s'étend dans les vastes proportions que lui destine l'auteur, ne sera pas moins qu'un système complet d'apologétique chrétienne. Exposer et établir ce qui est, selon M. Guizot, l'essence de la religion, c'est-à-dire les problèmes naturels auxquels elle répond, les dogmes fondamentaux par lesquels elle résout ces problèmes, et les faits surnaturels sur lesquels ces dogmes reposent, la Création, la Rédemption, l'inspiration des Livres saints, Dieu selon la Bible, Jésus-Christ selon l'Évangile ; tel est le vaste objet que se propose l'auteur dans la première série de ses *Méditations*. Dans une seconde série, il retracera l'histoire de la Religion, ses origines, sa croissance, son développement dans le temps et dans l'espace et la grande crise du seizième siècle qui a divisé l'Europe chrétienne. Le troisième volume sera consacré à l'étude de l'état actuel de la religion depuis les premières années de ce siècle où le principe chrétien se réveille dans la conscience publique, soutenu plutôt que combattu par l'élan de la philosophie spiritualiste, qui s'est relevée à la même époque, jusqu'à ces derniers temps où le mouvement antichrétien a éclaté de toutes parts dans la renaissance du matérialisme, du panthéisme, du scepticisme et dans les travaux de la critique

---

1. Préface des *Méditations et Études morales*, publiées en 1851. Nouvelle édition, 1864. Didier.

historique. Dans la quatrième série de ces *Méditations*, l'auteur tentera « de pressentir l'avenir de la religion chrétienne et d'indiquer par quelles voies elle est appelée à conquérir complètement ce petit coin de l'univers que nous appelons notre terre, et dans lequel se déploient les desseins et la puissance de Dieu, ainsi qu'ils se déploient aussi, sans doute, dans une infinité de mondes à nous inconnus. »

Certes, ce n'est pas la grandeur qui manque à ce plan. Quant à moi, je me sens touché, plus que je ne puis le dire, de cette résolution prise par un grand écrivain, illustre, à tant de titres, par des travaux et des luttes d'un ordre tout différent, d'offrir à une pareille cause « ce que Dieu lui conserve encore de jours et de force », de concevoir un projet si vaste, qui effrayerait un esprit moins sûr de lui, de concentrer sur le problème religieux tout l'effort d'une raison si étendue et si active, de donner enfin à sa vie et à sa carrière publique ce dernier trait qui les achève et les consacre.

Il a passé trente-quatre ans à lutter dans la bruyante arène. Depuis ce temps, du fond de la retraite la plus studieuse, il a suivi, d'un regard attentif, ému, tous les événements de l'Europe. Il ne s'est pas un seul instant désintéressé de son temps et de son pays. Il a assez estimé l'un et l'autre pour vouloir dans ses *Mémoires* leur donner l'explication de sa vie passée, leur exposer ses motifs, mettre sa conscience politique au jour. Il a voulu que la postérité dont il s'est fait pour ainsi dire le contemporain, prononçât sur lui vivant son arrêt. Et maintenant, se considérant comme étant quitte envers l'histoire, à laquelle il a noblement rendu ses comptes, il veut servir encore, d'une autre manière, cette cause de la civilisation dont il a été, toute sa vie, un des grands serviteurs. Il voit cette civilisation compromise dans ses intérêts supérieurs par l'audace des négations, affaiblie, énervée par la contagion d'une critique maladive et dissolvante. Il se dévoue à ce rude labeur de combattre pied à pied l'envahissement des idées nouvelles. Il affermira la foi des autres en exposant la sienne; il en donnera tout haut les motifs ; il remontera aux principes de ses croyances, il en expliquera l'ordre et l'enchaînement ; il fera en un mot, pour sa conscience morale et religieuse, ce travail sincère, cet examen public qu'il vient de faire pour sa conscience politique. N'est-ce pas là l'emploi idéal d'une belle vie, préparée par les ardentes et fortes études d'une jeunesse si tôt virile, continuée par les travaux devenus classiques d'une intelligence qui a renouvelé les sciences historiques au dix-neuvième siècle, illustrée par les luttes héroïques de l'éloquence parlementaire, éprouvée par la rigueur des événements, plus forts que les hommes et que leurs doctrines; puis, quand la tourmente s'est apaisée, cherchant un refuge inviolable aux événements eux-mêmes dans l'étude, dans les méditations, se retirant dans les hautes et pures jouissances d'une raison que le spectacle des choses humaines n'a pas cessé d'élever de jour en jour et qui trouve aujourd'hui sa sérénité dans sa hauteur même?

L'ouvrage que nous annonçons est né évidemment de la crise actuelle; mais il s'efforce d'y demeurer supérieur. Dans une préface étendue, dont chaque page mérite d'être consultée avec soin, M. Guizot définit les conditions de la discussion philosophique et religieuse avec une autorité de langage qui a fait sensation, et qui méritait de faire loi parmi les adversaires comme parmi les défenseurs du spiritualisme chrétien. Il déclare qu'il s'abstiendra de toute polémique directe et personnelle : « Les personnes embarrassent et enveniment les questions; on ménage ou l'on injurie ses adversaires; deux genres de fausseté qui me sont également antipathiques ; *je ne veux avoir pour adversaires que les idées* ; et, quelles que soient les idées, j'admets la sincérité possible de ceux qui les professent ; la discussion n'est sérieuse qu'à cette condition, et ni l'énormité intellectuelle de l'erreur, ni ses funestes conséquences pratiques n'excluent sa sincérité. L'esprit de l'homme est encore plus facile à séduire et plus égoïste que son cœur ; quand il a conçu et exprimé une idée, il s'y attache comme à son œuvre propre, et s'y emprisonne orgueilleusement, comme s'il était en possession de la pure et pleine vérité. »

Pour que le christianisme sorte triomphant de la rude épreuve qu'il subit, il faut qu'il sache se prêter aux formes nouvelles de la société humaine et comprendre ces trois grands faits qui sont le caractère de la révolution intellectuelle et sociale, en train de s'accomplir de nos jours, et dans laquelle nous sommes tous, de gré ou de force, spectateurs ou acteurs : l'émancipation complète de l'esprit scientifique dans la pleine indépendance de ses méthodes et de ses résultats ; la prépondérance de la démocratie ; le progrès plus ou moins lent, plus ou moins combattu, au fond irrésistible, de la liberté politique. « Ce sont là des *faits dominateurs* auxquels toutes les institutions publiques doivent s'adapter, et avec lesquels toutes les autorités morales ont besoin de vivre en paix. »

Le christianisme n'est pas dispensé de cette épreuve. Il doit l'accepter virilement et ne se faire aucune illusion, ni sur la lutte qu'il aura à soutenir, ni sur les armes qu'il y doit employer. Là est pour les chrétiens un péril nouveau, d'une nature singulièrement délicate : « On ne passe pas aisément du privilège au droit commun, et de la domination à la liberté ; on ne se résigne pas sans effort à la contradiction audacieuse et obstinée, à la nécessité quotidienne de résister et de vaincre. Le régime de la liberté est encore plus passionné et laborieux dans l'ordre religieux que dans l'ordre politique; les croyants ont encore plus de peine à supporter les incrédules, que les gouvernements l'opposition. Et pourtant, eux aussi ils y sont obligés; eux aussi ils ne peuvent trouver aujourd'hui que dans la discussion libre, et dans le plein exercice de leur propre liberté, la force dont ils ont besoin pour s'élever au-dessus de leurs périls, et pour réduire non pas au silence, ce qui ne se peut, mais à une guerre vaine leurs acharnés adversaires. »

Cette intelligence de la situation nouvelle, personne ne l'a plus exacte et plus sûre que M. Guizot; personne ne se soumet de meilleure grâce que lui à toutes les exigences de ce régime de la liberté; personne aussi n'en conçoit de meilleures espérances. Partout, dans ce livre, perce ce généreux espoir que le christianisme ramènera à lui, par la liberté, autant d'âmes que l'intolérance en avait éloignées de lui. Il y a toute une conquête à tenter aujourd'hui, pour le christianisme, sur les préventions malveillantes et sur les alarmes de tout genre que les souvenirs de la persécution religieuse, exagérés ou non par l'imagination publique, ont laissées dans les esprits. Il a à faire cette démonstration éclatante qu'il n'est incompatible ni avec la démocratie ni avec la liberté.

Et quand M. Guizot parle ainsi des périls et des devoirs de la société religieuse, des conditions nouvelles dans lesquelles l'Église chrétienne est heureusement condamnée à se développer, c'est de toute l'*Église* qu'il entend parler, et non pas de telle ou telle des Églises chrétiennes. De même quand il repousse, au nom de la raison et de la science, les attaques radicales auxquelles le christianisme est en butte, c'est la métaphysique même du christianisme qu'il prétend défendre; c'est le christianisme réduit à ces dogmes tellement fondamentaux, qu'ils se retrouvent identiques dans les communions diverses. Il essaye de rallier catholiques et protestants par le sentiment de ce péril commun : « C'est en effet la source commune où toutes les Églises chrétiennes puisent la vie, qu'elles sont menacées de voir tarir. » Les trois points sur lesquels la critique contemporaine dirige et concentre tous ses coups ne sont-ils pas ceux-ci : le surnaturel, l'inspiration des Livres saints, la divinité de Jésus-Christ ? Et quelle Église chrétienne ne se sent pas atteinte par une critique aussi radicale ?

Nous ne pouvons pas suivre l'auteur dans le développement de ces huit méditations : les *Problèmes naturels*, les *Dogmes chrétiens* (*Création, Providence, Péché originel, Incarnation, Rédemption*), le *Surnaturel*, les *Limites de la science*, la *Révélation*, l'*Inspiration des Livres saints*, *Dieu selon la Bible, Jésus-Christ selon l'Évangile*. Sur chacune de ces questions, que l'auteur aborde successivement, il nous donne, sinon une démonstration péremptoire et définitive (qui oserait l'espérer?), du moins une analyse profonde des problèmes qui agitent la pensée de l'homme, depuis que l'homme est né, des inquiétudes et des *appels de l'âme humaine*, des satisfactions dérisoires et vides que lui donne la religiosité sentimentale, si fort à la mode aujourd'hui, des sacrifices inacceptables que lui impose le positivisme, des troubles et des déceptions que le panthéisme lui réserve, enfin des joies pures et du calme d'esprit que lui assure le christianisme accepté, obéi, pratiqué.

Parmi cette diversité de questions qui contiennent toute la vie morale et religieuse de l'humanité, et dont chacune touche par un point à l'infini, nous n'en prendrons qu'une, la première de toutes, il est vrai, celle du surnaturel. C'est la question fondamentale à laquelle est liée l'existence de la Religion; en un sens même, comme nous essayerons de le montrer, la métaphysique en dépend.

Que représente, en effet, dans notre esprit, la notion du surnaturel ramenée à son sens le plus simple et le plus général, et au nom de quels principes en nie-t-on l'existence? Nous verrons que les adversaires systématiques du surnaturel ne détruisent pas seulement l'essence même de la religion, mais qu'ils atteignent la philosophie dans son objet le plus haut, la réduisant à son minimum d'existence, quand ils n'osent pas plus simplement l'abolir?

L'ordre surnaturel commence où l'ordre naturel finit. Or, qui dit nature, au sens du mot tel que l'expliquent les nouvelles écoles, dit enchaînement nécessaire des faits et des lois : c'est l'objet sur lequel s'exercent les sciences positives. Là où la nécessité de l'enchaînement des faits n'apparaît pas, c'est que la science n'est pas faite encore. Un nouveau progrès de la science rétablira un nouvel anneau de la chaîne qui relie tous les phénomènes dans un ordre nécessaire. — L'idée du surnaturel s'oppose, par contraste, à cette notion du déterminisme absolu. Le surnaturel embrasse cet ordre supérieur de faits et de réalités qui échappent, non pas seulement aux prises actuelles, mais aux prises possibles du déterminisme scientifique. La sphère tout intelligible où il réside est en dehors du champ des télescopes, et aucune expérimentation de l'ordre le plus délicat n'atteindra jamais un phénomène de cette nature privilégiée.

Si le surnaturel est bien cela, s'il est l'ensemble des causes, vraiment causes, qui ne se laissent pas enchaîner dans les liens du déterminisme, et des lois morales qui donnent naissance, dans les âmes, à des phénomènes et à une vie toute nouvelle, supérieure, ou plutôt absolument étrangère à toutes les notions de la mécanique, on comprendra que de son existence proclamée ou niée dépende la plus haute philosophie aussi bien que la religion elle-même. A ce moment des choses, toutes les deux se rencontrent, j'ose dire qu'elles se confondent. N'ayez pas peur des mots. C'est une grande adresse de nos adversaires d'avoir discrédité certains termes par des préventions habilement entretenues. Le mot *surnaturel* inspire un certain effroi à d'excellents esprits, qui en admettent pratiquement et même scientifiquement la notion.

En effet, comme le démontre si bien M. Guizot, la recherche du surnaturel commence dans l'esprit humain dès que l'esprit s'élève au-dessus des phénomènes de la physique et de la chimie, c'est-à-dire au-dessus de la mécanique pure, dès qu'il se pose à lui-même un seul de ces problèmes souverains, inévitables, véritables questions de vie ou de mort morale : D'où viennent le monde et l'humanité au milieu du monde? Comment ont-ils commencé? Où vont-ils? Quelles sont leur origine et leur fin? Il y a des lois qui les gouvernent; y a-t-il un législateur? Sous l'empire de ces lois, l'homme se sent et se dit libre; l'est-il réellement? Comment la liberté se concilie-t-elle avec les lois qui le gouvernent, lui et le monde? Est-il un instrument fatal ou un agent responsable? Quels sont avec le législateur du monde ses liens et ses rapports?

Sur toutes ces questions, d'où procède toute philosophie religieuse, les adversaires du surnaturel ne semblent pas être d'accord entre eux : au fond ils le sont plus qu'ils ne veulent le paraître; le désaccord n'est qu'à la surface des choses et ne provient que du tempérament plus ou moins délicat de chacun d'eux. Les uns voient dans ces problèmes une rêverie poétique, un beau thème pour l'imagination et la sensibilité, une source de jouissances nobles et pures, de sentiments désintéressés, d'illusions charmantes ou de beaux doutes. Les autres, plus courageux ou moins sensibles, suppriment absolument les questions qui, pour eux, ne méritent à aucun titre d'occuper la curiosité humaine qu'elles agitent stérilement dans des recherches sans but. Mais la critique et le positivisme au fond s'accordent plus que ne pourrait le faire croire, chez quelques écrivains, l'*apothéose du sentiment religieux*. Qu'est-ce que ce sentiment, s'il ne répond à aucune idée? Ces vagues et molles sympathies pour des phénomènes religieux qui sont sans objet, ne servent qu'à perpétuer des malentendus, volontaires ou non. Le principe commun entre toutes les écoles nouvelles, critique, panthéiste, positiviste, est bien celui-ci, à savoir que tout ce qui n'est pas un fait ou un être sensible, physique, naturel, ne peut exister qu'à titre d'idée, et qu'une idée qui ne correspond à aucun objet réel ne peut être qu'une illusion, que, par conséquent, le surnaturel et la métaphysique ne subsistent que comme les dernières idoles de la raison. L'argumentation commune à toutes ces écoles, pour motiver cet arrêt de proscription radicale, se tire également, pour les uns et pour les autres, de la considération des lois naturelles, lesquelles étant fixes, permanentes, n'admettent aucun genre d'infractions ni graves, ni légères, ni durables, ni momentanées à l'ordre immuable de ce grand mécanisme, la nature.

La généralité de cette argumentation et de ce principe est telle que tout y succombe, la théodicée et la psychologie spiritualiste, comme la religion chrétienne. La question ainsi entendue est métaphysique aussi bien que religieuse. Le surnaturel, que l'on nie au nom des lois de la nature, est aussi bien le surnaturel de la raison que celui de la foi; c'est aussi bien l'objet des spéculations les plus élevées des Platon, des Aristote, des Descartes et des Leibnitz, que l'objet mystique de l'amour des saint Augustin et des Bossuet : « Nous voici en plein panthéisme, dit M. Guizot, c'est-à-dire en plein athéisme. Je donne sur-le-champ au panthéisme son vrai nom. Parmi les hommes qui se déclarent aujourd'hui les adversaires du surnaturel, la plupart, à coup sûr, ne croient pas et ne veulent pas être athées. Je les avertis qu'ils mènent les autres là où eux-mêmes ne croient pas et ne veulent pas aller. La négation du surnaturel, au nom de l'unité et de l'universalité de la nature, c'est le panthéisme, et le panthéisme, c'est l'athéisme. »

Ne voit-on pas, en effet, quelles conséquences sont renfermées dans le principe si général au nom duquel est supprimé le surnaturel? « Rien, dit-on, n'est ou ne peut être en dehors et au-dessus de la nature. La nature est une et complète; tout y est renfermé, et toutes choses s'y tiennent, s'y enchaînent et s'y développent nécessairement. » La première conséquence est la négation absolue de Dieu. Le *premier miracle*, dit éloquemment M. Guizot, *c'est Dieu*. Supprimons-le. L'idée de Dieu est la première et la plus haute dérogation à l'idée du déterminisme absolu de la nature; il faut donc commencer par nier Dieu, c'est une nécessité pour quiconque soutient qu'il n'y a rien en dehors ou au-dessus de la nature. — Une autre conséquence est la négation du principal attribut de l'homme, agent libre et responsable, au milieu de l'universel mécanisme. Après Dieu, il y a donc un second miracle, c'est l'homme. Qui ne voit, en effet, que la liberté morale est une contradiction flagrante aux lois de la nature, un fait irréductible, *sui generis*, dans la série des faits explicables ou expliqués? C'est une vraie cause, c'est-à-dire une *cause* qui a en soi l'initiative de son mouvement, qui le commence, le suspend, le di-

rige, une cause *vraiment cause de soi*, une exception
dans l'enchaînement universel des phénomènes. Un seul
fait libre est un fait extra-naturel, plus que cela, surnaturel, si la nature n'est qu'un ordre nécessaire d'actions
et de réactions mécaniques. Dieu et l'homme libre, voilà
donc deux *miracles*, puisque toute dérogation aux lois
de la physique universelle est un miracle, puisque toute
cause placée en dehors de l'enchaînement des causes
secondes est du surnaturel. Toute philosophie qui s'appuiera sur cette conception de la Nature, sera toujours
et nécessairement athée et fataliste, quelles que soient
les protestations que ces mots soulèvent dans le cœur des
philosophes qui la professent. Les sous-entendus, les intentions et restrictions ne peuvent prévaloir contre la
logique qui les entraîne.

La proscription du surnaturel n'atteint pas seulement
la religion, elle a pour effet non moins certain de détruire la science même rationnelle de Dieu, la science
même expérimentale de l'homme.

Aussi, que M. Guizot nous permette de réclamer contre
la signification trop particulière qu'il donne à ce mot la
science, quand il l'oppose dans de nombreux passages à
la *croyance* ou à la *foi*, assignant à l'un pour objet le
surnaturel, retenant l'autre dans le domaine de la nature. C'est une doctrine constante, chez M. Guizot, que
le monde fini est le champ ouvert à la science de l'homme,
que l'ordre métaphysique ou surnaturel n'est entr'ouvert
qu'à sa foi et à son espérance, mais que la science n'y
pénètre pas : L'homme, dit-il, porte en lui-même des
notions et des ambitions qui lui révèlent un ordre de
choses autres que les faits et les lois du monde fini qu'il
observe ; mais en même temps que, de cet ordre
supérieur, l'homme a l'instinct et la perspective,
il n'en a pas, il n'en peut avoir la science. — La

science complète, adéquate, absolue, je l'accorde sans peine. Mais n'est-ce pas une science encore, bien qu'incomplète, que cette analyse des notions de l'idéal, du parfait, de l'immuable, de l'éternel, que l'homme porte en soi et qui l'élèvent au-dessus de lui-même et du monde, jusqu'à l'idée de la substance, de la cause absolue, objet de la métaphysique? En d'autres termes, la science positive n'est pas pour nous le type unique de la science, et, pour employer en la modifiant légèrement une expression de M. Guizot, s'il est vrai que les limites de la science positive ne soient pas les limites de l'âme, il est vrai aussi qu'elles ne sont pas même les limites de la science. Il y a une certaine science naturelle du surnaturel, puisque la raison en conçoit l'idée : voilà ce que la philosophie spiritualiste a toujours cru, et je ne crains guère que, sur ce point si grave, M. Guizot lui donne tort. J'aime mieux avoir mal compris sa pensée.

J'aurais voulu donner quelque idée de l'intérêt des questions capitales qui sont agitées à chaque page de ce livre. Un article n'y suffirait pas. Je voudrais au moins marquer d'un trait le caractère personnel, la *physionomie* de ce livre, dont j'ai subi avec délices l'irrésistible attrait. C'est moins une démonstration en règle qu'une suite de *méditations*, comme les appelle l'auteur, conversant avec lui-même, exposant la biographie intime de son esprit, disant, avec la plus touchante franchise, comment, ayant porté, lui aussi, le poids des objections, il est sorti du doute, et sur quoi ses convictions se fondent. C'est un de ces *soliloques* philosophiques et religieux qui ont tant de prix, quand ils ne sont pas l'affectation d'une personnalité infatuée ou d'une vanité sentimentale, quand ils viennent d'une belle âme et qu'ils résument une longue existence, active et méditative à la fois, éclairée de tous les côtés par l'expérience intérieure et par le spectacle des choses humaines. Sur chacune de ces pages se répand une vive lumière, palpitante et comme émue, qui sort des profondeurs de l'âme et des grands troubles de la vie.

L'ÉVÊQUE D'ORLÉANS

De la haute éducation intellectuelle.

Mgr l'évêque d'Orléans vient de mettre la dernière main à un grand ouvrage qui sera le monument de sa vie. Il y a quelques années, il publiait trois volumes qui traitaient *Du respect dans l'éducation, de l'autorité dans l'éducation, des hommes d'éducation.* C'était la philosophie de son sujet. Aujourd'hui, reprenant son œuvre, non plus dans les idées générales et sous le point de vue des principes, mais dans l'ordre de l'application, il publie, sous le titre *De la haute éducation intellectuelle,* trois volumes nouveaux qui, prenant l'enfant depuis le commencement de ses études, le conduisent jusqu'au seuil du collège et au delà. C'est véritablement l'encyclopédie de l'éducation, telle que l'entend l'auteur, telle qu'il voudrait la faire suivre et pratiquer, partout où s'étend l'autorité de son conseil.

Pour donner une idée de la sollicitude avec laquelle ce grand sujet est étudié, approfondi, discuté, poursuivi dans ses dernières applications, nous ne pouvons mieux faire que d'analyser rapidement les matières contenues dans cette dernière publication. On verra que l'auteur n'a rien oublié, rien omis, que sa prévision affectueuse n'a été sur aucun point en défaut, et qu'il a tracé le programme complet de l'éducation avec une abondance de détails où se marque la plénitude du cœur. De pareils sujets, traités avec ce soin et cette prédilection, résument une longue expérience personnelle ; ils révèlent une âme, ils racontent une vie.

Qu'on en juge : le premier volume est consacré tout entier aux *humanités* proprement dites, c'est-à-dire à l'objet essentiel et principal de l'enseignement dans la haute éducation intellectuelle. Les considérations les élevées et les plus pratiques à la fois sur les langues classiques et spécialement le latin et le grec, sur l'importance de la grammaire et des études grammaticales, sur l'enseignement de la rhétorique, ne suffisent pas au zèle de l'auteur. Il n'est pas satisfait si, dans un cinquième chapitre sur la *méthode*, il n'a pas traité à fond des causes de l'affaiblissement général des études et des moyens d'y remédier, et cela, non pas en l'air et par de vagues généralités, mais dans le détail, en entrant dans la technique de son sujet, expliquant tout au long la manière dont les *devoirs* doivent être faits et corrigés, dont les *explications* doivent être dirigées pour être véritablement utiles, dont les leçons doivent être apprises, récitées, choisies, pour donner à la mémoire son développement le plus intelligent.

Le second volume se rapporte à l'enseignement de l'histoire, de la philosophie et des sciences. Un dernier chapitre traite de ces trois grands moyens de succès dans lesquels réside tout le secret de l'éducation : le travail, le temps, l'émulation. Il y a une triple résistance à vaincre : celle des parents, qui, dans leur impatiente faiblesse, refusent le *temps*; celle des enfants, qui, par légèreté ou par inertie, refusent le travail; celle des maîtres qui, manquant trop souvent d'une véritable vocation, ne savent pas ou ne veulent pas exciter l'*émulation*. C'est à vaincre cette triple résistance que va s'appliquer l'auteur, avec une vigueur qu'aucun obstacle n'arrête, qu'aucune obstination du préjugé ne lasse, qu'aucun détail ne rebute.

Voilà les humanités achevées. Le jeune homme, élevé avec tant de soins, est sorti du collège. Il va livrer sa liberté nouvelle à tous les hasards et à toutes les tentations. Où sera son salut? La religion même n'y suffirait pas, et dans des pages éloquentes, on nous démontre la nécessité du travail et de l'étude pour ceux qui n'ont pas de carrière et pour ceux qui en ont une. Il faut continuer son éducation, la continuer aussi longtemps que durera la vie elle-même. C'est proprement l'objet du troisième volume. De tous les périls du monde, le plus grave assurément, c'est celui d'une existence vide de toute grave occupation. Et dans une série de lettres adressées à des hommes du monde, on passe en revue les études qui leur conviennent, on leur trace de nouveaux cadres et de nouveaux programmes, des plans de travail, des listes de questions à approfondir et de livres à consulter. On les dirige encore dans ces hautes études, comme on les dirigeait au collège, moins sévèrement, moins rigoureusement, mais en ayant soin de créer un intérêt dans leur vie comme on tâchait, au collège, de créer un intérêt dans l'enseignement qui leur était donné. La littérature ancienne, les littératures modernes, la grande littérature classique, la philosophie, l'histoire, le droit, l'esthétique, les sciences, l'agriculture, l'étude de la religion, voilà, selon Mgr d'Orléans, les principales occupations dont un homme du monde doit remplir son temps. Non pas que toutes doivent se disputer les heures d'une vie trop courte et les pensées d'un esprit forcément superficiel; mais il est bon que, parmi ces études variées, un homme de loisir en choisisse une et s'y applique, dans les intervalles que lui laissent ses devoirs de famille ou les nécessités inévitables de la vie.

Tel est le vaste plan de l'œuvre. A l'abondance des développements, à la complaisance avec laquelle l'auteur insiste et revient mille fois sur les idées qui lui semblent essentielles, à la liberté du style qui n'hésite pas devant le détail le plus mince, mais aussi qui s'accorde sans peine avec la plus noble idée, tour à tour familier avec une sorte d'ingénuité et oratoire par le mouvement de la pensée, on sent, à chaque page de ce livre, l'affinité intime qu'il y a entre le sujet et l'auteur. Avant d'être un prince de l'Église, un homme politique, un académicien, même avant d'être un prédicateur, par-dessus tous ces honneurs et ces mérites rares, qui font de Mgr d'Orléans un des caractères le plus en vue de notre temps, ne doutez pas qu'il n'y ait en lui un instituteur dans le sens élevé du mot, un éducateur par choix et par goût. C'est là, je ne crains pas de le dire, le dernier fonds de l'homme.

Les grands rôles d'éclat sont venus le chercher, je dirai presque le contraindre. En certaines situations et circonstances on ne peut ni s'y refuser, ni s'y soustraire. Une fois produits dans la lumière et mêlés à la lutte des idées, de tels hommes ne peuvent plus se dérober à l'autorité militante dont ils se trouvent investis et qui les condamne à vivre pour les autres, plus que pour eux-mêmes, à vivre moins selon leurs goûts que selon les intérêts et pour la gloire du drapeau qu'ils servent. Mais s'il était loisible encore à l'auteur de ce livre de chercher quelque part un refuge contre ce rôle public que ses grands talents lui ont imposé, ne doutez pas que ce refuge ne fût un collège, ou même une classe à diriger. Là est son office de prédilection, là aussi la meilleure part de ses souvenirs, parce que, de toutes les fonctions qu'il a remplies, parmi toutes les hautes charges au niveau desquelles il s'est naturellement placé, il n'en est pas où il y ait eu plus parfait accord entre ses facultés et ses goûts que dans cette charge de l'éducation, où la gloire est moindre que la responsabilité. Il en comprend les difficultés innombrables et les délicatesses infinies; parce qu'il a vaincu les unes et pratiqué les autres avec cette passion intelligente du devoir, d'autant plus méritoire que le devoir est plus obscur.

Oui, l'auteur a la passion du métier. Ce n'est pas trop dire. Il y a en lui du Rollin, je dirai presque, du Lhomond, tant se révèlent à certains détails l'expérience et le goût de l'enfance. C'est assurément un des maîtres qui ont le mieux connu les accès par lesquels on pénètre dans les intelligences les plus fermées ou les plus rebelles. Il partage libéralement avec nous le trésor de son expérience; il nous communique ses méthodes, plus que cela, ses procédés, plus encore, ses expédients et ses recettes. Tout professeur a les siens, qui valent juste ce que vaut le maître lui-même. Il ne nous laisse rien ignorer de ce qui lui a réussi dans une longue pratique des jeunes intelligences, et de ce qui peut réussir aux autres. S'il y avait une critique à faire à l'auteur, ce ne serait pas qu'il est ou vague, ou purement théorique, ou incomplet. Ce serait peut-être qu'il est trop complet sur certains points et qu'il pousse plus loin qu'il n'est vraiment utile le soin et la prévision du détail, la réglementation des méthodes et des procédés.

Je tiens à bien expliquer ma pensée. En fait d'éducation, je ne crains pas l'excès du détail, et je sais qu'on ne saurait trop y prendre garde. En pareille matière, rien n'est indifférent ni médiocre. Il faut tirer parti de toutes les ressources. La moindre négligence peut produire de grands désastres. Au contraire, l'attention au plus petit fait, au trait le plus mince en apparence du caractère ou du tempérament de l'élève peut avoir des conséquences incalculables, en l'excitant à secouer son inertie ou à vaincre sa dissipation, en développant en lui l'énergie inattendue d'un ressort intellectuel ou moral, jusque-là comprimé. Mais l'emploi de ces ressources est au plus haut point individuel. Il est à peu près impossible de le régler d'avance. Ces petits procédés ne sont pas infaillibles en eux-mêmes. Excellents dans certaines mains, ils seraient stériles en d'autres. C'est l'âme du maître, c'est son intelligence, c'est son cœur qui leur communique sa vertu. L'hygiène morale est comme l'hygiène physique. En dehors de quelques règles très générales elle dépend des mille variétés du tempérament ; et même ici, comme l'éducation est une œuvre commune, une œuvre à deux, à laquelle participent pour une part égale le maître et l'élève, il y faut tenir compte, non plus seulement des accidents d'un tempérament individuel, mais des nuances infiniment variées que peuvent présenter, dans leur rencontre heureuse ou funeste, dans leur accord ou leur conflit possible, deux natures d'esprit mises en présence, celle du maître et celle de l'élève. Par là, on voit quelle est la difficulté de tout prévoir, de tout régler.

Ce que je dis de la méthode d'éducation morale, je le dirai également de l'enseignement proprement dit. Je ne pense pas qu'il y ait une seule bonne méthode d'enseignement ; je pense au contraire qu'il peut y en avoir plusieurs excellentes, et que toutes peuvent être sujettes à des restrictions, à des interprétations, à des modifications presque innombrables, selon la variété des intelligences qui les exploitent. Un des reproches les plus justes que j'aie entendu faire aux différentes administrations qui se sont succédé depuis nombre d'années dans l'université, c'est d'avoir voulu tout prévoir, tout diriger dans le détail. La manie de la réglementation a été longtemps à l'ordre du jour. Chaque autorité nouvelle a successivement apporté dans ces règlements sans fin, ses principes et ses préjugés, en tout cas ses vues individuelles qui n'étaient pas celles du régime précédent. Il semble qu'il y ait eu ainsi entre les différents pouvoirs qui ont régné sur le modeste domaine des études comme une émulation aussi ardente que funeste pour tout innover. On croyait ne pas gouverner si l'on ne changeait pas tout. Je vois très bien ce que les études ont perdu à ce régime de la perturbation chronique, je vois moins clairement ce qu'elles ont pu y gagner. A mon avis, et sans que je veuille me jeter hors de propos dans une question aussi grave, il n'y a pas de méthode absolument bonne, et j'oserais presque dire qu'il n'y en a pas d'absolument mauvaise. La meilleure des méthodes, c'est un bon maître. Le choix des maîtres, tout est là dans l'éducation. Un maître intelligent, dévoué, attentif, voilà le grand secret. Qu'on soit scrupuleux dans le choix des professeurs; ensuite, le choix fait, qu'on ait confiance en eux. Qu'on ne les embarrasse pas dans des règlements trop précis et trop multipliés. Qu'on s'en remette à eux-mêmes pour le détail et l'application. Ils tireront grand parti d'une méthode qu'ils auront choisie eux-mêmes, dans leur libre responsabilité, parce qu'ils l'appliqueront avec âme, avec intelligence, avec goût. Au contraire, imposez-leur une méthode : si elle est contre leur goût, elle ne sera pour eux qu'une entrave, un embarras. Ils ne l'appliqueront qu'avec sécheresse et langueur. Dans un temps comme le nôtre, où l'on fait tant d'appels à cette initiative individuelle qui est le ressort des démocraties, je m'étonne qu'on éternise le régime de la défiance préventive à l'égard des maîtres. Éprouvez ce qu'ils valent par la liberté des méthodes ; les résultats les jugeront.

Assurément, Mgr d'Orléans aime et comprend ce principe de la liberté des méthodes. Mais il me semble que si son livre était appliqué à la lettre et traduit en un règlement d'études, non idéal, mais effectif et réel, il resterait trop peu de chose à la libre initiative du maître. Je prendrai mon exemple dans un enseignement que je connais pour l'avoir pratiqué, celui de la philosophie. Et je demanderai à Mgr d'Orléans la permission de n'être pas de son avis sur plusieurs points de la méthode qu'il indique.

Je m'associe de tout cœur à ce que Mgr d'Orléans a écrit si magnifiquement sur l'utilité et la dignité des études philosophiques. Mais je ne saurais m'associer au plan de réforme qu'il nous propose. On voudrait que la philosophie s'enseignât dans la forme scolastique et en latin. On espère vaincre par là les mollesses de l'esprit, les révoltes de la légèreté, les soulèvements de l'imagination contre toute discipline un peu rigoureuse, fortifier l'esprit des générations nouvelles, relever dans les collèges cet enseignement déserté ou abaissé. Je ne saurais souscrire à un pareil vœu ni à un pareil espoir. Je suis convaincu qu'un arrêté qui prescrirait l'enseignement de la philosophie sous forme scolastique et en latin serait pour cet enseignement un arrêt de mort. Ce n'est pas seulement, comme le pense Mgr d'Orléans, la foule des intelligences irréligieuses d'une part, les intelligences superficielles et légères de l'autre, qui seraient complices de cette désertion en masse ; ce serait aussi l'esprit du temps, dont il faut tenir compte dans une certaine mesure, et l'esprit de la science qu'il s'agit d'enseigner.

Dans ce qu'on appelle l'esprit du temps, se mêlent, je le sais, bien des préventions et des préjugés qu'il faut combattre. Mais est-ce une prévention pure que cette défiance à l'égard du latin employé comme langue usuelle et courante de l'enseignement? Je ne le crois pas. C'est dans l'intérêt même de la conservation des belles formes de la latinité classique et de sa pureté idéale dans le goût des jeunes gens, que je me refuserais absolument à l'expérience proposée par Mgr d'Orléans. S'imagine-t-on ce que pourrait être un latin improvisé pour la conversation scolaire des maîtres et des élèves? On n'a pas besoin de l'imaginer, on n'a qu'à se souvenir. Vous pouvez consulter à cet égard presque tous ceux de nos contemporains qui ont passé soixante ans; ils vous répondront ce que les plus distingués parmi les écoliers d'autrefois nous ont dit : à savoir que rien n'égalait la barbarie et la platitude de ce latin de collège; que Molière n'a rien exagéré dans ses plaisanteries. D'ailleurs, il est aisé de comprendre que rien n'avilit ces belles langues de l'antiquité autant que le pourrait faire l'usage courant et l'emploi habituel pour la traduction immédiate de la pensée. Ce sont des langues classiques, ne l'oublions pas. Elles doivent s'écrire, non se parler; elles fournissent à la pensée de l'écolier qui médite ou du savant les formes les plus brillantes et les plus simples en même temps. Elles élèvent la pensée elle-même en lui donnant quelque chose de plus noble et de plus pur. Mais il ne faut s'en servir que pour les emplois les plus relevés de l'enseignement. Si vous les jetez dans les hasards nécessairement vulgaires de l'improvisation, vous les condamnez à déchoir aux yeux mêmes de ceux qui les emploieront. Vous en facilitez l'usage, sans doute, mais c'est en les avilissant par l'impropriété des termes, par l'incorrection des tournures, par les néologismes forcés. C'est en cela que les langues classiques diffèrent des langues vivantes : celles-ci faites pour être parlées aussi bien que pour être écrites, parce qu'elles doivent servir, comme leur nom même l'indique, aux usages les plus divers de la vie; celles-là qui ont vécu, mais qui ne vivent plus, destinées à être conservées, comme dans un musée, pour y être proposées à l'étude et à la contemplation des générations modernes.

L'esprit de la science philosophique ne se prête pas davantage à ce qu'on renouvelle dans nos collèges l'enseignement sous forme scolastique. Ce qui m'empêchera sans doute de m'entendre sur ce point avec l'auteur du livre que j'examine, c'est la comparaison perpétuelle, implicite ou avouée, qui s'établit dans son esprit entre l'enseignement de la théologie et celui de la philosophie. Le parallèle ne me semble pas exact. La théologie est une science fixée, constituée, organisée. Elle peut donc avoir ses théorèmes, ses scholies, ses corollaires. Elle peut s'enseigner et de fait elle s'enseigne comme une science purement déductive. En est-il ainsi de la philosophie, même élémentaire? Qu'il y ait certaines parties arrêtées dans leurs traits généraux, fixées dans leurs détails, comme il s'en trouve dans la logique, j'en conviens. Mais enfin, dans l'ensemble, la science philosophique n'est pas arrivée à sa constitution définitive; elle n'est pas achevée; elle se fait. Ce n'est pas ici le lieu de traiter à fond cette question; mais quel professeur de philosophie refuserait de souscrire à ma proposition, si j'avance qu'il est bien peu de problèmes, même dans la doctrine que l'on enseigne dans les collèges, dont on puisse dire que tous les éléments en sont définis, arrêtés dans des formules unanimement acceptées, et sur lesquelles on puisse inscrire le signe : *Ne varietur?* Il y a des vérités fondamentales, immuables; mais le moyen scientifique d'y arriver, la démonstration en est-elle immuable comme il arrive pour les vérités de l'ordre mathématique? Assurément non. Ces démonstrations, selon le progrès même de la science ou les changements survenus dans les sciences voisines, ne doivent-elles pas subir d'inévitables transformations? Ne peuvent-elles acquérir un degré supérieur de précision, de clarté? Ne peuvent-elles recevoir plus de lumière et de force des travaux mêmes des sciences positives, qui, elles, sont toujours en marche, en mouvement? — D'ailleurs, et ceci est capital dans la question qui nous occupe, il y a des parties entières de la science qui sont complètement rebelles à ce mode d'enseignement.

J'imagine difficilement comment on s'y prendrait pour réduire à la méthode syllogistique la psychologie tout entière, la théorie des facultés de l'âme, celle des opérations intellectuelles, celle des inclinations, l'analyse de la volonté. Or, j'ai toujours éprouvé que, de toutes les parties de la philosophie élémentaire, c'est la psychologie qui offre le plus d'attrait aux jeunes esprits. C'est par là qu'un professeur habile peut les gagner le plus sûrement à l'étude de la philosophie, et, quand ils sont gagnés, les conduire plus loin. Mais vous réduisez tout ce trésor d'observations délicates sous la forme scolastique, vous en ôtez le charme, vous ravissez à l'élève le plaisir de trouver après le maître d'après ses indications, d'éprouver la vérité de son analyse en la recommençant. Vous mettez même en défiance ces jeunes esprits contre cette analyse qui tient si exactement dans les cadres préparés pour la recevoir. Imaginez ces aimables maîtres de la psychologie, Reid et Dugald Stewart, les vrais initiateurs de la jeunesse à la science philosophique, imaginez cette familiarité, cette liberté de l'analyse, cette grâce un peu errante et prolixe de l'observation, ces descriptions patientes, minutieuses, mais non sans utilité, tout cela ramené sous le joug du syllogisme! La psychologie est une science expérimentale; si vous l'exposez sous forme déductive, vous la détruisez.

Tout cela nous mènerait bien loin, bien au delà des limites que je me suis tracées. J'aurais également plus d'une objection à présenter contre une autre idée chère à l'auteur. Il voudrait que l'on choisît, comme texte d'étude (comme on le fait pour les classes de mathématiques), un auteur élémentaire qui, selon lui, simplifierait et dirigerait, en fixant dans un cadre et dans un plan convenables, l'enseignement du professeur et le travail de l'élève. Sur ce point comme sur les autres, j'ai étudié attentivement toutes les raisons alléguées, et j'avoue que je n'en ai pas été convaincu. Ici encore je réclamerai de toutes mes forces, pour le professeur, une honnête liberté. Je ne connais pas un seul livre qui satisfasse au vœu de Mgr d'Orléans, et je ne connais personne qui soit en état d'en composer un assez solide, assez exact, assez précis pour être adopté sans objection grave par tous les maîtres. Ce livre-là, chaque professeur doit le composer lui-même pour la classe qu'il dirige, en l'améliorant sans cesse par l'expérience qu'il en fait sur ses élèves et par le progrès de son propre esprit. Mais ce livre-là, c'est le cours même, tel qu'il résulte tout naturellement des leçons et des explications du maître. Quel mal trouve-t-on d'ailleurs dans cette diversité des études naissant de la diversité des cours? Avant tout, il faut que le professeur intéresse ses élèves, et le peut-il s'il ne s'intéresse pas d'abord lui-même à un objet particulier d'études, à une série de problèmes philosophiques qu'il aura choisis comme sa province propre dans l'immense domaine? Je ne crains pas, pour mon compte, que la spécialité de ses goûts et de ses études se marque dans son enseignement. Qu'importe, s'il étudie particulièrement la psychologie, dans ses rapports avec la physiologie, qu'il insiste un peu plus que de raison sur l'analyse de ces phénomènes mixtes, et qu'il fasse pénétrer ses élèves dans cet ordre d'études plus profondément qu'il ne serait à la rigueur nécessaire? Que si son penchant le porte à la métaphysique, je ne redoute guère, pour ma part, qu'il s'y livre sans réserve dans son enseignement, si à cette condition il y porte la chaleur et la vie. Est-il moraliste plutôt que métaphysicien? Qu'il soit moraliste à son aise, pourvu qu'il garde cette chose inimitable, l'accent qui donne à tout ce que dit le maître, sa valeur et son relief propre. L'important, c'est d'attirer les jeunes esprits vers les grandes études, vers ces horizons nouveaux, de faire que les ayant aperçus une fois dans leur splendide étendue, ils n'en détournent plus les yeux.

En résumé, la philosophie est une science; mais elle n'est pas une science exacte comme la géométrie et l'algèbre. Voilà ce qu'il faut bien s'avouer à soi-même, quelque ami que l'on soit de la philosophie. L'essentiel n'est donc pas de confier à la mémoire de l'élève une série strictement liée de démonstrations qu'on lui propose comme infaillibles, mais d'ouvrir son esprit sur les grands problèmes de la nature, de l'histoire de la vie; de l'habituer en même tempe à les traiter avec respect, en les étudiant avec réflexion et méthode. Le plus beau résultat des études philosophiques, comme je l'entends, ce ne serait pas un jeune esprit habile et souple aux ressources de l'art dialectique, et muni d'une cuirasse de syllogismes dont la critique saura bientôt trouver le défaut : ce serait, à mon sens, un esprit sérieux, prêt d'avance pour toutes les luttes de la vie, et préparé, par l'histoire des systèmes, au conflit des doctrines contraires qui viendront l'assaillir de toutes parts, sans l'étonner ; en qui le maître aura excité, pour toute la vie, le sentiment et le goût des choses idéales et divines, éveillé la conscience de son âme immortelle, responsable et libre; à qui le maître aura su rendre sensible et comme présente l'idée de Dieu dans les lois de la nature, dans l'accord des phénomènes physiques et physiologiques aussi bien que dans les phénomènes les plus nobles de la vie morale ; à qui enfin on aura su inspirer de bonne heure l'amour viril et délicat de tout ce qui peut élever ses facultés, c'est-à-dire augmenter l'essence même de son âme, son être vrai.

Je ne doute pas que ce ne soit là le but poursuivi par Mgr d'Orléans; bien plus et quoique cela puisse sembler en contradiction avec la thèse que j'ai soutenue tout à l'heure, je me tiens pour assuré que ce serait là le résultat obtenu par sa méthode, s'il l'appliquait lui-même : tant il me paraît évident que l'esprit du maître est la vraie méthode, la méthode vivante, en acte, et qu'une méthode même défectueuse, appliquée par un esprit vif, fécond, élevé, plein de ressources, réussirait à merveille. Mais cela dépend uniquement du tour d'esprit et des facultés individuelles du maître. Imposée à un professeur qui ne l'aurait pas librement choisie, appliquée sans goût, cette méthode scolastique serait, à mon sens, la moins bonne de toutes : elle languirait et se dessécherait, elle deviendrait comme un instrument inutile entre des mains paralysées.

Au fond, c'est la méthode laïque de l'enseignement de la philosophie que je défends contre son brillant critique, trop sensible peut-être aux avantages de cette forte discipline scolastique qui a produit les grands théologiens du dix-septième siècle, pour apprécier comme ils le méritent les procédés plus libres d'une science en grande partie analytique et expérimentale, et dans les parties de démonstration pure, soumise à certaines vicissitudes et transformations, comme il arrive nécessairement pour une science en développement et en progrès. — Mais je sais trop bien à quel esprit élevé et libéral j'ai affaire pour ne pas prévoir en quelle estime il doit tenir les objections sérieuses et sincères. Voilà pourquoi je n'ai pas hésité à présenter les miennes. Je m'y suis laissé entraîner par le plaisir même et le secret orgueil qu'on a à sentir devant soi un adversaire de cette force et de cette autorité.

Mais combien j'aurais plus de plaisir encore et d'orgueil à me montrer d'accord, sur tant de points essentiels, avec ce maître en fait d'éducation! Quel amour et quel respect pour l'âme humaine! Quelle tendresse virile pour ces jeunes esprits qu'il s'agit d'élever, de développer, en leur faisant produire au dehors toutes leurs ressources, en mettant en jeu leurs ressorts cachés, en utilisant et fécondant toutes leurs forces! Quelle pénétration, quelle connaissance délicate et fine des énergies secrètes, des virtualités de l'intelligence et de l'âme des enfants! Personne n'a jamais mieux senti ni décrit l'étendue de l'œuvre de l'éducation, sa beauté, la multiplicité des devoirs qu'elle impose. « L'idéal serait que les dons divins dans l'âme humaine reçussent tous leurs développements, et que rien ne pérît de ce qui est venu d'en haut dans cette intelligence et ce cœur... ce qui est dans l'âme humaine, ce que Dieu a mis là, voilà ce qui détermine nécessairement les moyens de l'éducation.... Formez donc l'homme tout entier : cultivez non pas seulement tel ou tel côté de son intelligence, mais toute son intelligence.... Donnez à toutes ses facultés un développement harmonieux; faites, en un mot, un bon esprit; si vous le pouvez même, un brillant esprit; et si vous le pouvez encore, un grand esprit.... Et n'en restez pas là, car ce n'est pas tout l'homme : formez avec l'esprit, le caractère.... Mais allez plus loin encore, si vous ne voulez pas laisser votre œuvre tristement inachevée; pénétrez à une plus grande profondeur dans cette âme d'enfant; et saisissez là, au cœur même de son être, sa plus sainte puissance, la conscience : si vous allez jusque-là,

15

vous mettrez le dernier trait à la grande image que vous essayez de former dans cette âme. » Il faudrait presque tout citer dans cette veine heureuse et abondante.

Or, l'unique moyen recommandé avec une ardente sollicitude, avec une sorte d'enthousiasme pieux, par l'auteur, c'est l'étude des *humanités*. C'est à l'aide des humanités qu'il veut que l'on travaille à cette grande œuvre, la plus grande que l'on puisse concevoir sur la terre, la formation complète d'un homme digne de ce nom. Presque tout ce beau livre semble être le commentaire éloquent, la preuve analytique et détaillée de ces paroles célèbres de Napoléon, adressées à M. de Narbonne : « J'aime les sciences mathématiques et physiques : chacune d'elles est une belle application partielle de l'esprit humain: *les lettres, c'est l'esprit humain lui-même;* l'étude des lettres, c'est l'éducation générale qui prépare à tout, l'éducation de l'âme. » Belles paroles à méditer dans ce temps où il semble que le courant de l'esprit positif nous entraîne et menace d'emporter les plus belles traditions de l'éducation classique, la culture des civilisations nobles, au profit de l'éducation exclusivement industrielle, la culture des civilisations matérialistes.

On nous dit tous les jours que ce genre de culture contient le strict nécessaire et que l'homme est pressé de vivre. Soit; mais c'est surtout dans un temps positif comme le nôtre, que pour préserver de tout abaissement l'esprit humain, il faut lui faire sa part, lui réserver, à lui aussi, son strict nécessaire, qui est la culture désintéressée des facultés supérieures, par les sciences théoriques, par l'art, par les lettres, par la philosophie. C'est ici que nous applaudissons sans réserve aux principes et aux conclusions de Mgr d'Orléans et que nous le suivons avec ravissement sur les hauteurs où sa pensée se déploie.

LACORDAIRE

Lettres à des jeunes gens.

L'année ne s'achèvera pas avant que cet aimable petit livre n'ait atteint sa cinquième ou sixième édition. Trois éditions en trois mois! Comme succès, c'est mieux que *Salammbô*; c'est presque aussi bien que le *Fils de Giboyer*. Voilà qui est merveilleux.

Nous sommes charmés de cette fortune, que nous osions à peine espérer pour quelques lettres intimes à des jeunes gens. Bien des esprits distingués se sont faits jeunes pour goûter cette illusion charmante que la correspondance leur était adressée, et ils en ont fait leur profit. Ce succès si rapide est la preuve des nombreuses sympathies restées fidèles au P. Lacordaire, et de sa popularité posthume.

La [preuve n'en était pas inutile. Dans les deux dernières années, la renommée du grand prédicateur a traversé plus d'une crise; elle a été soumise, par la critique, à un procès de revision qui dure encore. Devant tant d'attaques ou de restrictions, nous ne sommes pas encore rassurés, même par ce verdict du suffrage universel, par ce rapide assentiment du public qui enlève les éditions, pour y chercher l'homme vrai, naïf et aimant que cette correspondance nous révèle.

I

Est-ce vraiment une révélation? Va-t-il sortir de ces quelques pages intimes un Lacordaire nouveau, inattendu? Est-il exact de dire, comme Mme Swetchine, qu'*on ne le connaîtra bien que par ses lettres*? Je croirais volontiers que M. l'abbé Perreyve, l'éditeur de ce petit volume, incline à l'opinion de Mme Swetchine. J'ai lu, non sans émotion, l'attachante préface qu'il a écrite; j'y ai senti l'ardeur d'un dévouement vrai: j'y ai noté, dans quelques pages, l'accent des grandes amitiés, mêlé à la vénération qu'inspirent de tels talents et de telles vertus. Mais si le jeune et éloquent abbé, héritier lui-même de quelques qualités du P. Lacordaire et gardien de cette chère mémoire, a espéré nous montrer, sous un aspect complètement nouveau, l'illustre dominicain, je crains qu'il ne se soit trompé. J'ai rencontré dans les *Lettres* le même homme, la même âme, la même imagination ardente et sensible que dans les *Conférences*, moins certains défauts d'*apparat*, si je puis dire, que la parole publique mettait en relief, que l'intimité ne comporte pas. Cette correspondance ne change presque rien à la physionomie connue, et c'est là, à mes yeux, le vrai charme des *Lettres*, que je viens de relire. Elles nous rendent notre Lacordaire dans le cadre plus modeste de la vie familière. Les qualités sont restées les mêmes; quelques traits excessifs, quelques effets de style et d'attitude ont seuls disparu. Je ne m'en plains pas, au contraire; mais cela ne suffit pas pour qu'il y ait vraiment là une révélation.

Je me souviens, comme si c'était d'hier, de l'effet que produisit sur moi le P. Lacordaire, quand je l'entendis pour la première fois. Je puis en parler à l'aise, puisque le sujet semble être à l'ordre du jour; d'ailleurs, ces impressions de la seizième année ont une vivacité que rien n'efface plus. C'était vers 1843, à l'un des plus beaux moments de sa carrière oratoire. Il rentrait en France avec l'habit de saint Dominique, mais déjà son éloquence y était connue, et le succès n'en était plus contesté. Dans ces années inquiètes, agitées d'un sourd malaise, où l'on sentait comme des courants d'idées nouvelles sous le calme apparent de l'atmosphère, la jeunesse, plus avide que jamais d'émotions, venait, en foule, en chercher au pied de cette chaire. Même sur les intelligences les plus réfractaires, l'effort de l'orateur n'était pas perdu. Ces jeunes gens, s'ils n'étaient pas ramenés à la foi, apprenaient au moins à ne pas mépriser ce qu'ils ne croyaient pas. En entendant cette parole si vive, pleine d'imprévu, en voyant ces multitudes électrisées, ils se montraient les uns les autres avec curiosité, au milieu de l'assemblée, quelque illustre personnage, un philosophe célèbre, des écrivains du premier ordre, le plus grand de tous, Chateaubriand. Pour toute cette génération, on peut dire que le P. Lacordaire a fait une chose vraiment nouvelle, l'éducation du respect. Ceux qui ne s'en allaient pas touchés au fond de l'âme, s'en allaient sérieux. C'était une grande victoire de cette parole militante. Elle tuait l'ironie facile et flétrissait le rire voltairien. Elle élevait le ton de la discussion, même quand elle n'enlevait pas les adhésions.

Certes, dans la prodigieuse action de l'éloquence du P. Lacordaire, il y avait bien à faire la part des prestiges tout extérieurs, des séductions du regard et de l'imagination.

La nouveauté du costume, cette robe blanche d'où s'élançait une tête ascétique, cette beauté sculpturale des lignes d'un visage pâli par le jeûne et le travail, l'éclair du regard, la vibration métallique de la voix, tout cela ne nuisait pas au succès. On était surpris, en plein dix-neuvième siècle, sous un régime libéral sans doute, mais imbu de préjugés voltairiens, de se trouver en face d'un moine, d'un vrai moine. Ce moine d'ailleurs (nouveau contraste!) parlait la langue de son temps et de son pays, une langue très pittoresque, aventureuse par la nouveauté des images, par la liberté des tours, par le néologisme même. S'il était du moyen âge par sa robe, à coup sûr il était bien du dix-neuvième siècle par le tour de ses idées et de son langage, par son éducation, par son âme tout entière. C'était, sous les vieilles voûtes de Notre-Dame, l'art romantique inauguré avec candeur dans la prédication.

Les épisodes, les caprices oratoires abondaient dans son éloquence. Le sujet n'était jamais didactiquement traité. De temps en temps, l'orateur brisait la trame de son discours, par quelque apostrophe soudaine à la jeunesse qui l'entourait, par quelque cri de l'âme, par quelque confidence émue. C'était là un des grands charmes de cette parole vivante et vibrante. Elle peignait les angoisses du doute, la pauvreté errante des âmes affamées de Dieu et séparées de lui par quelque obstacle intellectuel ou moral, l'amertume secrète de ces exils, la douceur des efforts virils que l'on tente pour rentrer dans l'ordre divin, la plénitude des joies dans la certitude reconquise et dans la possession de Dieu enfin retrouvé. Dans ces vives peintures des crises morales et religieuses, c'était son âme, c'était sa vie qu'il jetait en exemple à la foule. Il portait ainsi, jusque dans la prédication, cette note lyrique qui est presque toute la poésie de notre siècle.

Ai-je besoin de rappeler avec quel sincère enthousiasme il mêlait dans ses discours toutes les grandeurs du passé, toutes les espérances de l'avenir, tous les sentiments fiers et généreux? Il était libéral et aimait avec passion son pays; il en célébrait la gloire avec une magnificence d'images qui soulevait l'âme des grandes assemblées, associant ces destinées à celles de la Religion, mais d'une religion noblement triomphante par l'adhésion des âmes. La patrie et la liberté faisaient partie de sa foi et ne s'en séparaient pas dans ses espérances, ni sur la terre, ni plus haut; je ne suis pas sûr qu'il n'ait pas rêvé dans le ciel quelque province privilégiée qui porterait le nom si cher de la France et en perpétuerait l'image dans l'Éternité.

Tout cela, on le conçoit, fascinait les yeux, passionnait les imaginations. La raison elle-même était séduite. C'étaient les grands sujets qui attiraient naturellement son éloquence. Il s'y portait avec cette intensité de sentiment et cette ardeur qui dévorent les orateurs sincères, et saisissent d'une flamme contagieuse les grands auditoires. Il annonçait fièrement la lutte avec toutes les formes de l'incrédulité moderne. Il défiait les objections, il les convoquait comme à plaisir, il les provoquait au pied de la chaire. Il les attaquait avec toutes les armes à la fois, avec l'esprit, avec l'émotion, avec le raisonnement. Mais tout d'un coup, comme las de la dispute, il s'élançait aux plus hautes sphères des idées, à travers tous les obstacles franchis d'un coup d'aile, et, laissant l'œuvre polémique à moitié achevée, il planait. C'étaient alors des généralités hardies, des aperçus immenses, des analogies sans limite, des rapprochements inattendus. Il établissait *a priori* la vérité religieuse moins par la réfutation des doctrines qui la contredisent, que par son rapport avec les grandes lois de la nature humaine, observées soit dans le cours du temps, soit dans l'analyse d'une âme; démontrées soit par une esquisse idéale de l'histoire, soit par le plan de la création, dont l'Évangile n'était pour lui que l'achèvement et le dernier trait de perfection.

Sous l'éblouissement de cette parole, les imperfections et les lacunes d'une pareille méthode de démonstration disparaissaient comme par magie. Dès que les impressions refroidies laissaient la réflexion plus libre, on apercevait aisément les côtés vulnérables de cette apologétique. Les analogies étaient parfois d'une invention subtile qui confinait à la bizarrerie; les rapprochements entre certains phénomènes des deux vies, naturelle et surnaturelle, étaient souvent forcés; les promesses vastes, les programmes magnifiques étaient incomplètement remplis. On remarquait que tous ces grands aperçus ne s'appuyaient pas assez solidement à la tradition; que les textes des Écritures étaient fort rares; que les sciences humaines n'étaient guère connues de l'orateur que par leur surface; qu'il était plus curieux des faits rares que des lois, plus familier avec les nouveautés conjecturales qu'avec les vraies méthodes. La philosophie moderne n'était saisie par lui que dans des généralités vagues et souvent fausses; au lieu de reconnaître l'intrépidité dialectique avec laquelle certaines écoles contemporaines soutenaient l'idée de Dieu, première base, après tout, du christianisme, il s'acharnait à les détruire, les combattant exclusivement sous le nom de *rationalisme*, opposant dans une perpétuelle antithèse les deux lumières unies de la raison et de la foi, à la lumière sèche et stérile de la raison séparée, quand déjà perçait une philosophie nouvelle, la philosophie critique, bien autrement funeste à la vérité religieuse, puisqu'elle commençait par détruire la réalité divine de son objet, puisqu'elle compromettait la raison elle-même, sinon dans son mouvement dialectique, au moins dans le principe même de ce mouvement, le Dieu réel et vivant. Les plus graves objections de la critique contemporaine, sur certains points, étaient très incomplètement étudiées ; sur d'autres points, elles n'étaient ni abordées ni même pressenties. En philosophie, le P. Lacordaire s'arrêtait soit à combattre le rationalisme, soit à réfuter, en termes très généraux et très vagues, Strauss et le système du mythe appliqué à la réalité historique de Jésus, quand, de toutes parts, en Allemagne depuis longtemps, et déjà en France, les doctrines nouvelles traitaient la théodicée d'idolâtrie métaphysique, et réduisaient Dieu lui-même à ne plus représenter, dans la constitution du cerveau humain, que la catégorie de l'idéal.

A tous ces points de vue, les *Conférences* du P. Lacordaire laissent subsister les plus graves *desiderata*. La science intérieure, celle de l'âme, celle qu'on forme par la méditation, était chez lui délicate et profonde ; la science proprement dite, celle qu'on acquiert par les livres, par l'étude patiente, obstinée des faits et des lois, des méthodes et des systèmes, celle-là était chez lui superficielle, recueillie à la hâte et de seconde main.

Ces imperfections, ce vague des généralités scientifiques sans grande portée, ces hypothèses trop rapidement saisies au vol, tout cela disparaissait quand on l'entendait. La critique était emportée dans ce brillant tourbillon de belles idées et de grandes émotions oratoires. Des élans de pensée, des tressaillements de passion sincère, beaucoup de candeur s'alliant à une rare finesse, l'esprit le plus subtil et le plus raffiné se mêlant aux plus poétiques inspirations, voilà cette éloquence faite d'âme et d'imagination plus que de dialectique. Tout ce qui est de l'homme chez le P. Lacordaire est plein d'attrait et souverainement aimable ; ce qui est de l'orateur a un air libre et naturel de grandeur ; l'apologiste est très incomplet ; son œuvre est en grande partie à refaire avec une science plus patiente et plus sûre des détails, sinon avec des vues plus hautes et plus d'enthousiasme.

De ces trésors de sensibilité et d'imagination, rien n'est perdu dans les *Lettres*. L'éloquence y est moins continue sans doute, mais comme elle ne se propose pas de si grands effets, elle ne nous expose à aucun mécompte. Promettant moins, l'auteur de ces aimables *Lettres* tient davantage, et le lecteur lui en sait un gré infini.

II

Une lettre très curieuse confirme ce que nous venons de dire de l'aptitude médiocre du P. Lacordaire à l'apologétique proprement dite, du peu de goût qu'il eut toujours pour la polémique. Il remercie son correspondant qui lui a envoyé l'*Examen critique des dogmes du christianisme* (le livre de M. Larroque, je suppose) : « J'en avais entendu parler, mais je ne pensais point à le lire, ces sortes d'ouvrages ayant presque toujours fort peu de valeur, bien qu'ils fassent toujours du mal. Et puis *je me suis toujours occupé très peu de polémique*, étant persuadé que l'exposition directe du christianisme ruine d'avance toutes les objections que l'on amasse autour de lui. Il en est du christianisme comme d'un monument antique enfoncé dans les profondeurs d'une terre solide; et la polémique ressemble au sable que le vent soulève contre cette masse indestructible[1]. » Cette image ne me satisfait pas entièrement; car enfin, si le gardien, trop longtemps en méditation, laisse l'ouragan amonceler le sable, en élever sans cesse le niveau menaçant, obstruer toutes les avenues du

---

1. Page 350.

temple, l'isoler des hommes et l'ensevelir sous les couches superposées, qu'importe que le monument soit solide et enfoncé dans les profondeurs d'une terre solide? Il n'en aura pas moins disparu. Un temple renversé n'est guère plus ruine qu'un temple enseveli.

J'aime mieux les autres raisons que donne la même lettre : « Dieu ne m'a pas laissé assez de liberté pour tenir le glaive (contre l'erreur). Je n'ai jamais écrit que par intervalles, au travers d'une foule d'occupations, et l'âge, au lieu de m'apporter le repos et la solitude, n'a fait qu'aggraver sur ma tête le poids des devoirs compliqués.... Mon impuissance acceptée est sans doute plus agréable à Dieu que ne serait la réalisation de mes vœux intimes. » Voilà le vrai. Le dernier trait est charmant.

Ces lettres touchent à une diversité infinie de sujets avec une vivacité d'esprit, une bonté, une sincérité d'émotion toujours prête, toujours en éveil, un libre et naturel essor. Il y en a qui sont de pure direction et que leur nature défend de toute analyse profane. Même dans celles-ci, au milieu des plus graves et des plus pieuses exhortations, passe tout d'un coup une parole familière, une naïveté admirable, un accent profond de tendresse. La plupart des lettres contenues dans ce recueil sont des lettres d'amitié qu'il a écrites au jour le jour, parmi les plus graves occupations, saisissant dans l'incident le plus médiocre l'occasion d'une réflexion, d'un conseil ému.

Cette rapidité de plume et de pensée conservait le naturel le plus aimable dans ses lettres intimes. Il nous en livre lui-même avec infiniment de grâce le secret. Il a horreur des ratures et des surcharges; il aime mieux laisser un mot impropre que de l'effacer dans une lettre pour y substituer un mot plus français ou plus expressif. « Ainsi donc, ayez soin, quoi qu'il vous arrive de laisser tomber de votre plume, de ne jamais le reprendre. N'est-ce pas une vaine coquetterie que de vouloir être sans reproche dans une lettre? Qu'importent les mots répétés, les phrases trop longues, les expressions réprouvées; il suffit de dire ce que l'on sent comme il vous vient. »

La correspondance nous donne l'idée d'une jeunesse d'âme extraordinaire, conservée jusqu'aux approches de la vieillesse. Rien n'est vif, souriant, frais, comme quelques-unes de ces lettres à un jeune ami, celui peut-être qu'il a le plus aimé et que nous faisons effort pour ne pas reconnaître et pour ne pas nommer. Comme il l'aime délicatement, de quelles précautions il entoure cette jeune âme! Comme il la protège, dans les premiers orages de la vie, de son regard, de son geste amical! Comme il l'encourage au bien! Et à mesure que cette âme s'avance dans la vie, qu'elle se forme et qu'elle se développe, l'amitié devient virile comme elle; il y a encore des retours d'une tendresse infinie; mais ce qui domine, c'est l'accent des affections profondes et fortes. Lisez cette mercuriale à un *religieux à cheval* : « Quant à vous, mon bien cher, qui montez à cheval dans la forêt de Compiègne avec l'habit religieux, et qui le trouvez tout simple, je n'ai rien à vous dire.... Cependant, monter à cheval pour son plaisir, comme les fils de famille riches, qui vont passer la soirée au bois de Boulogne, je vous avoue que la chose me semble hardie dans un religieux. Le *cheval donne de l'orgueil*; il est une habitude de luxe : croyez-vous que Jésus-Christ soit bien aise de vous voir à cheval, lui qui est entré à Jérusalem sur un âne?.. Ce qui est certain, c'est que si je vous avais trouvé dans la forêt de Compiègne sur votre cheval, je vous aurais bien donné une douzaine de coups de cravache, en ma qualité de votre père et de votre ami. »

J'abrège cette jolie page, me souvenant à temps qu'elle a été déjà citée par un de ces maîtres de la critique qui prennent du premier coup toute la fleur des sujets, laissant le reste aux autres.

Tant de candeur conservée à un âge déjà mûr, une gaieté naturellement épanouie, qui n'était que le mouvement naturel et l'allégresse d'une conscience pure, un goût si vif pour la jeunesse, une préoccupation constante des périls qu'elle peut courir, des ressources intellectuelles et morales dont il la faut munir pour cette longue traversée de la vie, tout cela semblait prédestiner le P. Lacordaire à ce rôle d'instituteur et d'éducateur qu'il remplit avec une supériorité charmante, pendant les dernières années de sa vie, dans les deux écoles dominicaines d'Oullins et de Sorèze. Il mourut sous ces beaux arbres de Sorèze qu'il avait tant aimés, entouré des plus chers élèves qu'il avait formés et qui revenaient plusieurs fois près de lui, chaque année, des lieux divers où la vie les avait conduits, comme ramenés par un invincible attrait. C'est à quelques-uns de ces élèves, entrés dans le monde et luttant contre les diverses formes du péril tant de fois annoncé et de loin combattu, que sont adressées les dernières lettres. On y sent, à chaque page, la sollicitude la plus touchante pour ces âmes qu'il a mêlées à la sienne. Jamais la paternité spirituelle n'a eu des accents plus pénétrants.

Lui-même, jeune, avait connu les douceurs de cette paternité d'intelligence et d'âme. Mais il en avait connu aussi les amertumes et les déchirements quand ces liens spirituels viennent à se rompre, et qu'en se rompant ils emportent avec eux quelques lambeaux de notre âme. Nous trouvons dans ce recueil une lettre datée de La Chesnaie, le 11 décembre 1832, et par laquelle il prenait congé de M. de Lamennais. En voici quelques fragments : « Je quitterai La Chesnaie ce soir. Je la quitte par un motif d'honneur, ayant la conviction que désormais ma vie vous serait inutile à cause de la différence de nos pensées sur l'Église et la société, qui n'a fait que s'accroître tous les jours.... Ma conscience m'y oblige non moins que l'honneur, car il faut bien que je fasse de ma vie quelque chose pour Dieu, et ne pouvant vous suivre, que ferais-je ici que vous fatiguer, vous décourager, mettre des entraves à vos projets et m'anéantir moi-même? »

Cette lettre écrite, il était parti. Trente ans après, il ne pouvait songer à ce départ sans un tressaillement douloureux. Il quitta la Chesnaie seul, à pied, pendant que M. de Lamennais était à la promenade qui suivait ordinairement le dîner. « A un certain point de la route (dit-il dans ses *Souvenirs* encore inédits, que citait l'autre jour M. Albert de Broglie), je l'aperçus à travers le taillis avec ses jeunes disciples. Je m'arrêtai, et, regardant une dernière fois ce malheureux grand homme, je continuai ma route sans savoir ce que j'allais devenir et ce que me vaudrait de Dieu l'acte que j'accomplissais. »

—Nous savons maintenant ce que cet acte lui valut. La gloire, il aurait pu la rencontrer également dans les voies où M. de Lamennais aurait entraîné son jeune et brillant disciple, à travers la lutte et l'orage. Mais d'abord, il n'eût été toute sa vie que disciple; et puis, à nous tenir dans l'ordre des considérations humaines, qui lui aurait jamais rendu ce bien inestimable, la certitude lumineuse, la paix des idées?

M. DE LAMARTINE

Mahomet et l'Islamisme, à l'occasion d'une histoire de la Turquie.

Les graves événements qui s'accomplissent à l'orient de l'Europe ont appelé l'attention publique sur un peuple dont personne ne s'occupait plus que pour le plaindre et pour signaler sa décadence. Du dédain que les Turcs nous inspiraient naguère, nous sommes passés subitement à l'enthousiasme. Tout ce qui touche à la Turquie, tout ce qui tend à nous faire connaître cette contrée hier encore presque oubliée, excite notre intérêt et commande notre attention. Il est naturel de se demander quel est et d'où vient ce peuple, que l'on avait cru mort, et que l'on voit se lever, dans une attitude si fière, au bruit des pas de l'étranger. La curiosité du présent éveille la curiosité du passé. On interroge l'histoire pour deviner l'avenir. On veut savoir s'il y a dans cette race, longtemps insultée, assez d'énergie vitale pour suffire encore à de longues destinées. Le public, qui se souciait peu, il y a deux ans, de la tribu d'Othman, est devenu aujourd'hui insatiable de détails. Le livre de M. de Lamartine répond à cet immense mouvement de sympathie éveillée par la guerre. Il a un incontestable mérite d'à-propos; il aura, comme on dit dans le jargon de la librairie, un infaillible succès d'*actualité*.

Une critique sévère pourrait demander à M. de Lamartine s'il est de sa dignité de mettre ainsi son génie à la remorque des événements. On pourrait, au nom des intérêts supérieurs de l'art, contester cette grande loi de l'*actualité* que subit servilement la littérature contemporaine. Mais toutes les protestations ne feraient rien contre un fait. La littérature est, en ce siècle, par une sorte de nécessité déplorable, inféodée à la librairie. Or, la librairie est un commerce. — Transaction du capital avec l'intelligence, rétribution légitime des travaux de la pensée ; soit, on peut entasser les grands mots pour déguiser la vérité. Mais le négoce est toujours le négoce : il ne faut pas lui demander un désintéressement sublime, une abnégation héroïque. La librairie est à l'affût du succès. Elle spécule sur l'intérêt du jour, sur la curiosité du moment. Faut-il s'étonner si l'*actualité* est devenue une sorte de religion, de culte littéraire, si elle a tant de dévots, si elle exerce sur le génie même une tyrannie incontestée ? L'écrivain cède à la double tentation du lucre et de la popularité. De là ce débordement, ce déluge de brochures, de cartes, de pamphlets, d'histoires, d'études et d'essais de toute sorte sur les deux peuples qui sont en présence et sur les contrées qui leur servent de champs de bataille. Depuis que le canon a retenti, notre littérature s'est enrôlée au service de Sa Hautesse ; toutes les plumes vont en guerre.

A Dieu ne plaise que nous mettions l'œuvre nouvelle de M. de Lamartine au rang de ces brochures éphémères et platement belliqueuses qui ne sont que l'écho de la déclamation du carrefour ! Il y a toujours un grand air, même dans les travaux les plus rapides de l'historien-poète. Mais ce n'est pas sans un regret sincère que nous voyons M. de Lamartine se faire ainsi, à jour et à heure fixes, improvisateur au gré du public, au service de la curiosité populaire. Que d'histoires déjà amoncelées par ce génie prodigue ! L'*Histoire des Girondins*, l'*Histoire des*

Constituants, l'*Histoire de la Restauration*, l'*Histoire de la Turquie*, sans compter l'*Histoire du Siècle des Médicis*, promise à un grand journal, et l'histoire mensuelle des grands hommes, que publie l'infatigable *Civilisateur*. Six histoires, dont la plus courte ne tient pas moins de quatre volumes! Quelque chose comme trente ou quarante volumes de compositions historiques, et cela en si peu de temps! Car je ne sache pas que la muse austère de l'histoire ait sollicité M. de Lamartine avant l'année 1847. C'est donc en moins de sept années que s'est élevé ce gigantesque monument à toutes les gloires et à tous les pays. Il y a là de quoi effrayer l'imagination. Que sera-ce, si l'on pense que cet immense travail n'a été qu'un repos et comme une halte entre les combats de la tribune, les soucis de la politique militante, les embarras sans nombre de trois ou quatre journaux successivement disparus ou transformés! Cette improvisation haletante, fiévreuse, tient du prodige, et quand on aime, quand on admire M. de Lamartine, on se prend à regretter que de si grandes énergies, de si rares facultés ne se soient pas davantage concentrées sur un point, pour mûrir une œuvre définitive, au lieu de se perdre un peu au hasard, par un rayonnement sans fin, sur des œuvres nécessairement hâtives, inégales, précipitées. Le rayon ne manque pas, sans doute, même dans ces ouvrages issus d'une improvisation incessante. Mais M. de Lamartine ne craint-il pas que ce rayon, subdivisé à l'infini, ne pâlisse, et que bientôt ce ne soit plus qu'un reflet?

L'œuvre présente avait en elle-même, disons-le, des circonstances atténuantes, des raisons d'être supérieures à celle de l'à-propos. Le sujet offre de merveilleuses affinités avec certaines tendances intellectuelles et morales de M. de Lamartine. L'Orient a, de tout temps, exercé une sorte de fascination irrésistible sur ce génie enthousiaste, rêveur, facile aux extases et aux douces chimères. Chaque poète a une patrie de prédilection, un climat spécial pour son génie, et ce n'est pas toujours le hasard de la naissance qui détermine cette nationalité. M. Victor Hugo est un poète tout espagnol, de la race qui a produit Sénèque et Lucain. Lamartine aurait dû naître dans quelque gorge ombreuse du Liban. Il a de l'Orient la volupté mystique de l'extase, la sensualité raffinée de l'imagination, l'harmonie du rythme, la facilité prodigue des figures, l'éblouissement des mots, l'amour inné de la lumière, et presque l'adoration de la nature. Lisez ses deux *Voyages en Orient*. Il est intarissable de descriptions, d'images, d'élans de style rivalisant avec les jeux pittoresques de la nature ; il trempe son pinceau dans l'éternel azur de ce beau ciel. Et voyez les ingénieux caprices du sort. L'Orient donne à ce poète, déjà son hôte par la pensée et le souvenir, l'hospitalité matérielle de ses champs, de ses monts et de ses vallées. Le Sultan offre à M. de Lamartine un vaste territoire et plusieurs villages, et peut-être verrons-nous notre grand poète, transfuge de la France, aller abriter, à l'ombre de ses oliviers, dans ces admirables vallons pleins de silence et de mystère, ses jours si souvent troublés, sa gloire si souvent inquiète, sa destinée tourmentée sur le sol mobile de la patrie. Peut-être voudra-t-il nous dérober ainsi ses entretiens suprêmes avec Dieu, et donner à sa vie déclinante la consécration de la paix et du recueillement, sur les confins du temps si tumultueux et de l'éternité si calme ! M. de Lamartine a souvent exprimé ce poétique et funèbre vœu. Plaise à Dieu qu'il se passe de longues années avant que le noble poète ne songe à l'accomplir !

Depuis le jour où il a vu l'Orient, M. de Lamartine semble y avoir laissé une partie de son âme. Il y revient sans cesse et avec une prédilection marquée. Quand il trouve l'occasion d'en parler, il s'y arrête avec complaisance, il s'abandonne avec ravissement au charme. On connaît cette poétique légende de Charlemagne attiré par une invincible magie vers le lac où était tombé son anneau impérial. Il revenait toujours, en proie à une sorte de délire, vers la rive enchantée, et nul effort ne pouvait détacher de ces eaux merveilleuses ni ses yeux, ni son cœur. La même magie tourne invinciblement vers l'Orient le regard et la pensée de M. de Lamartine. Il semble, par un pacte étrange, avoir fiancé son âme avec ce ciel splendide d'où ruisselle, avec la lumière étincelante du jour, le sentiment de l'infini, d'où tombe le rêve mystique avec la pâle clarté des étoiles. Ne nous étonnons pas si dans quelques pages de l'*Histoire de la Turquie*, nous sentons comme une verdeur renaissante de sève et de jeunesse. En écrivant ce livre, M. de Lamartine a cru vivre, il a vécu pendant quelques jours en Orient. — Ce n'est pas seulement un sujet d'à-propos que cette *Histoire de la Turquie*; c'est aussi, pour son auteur, un sujet de prédilection; je dirais presque que cette œuvre est pour lui du patriotisme. Il y a, dans cet amour vif de l'historien pour son sujet, beaucoup d'avantages précieux; la chaleur, l'animation, la vie. Il y a aussi là plus d'un péril : l'illusion qui voit tout en beau dans l'objet aimé et le sophisme involontaire qui veut entraîner de gré ou de force le lecteur dans la complicité de l'illusion. M. de Lamartine, nous le verrons, n'a évité ni l'un ni l'autre de ces deux écueils.

Le tableau que les deux premiers volumes de cette histoire nous déroulent devant les yeux est grand et solennel : c'est l'établissement de l'islamisme, c'est la fondation de l'empire turc; c'est l'histoire des origines de la religion et de la politique ottomanes. Bien que nous n'ayons pas encore les derniers volumes de l'ouvrage, nous croyons que le moment est venu, pour la critique, de s'en occuper. L'esprit général de l'œuvre s'y révèle déjà dans ses principales tendances, et nous serions bien surpris si lorsque l'ouvrage sera complet, nous avions quelque chose à changer dans notre appréciation. Sur chaque sujet qu'il traite, M. de Lamartine a une ou deux idées très générales auxquelles se ramènent toutes les autres. Quand on a saisi cette idée, on a la clef du livre tout entier. Si nous voulions parler allemand en français, comme cela est assez de mode aujourd'hui, nous dirions que M. de Lamartine, dans chacune de ses œuvres, n'a guère qu'une formule qu'il varie, qu'il développe, qu'il modifie sans cesse dans l'expression, sans toucher à ce qu'elle a de principal et d'essentiel. Ce sont des gammes infinies sur un thème éternel. Chaque histoire n'est pour lui que le développement épique d'une seule idée. Retrouver cette idée à travers les sinuosités infinies d'une phrase enchanteresse et sans fin, la dégager par l'analyse, l'apprécier à sa vraie valeur, voilà quelle doit être l'œuvre de la critique philosophique à l'égard du nouvel ouvrage de M. de Lamartine. Or, pour cela, deux volumes suffisent; un seul, ce serait assez à la rigueur. Les volumes qui suivront ne seront que l'évolution de cette idée à travers les faits, le développement dramatique du principe ou de la formule. Nous pouvons donc, en toute sécurité de conscience, parler du livre de M. de Lamartine dans la fleur de sa nouveauté, et discuter avec toute franchise les tendances de l'œuvre, sans crainte que dans la suite l'auteur ne donne un démenti à nos prévisions. Ce livre n'est pas moins qu'un brillant essai de réhabilitation devant l'opinion de l'Europe en faveur d'une religion et d'une race que l'on croyait généralement atteintes d'une irrémédiable décadence.

Nous dirons tout à l'heure ce qu'il y a, selon nous,

d'aveuglement volontaire et d'illusion dans ce fastueux programme. Suivons d'abord l'historien dans le développement de son œuvre ; nous verrons peu à peu se dessiner, à travers les faits et surtout à travers les appréciations de l'auteur, l'idée qui lui a mis la plume à la main, et nous serons plus à même de discuter ensuite, dans sa généralité, cette idée, quand nous l'aurons étudiée de près et dans le détail.

Tout d'abord, en ouvrant ces beaux volumes qui portent l'uniforme élégant de l'*Histoire* quasi *universelle* de M. de Lamartine, nous voyons avec regret que l'auteur ne s'est pas départi de cette étrange manière d'écrire qu'il avait déjà adoptée dans ses précédents ouvrages. Il n'écrit pas, il chante. Au lieu de composer des chapitres, il chante des strophes. Que M. de Lamartine nous permette ici une querelle de pédant. Nous ne concevons pas l'histoire traitée de cette façon-là. Nous prenons hautement en main la défense de l'humble chapitre, trop méprisé par les poètes superbes qui se mêlent d'écrire en prose. Chaque genre a ses procédés qui lui sont propres, et ce n'est pas impunément qu'on les intervertit. Le chapitre, c'est la division naturelle, nécessaire, normale des matières de l'histoire. A moins de faire de la multitude des faits un indescriptible chaos, il faut de toute nécessité les répartir en certains groupes, les ordonner, les classer. Il y a des faits simultanés dans la réalité, comme les batailles, les institutions, les mœurs. Essayez de suivre au vol la réalité, de peindre les faits dans leur simultanéité insaisissable, vous étourdirez mon esprit, vous déconcerterez ma mémoire, vous produirez dans ma pensée je ne sais quelle image confuse et discordante qui flottera quelque temps comme un rêve et qui s'évanouira sans laisser de trace. Il y a aussi des faits successifs qui demandent à être scrupuleusement divisés suivant l'ordre des temps. Le chapitre, c'est le point d'arrêt dans l'histoire, c'est l'ordre dans le désordre, c'est l'élément essentiel de la classification. Vous substituez à la division naturelle une division arbitraire, la strophe. Tout se brouille, tout se mêle et se déconcerte à mes yeux. Sur quoi se mesure la strophe? Non pas sur l'analogie ou la diversité des faits, non sur la simultanéité ou la succession, non sur le temps réel et vrai; mais sur quelque chose d'essentiellement arbitraire et personnel, sur la respiration de l'écrivain, sur l'haleine plus ou moins longue du poète. De là une singulière inégalité dans ces divisions artificielles. Voici une strophe d'une demi-page, une autre d'une page, une troisième de vingt pages. De là encore un inconvénient plus grave : l'incertitude de l'ordre réel des faits, de leur succession dans le temps.

Le mépris de cette division prosaïque du chapitre, qui se mesure sur le temps réel, amène aussi M. de Lamartine au mépris absolu des dates. La strophe, qui représente un intervalle arbitraire, l'haleine de l'écrivain, se soucie aussi peu que possible de l'ordre des temps. Elle vole d'un fait à un autre, d'une idée à une autre idée, sans charger ses ailes légères de ce plomb vil des chiffres qui marquent les siècles et les années. Et cependant quoi de plus nécessaire en histoire? Les dates sont les points de repère de l'histoire. Otez ces points de repère, vous pourrez avoir un tableau, un chant, un poème; vous n'aurez pas d'histoire : tout se confondra pour vous dans un synchronisme indéchiffrable. Or, il n'y a peut-être pas une seule date dans les deux volumes de M. de Lamartine. Rien ne se distingue à l'œil dans cette vague et confuse simultanéité d'événements incohérents qui ne se subordonnent plus entre eux selon la hiérarchie des âges. C'est un vertige de l'esprit assez semblable à celui que nous éprouvons dans un wagon, quand la vapeur nous entraîne à travers les campagnes, sans que notre œil ait le temps de saisir les limites des champs, les divisions des propriétés, les aspects de détail de cet immense pays parcouru avec une vertigineuse rapidité. Nous ne voyons plus qu'une série de tableaux confus, qui fatiguent notre attention en éblouissant notre regard. Nous avons passé, tout est déjà oublié.

M. de Lamartine procède un peu comme la vapeur; il efface les divisions des âges et nous emporte à travers le temps sans nous permettre de rien distinguer nettement dans cet immense panorama des faits. Les événements n'étant plus retenus et comme fixés dans le cadre matériel des dates, flottent au hasard et débordent de tous côtés. Ils n'ont plus pour nous ce caractère réel, ce contour net et précis que leur donnent les temps scrupuleusement marqués. Ils ont quelque chose d'arbitraire dans leur arrangement, de vague et de chimérique dans l'effet qu'ils produisent sur nous. M. de Lamartine prend les faits en bloc; il peint les grandes masses; mais le détail fuit, la limite s'efface, le contour disparaît, la réalité même prend alors les airs de l'illusion. Le temps que les différents faits mettent à s'accomplir, on l'ignore. Tantôt, à la rapidité du récit, on croirait qu'il s'est passé une année d'un fait à un autre. Erreur! nous avons vieilli de vingt ans dans l'intervalle. Tantôt, à la prolixité de la narration, on jugerait qu'entre deux événements il s'est écoulé un siècle. Erreur encore! à peine le temps a soulevé un feuillet du livre des années. Ce peut être là un jeu de poète qui, au gré de ses émotions personnelles, presse ou suspend, ralentit ou précipite le cours de la durée. Mais ce n'est pas là, à coup sûr, le fait de l'historien, qui doit avant tout s'attacher à faire passer dans l'esprit du lecteur l'impression réelle des faits et des mœurs ; et qui ne sait que les faits et les mœurs sont inexplicables sans le commentaire naturel des dates, sans la connaissance exacte des temps? De cette négligence absolue du détail précis, du soin scrupuleux, de la division méthodique des dates, résulte pour le lecteur de M. de Lamartine une impression bizarre que j'oserais appeler une sorte de somnambulisme littéraire, parce que le lecteur se sent à la fois sous le charme de ce magique talent, et en dehors des conditions de la réalité et des voies légitimes de l'histoire. On est entraîné, fasciné, ébloui; mais on sort de sa lecture sans une instruction précise, sans un profit réel. Une heure après que l'on a fermé le livre, le vague a déjà envahi la mémoire, parce que le souvenir, ne trouvant plus où se prendre, s'évanouit peu à peu sur les limites indécises du rêve. Sur l'immense toile que nous déroule M. de Lamartine, il y a beaucoup d'éclat, peu de relief : c'est le triomphe de la couleur sur le dessin.

Or, pour en finir avec la critique purement littéraire, quel est, dans le style, l'élément qui représente la couleur? Incontestablement, c'est l'adjectif, soit sous sa forme ordinaire, soit sous forme d'apposition aux mots principaux, essentiels de la phrase. Les coloristes du style sont enclins à prodiguer ces mots parasites qui, distribués d'une main sobre, peuvent être les ornements et les lumières du discours, mais qui, répandus avec intempérance, enflent la phrase sans agrandir le sens et éblouissent l'œil sans l'éclairer. M. de Lamartine a des trésors merveilleux de diction; il a des ressources extraordinaires de phraséologie. Mais est-il bien possible d'abuser à ce point d'un don si exquis et si rare, que l'on se prend à regretter que l'auteur ait été si richement doué par la nature, puisqu'il est si prodigue de ses richesses intellectuelles et qu'il en fait, si je l'ose dire, un gaspillage effréné? Il y a telle page qui serait merveilleuse de grâce, d'imagination, de sensibilité, si l'on en retranchait quelques dizaines de ces mots parasites dans lesquels se délaye et se noie la substance virile de la pensée. Il y a telle autre page qu'il faudrait effacer tout entière, si l'on voulait effacer la répétition, le pléonasme, la surabondance stérile des mots. M. de Lamartine s'abandonne au flot pressé des paroles qui débordent sous sa plume. Il ne choisit pas cette expression unique, correcte, simple, éminemment propre qui seule convient à chaque pensée : il prend indifféremment toutes celles qui se pressent dans son imagination; au lieu de choisir, il accumule; il surcharge sa pensée jusqu'à la faire plier sous le fardeau des mots : on dirait que ce grand écrivain a la peur puérile de laisser perdre une seule parole, même inutile, pour la postérité. Nous deviendrions puéril, à notre tour, si nous poussions notre critique trop minutieuse jusqu'à citer quelques exemples, du reste surabondants. Nous ne voulons pas réduire notre rôle au rôle d'éplucheur de phrases, et nous prétendons maintenir notre critique à un certain niveau, en lui laissant toute sa généralité. Mais nous voulions exprimer, en passant, l'impression parfois pénible que produit sur le lecteur cet excès, cette redondance de phraséologie, qu'il serait si facile à M. de Lamartine de corriger, s'il avait le courage de retrancher un grand tiers sur chaque page qu'il vient d'écrire. Hélas! le génie a parfois son insouciance prodigue. Trop sûr de sa source inépuisable, il en laisse échapper, sans scrupule et sans soin, le limon avec les eaux.

Et, malgré tout, M. de Lamartine est un enchanteur. La raison a beau armer en guerre : la sympathie est plus forte et désarme la raison. Qu'ils sont forts, qu'ils sont heureux, ces grands magiciens de la parole! On les critique, dès qu'ils se taisent ; on sent ce qui leur manque ; on se gendarme contre l'émotion; on s'indigne contre la faiblesse qui se laisse entraîner. Mais voici qu'ils parlent, on les écoute ; ils écrivent, on les lit. Le charme a déjà opéré, la raison murmure, on ne l'entend plus. Il faut bien le dire, l'humanité est plus artiste que critique. Elle aime mieux jouir qu'analyser les raisons secrètes et la légitimité de son émotion. Elle sera toujours la proie flottante de ces grands artistes de la pensée parlée ou écrite. Mais c'est le droit, c'est le devoir de la critique d'avertir les hautes intelligences, quand elles font fausse route, et l'humanité, quand elle adore jusqu'aux vices et jusqu'aux travers de son idole. Ces idolâtries superstitieuses sont sujettes, on le sait, à des réactions terribles, à des retours excessifs et immérités. La raison se maintient entre ces extrémités déplorables de la superstition aveugle qui se prosterne et des emportements hostiles qui outragent. Les vrais amis du génie sont comme les vrais amis du pouvoir : ceux qui lui disent toujours la vérité. Pour ne pas devenir Zoïle un jour, il faut n'avoir été jamais courtisan. Ni superstition, ni rancune, voilà la vraie condition pour voir clair et pour frapper juste.

Par malheur, il y a des écrivains, et M. de Lamartine est du nombre, qui, mêlés activement au drame de la politique contemporaine, sont condamnés à ne plus trouver en face d'eux que la critique intéressée des partis. Il est triste de voir ainsi les discordes politiques implantées de vive force dans la littérature. Ne peut-il donc pas y avoir un terrain neutre ou du moins une trêve de Dieu entre les passions? Ne peut-il plus y avoir de critique impartiale à l'égard de M. de Lamartine, parce que cette grande intelligence s'est lancée, un jour, à travers les tempêtes? Faut-il donc croire que toutes ces passions aveugles n'amnistieront jamais? Eh! de grâce! jugez l'homme et l'œuvre de 1854! Il ne s'agit plus de 1848. Ayez donc le courage d'être justes! Il y a six ans, on ne vous aurait pas forcés à reconnaître un travers dans votre idole. Aujourd'hui, on ne pourrait pas vous contraindre à cet humiliant aveu que M. de Lamartine a du talent.

Laissons là ces pensées amères et ces inutiles souvenirs, et revenons, pour ne plus le quitter, au livre qui seul doit nous occuper.

Nous avons fait assez de critiques à M. de Lamartine pour avoir acquis le droit de le louer. Nous userons d'autant plus largement de ce droit que nous ferons bientôt nos réserves. M. de Lamartine aime à peindre et souvent même il s'y complaît jusqu'à l'excès; mais il faut bien reconnaître que parfois il atteint dans ses dernières profondeurs le génie intime des nations. Qui, mieux que lui, dans cette page ravissante, a jamais décrit les affinités curieuses qui lient à son climat la race patriarcale de l'Orient? Qui mieux que lui a pénétré les influences secrètes que ce climat exerce sur l'esprit religieux et l'imagination mystique de ces peuples? « Le ciel particulièrement tiède et serein qui couvre ce coin du globe y préserve l'espèce humaine de cette multiplicité de besoins contre lesquels nous luttons par un travail incessant. Ce travail distrait notre intelligence des choses invisibles; il fait de notre vie une *alternation* sans fin de fatigues et de sommeil. Le corps usurpe ainsi sur l'esprit. Nous souffrons ou nous jouissons, nous n'avons pas le temps de méditer. Ces peuples, au contraire, n'ont presque point de besoins matériels que la nature ne satisfasse d'avance autour d'eux. Les troupeaux promènent d'eux-mêmes sur leurs pas leur nourriture : la source roule leur breuvage; le dattier sans culture mûrit leur pain; le chameau les transporte; un pan de laine jeté sur trois piquets de bois les abrite; ils consomment tous les jours dans la solitude et dans les longs silences cette végétation sourde des idées.

« Cette vie patriarcale leur donne ce qui manque aux populations agricoles, guerrières ou industrielles de l'Occident, le loisir. L'imagination est fille du loisir. Le loisir est contemplatif; la contemplation n'aboutit jamais qu'à l'infini : l'infini, c'est Dieu. Il est donc naturel que cette race, qui jouit du climat de la pensée plus qu'aucune autre, soit douée d'une imagination plus puissante pour scruter les lois métaphysiques du monde supérieur, comme la limpidité de son firmament et la transparence profonde de ses nuits dans le désert lui ont fait scruter, la première, les lois célestes de l'astronomie. » Voilà une page belle de simplicité et de vérité. Nous n'en avons retranché que la dernière phrase, qui nous offre un rapprochement trop ingénieusement bizarre : « La méditation n'est-elle pas l'astronomie de l'âme? »

Plus loin, c'est le désert admirablement décrit d'un coup de pinceau grandiose : « Le désert, autre Océan de steppes et de sables entrecoupés d'oasis, aussi impossible à délimiter que les vagues, où les tribus et les caravanes avancent et reculent comme des navires sur des flots. »

Citons encore quelques fragments de belles pages où l'auteur nous trace le portrait des Arabes, à l'époque où parut Mahomet :

« Une idolâtrie confuse, comme les rêves d'un peuple, enfant charnel et ignorant, avait remplacé parmi eux le culte pur d'Abraham et peuplé la Kaaba d'idoles. Cette théogonie inconnue résista aux Persans, aux Parthes, aux Phéniciens, aux Juifs, aux Romains, et continua, jusqu'à Mahomet, à pervertir la morale et à dépraver l'intelligence des Arabes. Les habitudes presque nomades de leur vie et la nature de leur nationalité, qui n'avait d'autres liens d'unité que l'origine, le site, la langue et les mœurs, rendaient toute modification dans leurs croyances et leur civilisation presque impossible. Ils ressemblaient au sable de leur désert, glissant dans les mains qui veulent le contenir.... La guerre était pour ainsi dire individuelle parmi eux. Le sang pour le sang était toute la justice.... Cette législation, féroce sous tant d'aspects, ne manquait cependant ni d'humanité, ni de vertu, ni de sagesse, ni même de raffinement sous d'autres rapports. Les Arabes poussaient jusqu'à la superstition le respect de l'hospitalité. Ils étaient braves, généreux, héroïques. Toutes les vertus et même toutes les délicatesses, que l'Europe n'a connues que plus tard, étaient *immémorialement* passées dans leurs mœurs. Sensibles à l'éloquence, à la poésie, à la musique, ils honoraient comme des demi-dieux les hommes doués de ces dons, qui leur semblaient surnaturels.... Telles étaient les mœurs des Arabes à l'époque de Mahomet. Quoique occupant un territoire assez vaste, ils n'étaient pas très nombreux. Le désert, l'éloignement des sources, les rochers, le sable, la vie pastorale qui dévore le sol, l'existence nomade qui ne fertilise rien où elle passe, l'absence de culture, qui n'était pratiquée que dans les environs des villes, petites et rares, enfin la polygamie qui tarit l'homme dans sa source, l'esclavage qui décime la famille, la guerre qui fauche les générations, ne permettaient pas à ces peuplades de se multiplier comme des peuples cultivateurs policés et sédentaires. On ne porte guère approximativement qu'à deux ou trois millions d'hommes le nombre de cette nation qui allait conquérir à sa foi un tiers du globe. »

Sur le premier plan du tableau ainsi disposé paraît Mahomet. M. de Lamartine introduit avec beaucoup d'éclat ce personnage étrange et grandiose sur la scène qu'il vient remplir ; il le suit avec un vif et puissant intérêt à travers les épisodes romanesques de sa vie ; il l'accompagne avec une sympathie contagieuse jusqu'au jour solennel de sa mort. Nous ne nous arrêterons pas à rechercher quelle est la part d'originalité qui revient à M. de Lamartine dans les éléments dont se compose cette biographie animée, quelles larges contributions il a levées sur les savants travaux de M. Caussin de Perceval et de M. de Hammer ; que d'emprunts le poète a faits aux innombrables ouvrages publiés de nos jours sur l'Islamisme et son fondateur. La question n'est pas là pour nous ; il est incontestable que M. de Lamartine n'est pas un érudit : il ne l'est pas, et n'a d'ailleurs jamais prétendu l'être ; il a pris ses matériaux de toute main et les a mis en œuvre. Ce n'est pas un historien érudit, c'est un historien poëte ; il n'ajoute rien à la tradition et à la science, mais il dramatise l'une et l'autre. Tout ce que nous avons à demander à M. de Lamartine, c'est comment il a compris le caractère de Mahomet, comment il l'a apprécié ; c'est, en un mot, sa pensée philosophique sur le grand homme de l'Arabie que nous voudrions interroger.

La première question que provoque naturellement le nom de Mahomet est celle-ci : Était-ce un imposteur ? Jusqu'à quel point l'était-il ? Où commençait son imposture, où finissait-elle ? Sur ce point, M. de Lamartine montre une indulgence excessive d'appréciation à l'égard de Mahomet. A deux reprises différentes il repousse, avec une sorte d'indignation, toute incrimination d'imposture ; il va même jusqu'à déclamer, ce qui est rare chez lui ; il interpelle l'esprit de secte et l'ignorance, toujours prêts à déverser ces incriminations mensongères sur les hommes qui ont renouvelé la face de l'esprit humain dans tous les siècles. Cependant Voltaire, que je sache, n'était rien moins qu'un fanatique, et personne, plus que Voltaire, n'a été affirmatif dans le sens de l'imposture. Pour lui, Mahomet ne s'élève pas au delà d'un usurpateur habile; il a tout d'un souverain, rien d'un prophète; c'est l'imposture religieuse mise au service de l'ambition politique. L'esprit de secte n'est donc pas le seul intéressé à voir dans Mahomet l'illustre faussaire de l'inspiration; le naturalisme a aussi son intérêt dans cette explication, et n'a pas médiocrement contribué à la répandre.

Mais il ne suffit pas de répéter que, dans Mahomet, il y avait un prophète convaincu; à moins d'admettre, ce qui répugne, que Mahomet fut réellement inspiré, à moins de faire une profession de foi implicite d'Islamisme, il faut expliquer comment il put arriver que Mahomet s'y trompa lui-même et se porta de bonne foi pour inspiré, ne l'étant pas. Ici la pensée de M. de Lamartine se trouble, il revient souvent sur ce point délicat, mais il l'obscurcit par l'abondance des mots plutôt qu'il ne l'éclaire par la précision de l'idée. Tantôt Mahomet est pour lui un halluciné, il ne possède pas son esprit, il en est possédé; la tension continue de sa pensée vers les choses invisibles le maintient dans un état violent d'extase presque habituelle. Mahomet n'est plus alors qu'un extatique convaincu, qu'un visionnaire de bonne foi, il rentre dans une catégorie bien connue d'aliénés. Mais comment concevoir que l'hallucination produise un système religieux si habilement agencé? En religion comme en politique, l'ordre ne sortira jamais du désordre; tantôt c'est encore moins que l'hallucination, c'est l'épilepsie ou la catalepsie intermittente; ce sont les organes malades qui réagissent sur l'intelligence et qui la faussent; parfois même ce sont les sens qui, exaltés par l'extase des voluptés, transportent Mahomet, par un évanouissement ou par un songe de son imagination, dans le ciel, où il s'entretient avec les patriarches, pères de sa foi. L'extase des voluptés! c'est là, certes, la plus triste des sources d'où puisse jaillir l'inspiration. Il arrive aussi à M. de Lamartine, pour expliquer cet étrange phénomène de l'histoire, d'associer des mots qui jurent de se voir accouplés. Il nous dit quelque part que Mahomet fut un enthousiaste politique, mais à qui son enthousiasme laissait toute la lucidité de son génie. Ailleurs, dans le même sens, il nous dit que Mahomet fut inspiré de la raison. Enthousiaste politique, inspiré de la raison, voilà des formules bien dissonantes et qui nous font le même effet que la quadrature du cercle, ou toute autre expression composée de deux termes, dont l'un est la négation expresse de l'autre. Je ne dis pas qu'il ne puisse y avoir une pensée juste dans l'esprit de M. de Lamartine quand il écrivait ces étranges définitions, mais cette pensée est restée dans l'ombre.

Essayons de pénétrer plus avant dans l'explication de ce caractère mystérieux qui est une de ces énigmes éternelles que l'histoire se plaît à jeter aux générations.

Et d'abord, en même temps que l'hypothèse de l'inspiration, écartons celle de l'hallucination. Tout ce qui vient de l'extase porte les traces de son origine; l'extase est, de sa nature, incohérente, mobile, fantasque, contradictoire; l'illuminé, c'est Bœhm, c'est Swedenborg, c'est Saint-Martin cherchant l'inconnu à la lueur errante du rêve. Ce qui sort de l'extase est vague, confus, insaisissable. Folie sublime, si l'on veut, mais folie, voilà le dernier mot de la philosophie de ces visionnaires. Est-ce là le fait de Mahomet? est-ce là le caractère de sa doctrine? bien au contraire. Tout dans l'Islamisme porte la trace du calcul, de la réflexion et du plagiat, tout y est marqué à l'empreinte d'un rationalisme savant et médité. Rien n'est donné au hasard de l'inspiration. C'est un vaste éclectisme auquel toutes les doctrines ont payé leur tribut, depuis les traditions bibliques jusqu'à la révélation chrétienne, sans oublier quelques vagues souvenirs des sabéens et des mages, non plus que les hérésies les plus récentes, comme celles des Jacobites et des manichéens. Le plagiat du mosaïsme et du christianisme se révèle à chaque page du *Koran*, mais c'est un mosaïsme et un christianisme transformés. Le surnaturel y est soigneusement éliminé. Le mystère a disparu. C'est une nouvelle édition de l'*Ancien* et du *Nouveau Testament* à l'usage des peuples matérialistes et pourtant religieux. Rien ne ressemble moins que le *Koran* à l'œuvre d'un illuminé. C'est l'ouvrage d'un esprit ingénieux et subtil, habile à dépouiller les religions de tout ce qu'il peut leur enlever, sans choquer la raison des populations dont il se déclare l'apôtre.

Voyez encore avec quel soin tout dans l'islamisme est adapté au caractère, aux mœurs, au climat; l'éternelle fraîcheur des oasis célestes promise aux habitants altérés du désert, l'ivresse renaissante des voluptés montrée dans un paradis sensuel à des peuples voluptueux, le dogme commode de la fatalité si bien fait pour plaire à ces paresseuses natures de l'Orient, pour qui l'activité est une douleur et la volonté une fatigue. Dans cette singulière appropriation d'un culte à un climat et d'une religion à un peuple, je vois un habile calcul, rien de plus. Que serait-ce si nous insistions sur quelques traits caractéristiques de la prétendue mission de Mahomet, par exemple sur le refus obstiné qu'il opposait aux incrédules qui lui demandaient des miracles? Un illuminé n'aurait pas, à ce point, désespéré de sa puissance. Il n'est pas de mystique qui n'ait cru être investi par Dieu d'une certaine autorité sur les agents de la nature. Ce refus absolu de tout essai de miracle est bien plutôt le fait d'un philosophe que d'un halluciné.

L'œuvre et la vie de Mahomet sont donc parfaitement d'accord pour nous attester qu'il n'y a eu rien, dans la fondation de l'Islamisme, qui n'ait été parfaitement prévu, calculé, réfléchi. Faut-il en conclure que Mahomet n'ait été qu'un imposteur? Non, sans doute, et ici nous sommes pleinement d'accord avec M. de Lamartine, quand il nous dit avec une mâle et sincère éloquence que l'hypocrisie n'est pas une force dans l'homme, mais une faiblesse, que les grands hypocrites sont de grands comédiens, mais ne sont pas de grands hommes; que l'enthousiasme est le seul levier assez fort pour soulever la terre; mais que, pour que ce levier ait toute sa puissance, il faut qu'il ait pour point d'appui la foi d'un esprit intrépide et convaincu.

Nous croyons pleinement et sans effort à la conviction intrépide de Mahomet, à sa foi en lui-même, à son enthousiasme pour son œuvre. C'est lui-même qui a composé son dogme et inventé sa religion à l'aide des matériaux nombreux qu'il avait recueillis dans les traditions du désert ou dans les entretiens célèbres qu'il avait eus avec les moines de la Syrie. Mais ce dogme était si supérieur à la théogonie grossière de ses pères, cette religion s'élevait si fort au-dessus de l'idolâtrie de ses compatriotes, que Mahomet put, dans la sincérité de son cœur, faire hommage de son œuvre à Dieu, et prendre pour une inspiration divine l'oracle naturel de sa raison. On se suppose tout près du ciel dès qu'on dépasse l'humanité. Il est si doux et si agréable à l'amour-propre de se croire favorisé d'un commerce direct et spécial avec Dieu! Cette conviction fut sincère, dès l'origine, chez Mahomet; elle fut intrépide et inébranlable, nous le croyons. Mais bientôt elle se compliqua d'une nécessité politique. Pour être souverain, il fallait être et paraître prophète. Ici, sans contredit, il faut faire une part à l'imposture. Le rôle extérieur commence, et dès lors aussi commence un jeu grandiose et solennel : le jeu terrible d'un homme qui veut s'imposer à un peuple comme un apôtre et comme un roi. L'empire sera le prix de l'apostolat : tout sera donc mis en dehors pour faire accepter la doctrine. C'est alors que les visions se multiplient, que les extases abondent, que le merveilleux déborde. C'est alors aussi que finit pour nous la sincérité de Mahomet. Il jouera jusqu'à la fin la grande comédie du surnaturel, mais avec une habileté si consommée, avec un si grand air d'inspiré, avec une aisance si pleine de grâce et de force, qu'on se demande parfois si Mahomet ne fut pas dupe lui-même de l'enthousiasme qu'il voulut inspirer. Il y a de si étranges faiblesses dans l'amour-propre, une si complaisante crédulité dans l'orgueil! — Sincérité dans la conviction de sa mission divine, imposture dans les moyens qu'il mit en œuvre pour la faire accepter de son peuple, et peut-être, finalement, retour de l'illusion sur celui-là même qui sut la mettre en jeu; voilà, selon nous, l'explication de ce phénomène complexe qui s'appelle Mahomet. Est-ce là ce que M. de Lamartine appelle enthousiaste politique, inspiré de la raison? Je le veux bien, mais encore était-il bon de donner le mot de ces énigmes, et, si je puis le dire, de définir ces définitions.

En général, dans l'œuvre nouvelle de M. de Lamartine, c'est la partie critique qui est la plus faible. Là où le poète excelle, c'est dans le drame, c'est dans la légende, c'est dans le récit. Soit qu'il nous raconte, d'après les biographes arabes, les grands présages qui annoncèrent la venue du Prophète, soit qu'il nous montre cette enfance positive, cette jeunesse silencieuse et recueillie déjà entourée de signes mystérieux, déjà consacrée à Dieu par la méditation et la prière, soit qu'il nous peigne à grands traits les douleurs, les luttes, les souffrances de l'apostolat, la fuite du Prophète à Médine, les humbles origines de son pouvoir, les premiers combats, les victoires qui étaient comme la sanction du Prophète devant les peuples, et les défaites qu'il interprétait comme l'épreuve de ses disciples, son entrée triomphante à la Mecque et le renversement solennel des idoles de la Kaaba, qui marque l'avènement véritable de l'Islamisme, soit enfin qu'il nous fasse pénétrer par quelques traits bien choisis dans la vie privée et le caractère, ou qu'il expose avec une sorte de grandeur funèbre le tableau majestueux des derniers jours, des heures suprêmes de cet homme étonnant, fondateur à la fois d'une religion et d'un empire, dans tous ces récits divers, dans ces peintures brillantes et animées, M. de Lamartine est inimitable. Mais, remarquons-le bien, la critique est presque absente : c'est moins une histoire qu'une grande peinture épique ; la légende y domine, et là toutes les qualités du poète se trouvent à l'aise, la grandeur, l'élévation, la richesse, l'éclat.

D'ailleurs, il est facile de voir que M. de Lamartine ne se retrouve tout entier lui-même que dans la peinture des personnages épiques. Il évite et décline volontiers le détail des faits secondaires dont se compose la trame de la vie de l'humanité. Il ne prend guère à l'histoire que ses épisodes principaux, et dans chaque épisode, ce qu'il choisit c'est le héros, que ce héros soit, d'ailleurs, peu lui importe, l'ami ou le fléau de l'humanité. Tout disparaît dans l'éclat des grandes figures auxquelles M. de Lamartine prodigue l'éblouissant coloris de son pinceau.

Mahomet domine et absorbe tout l'intérêt du premier volume. Le second volume pourrait s'intituler : l'Épopée de Tamerlan. On pourrait se demander par quelle bizarrerie l'historien de la Turquie montre pour le héros sauvage un si vif intérêt et presque tant de passion pour sa gloire. Car enfin, si Tamerlan est le frère de race et de foi des Ottomans, ce fut un Caïn, comme le dit spirituellement M. de Lamartine. Jamais la race d'Othman ne se vit si près de sa ruine que le jour où cet immense débordement des hordes tartares s'arrêta sur les plaines néfastes d'Angora. Ce jour-là, le grand écroulement de la fortune de Bajazet couvrit de débris les rivages ensanglantés de l'Asie ; et si les fils du sultan captif régnèrent sur quelques provinces disputées, ce fut par grâce. C'est la pitié de Tamerlan qui leur permit de vivre et de régner. Comment donc se fait-il que l'historien sympathique des Turcs étende sa sympathie sur leur plus cruel ennemi ?

C'est que Tamerlan est un des types les plus grandioses et par conséquent les plus poétiques de l'histoire. Il attire l'imagination par deux qualités qu'il eut à un degré inouï : la force et la magnificence.

Cet homme, qui comptait ses soldats par centaines de mille et ses sujets par centaines de millions, ce souverain de vingt-sept dynasties tartares ; ce conquérant, qui détruisait plutôt encore qu'il ne soumettait, au galop de son cheval, les innombrables contrées de l'Asie ; ce maître de la vie et de la mort sur une incommensurable étendue de terres et de peuples ; ce roi de l'espace a pour M. de Lamartine un irrésistible attrait. C'est avec une étrange volupté que le poëte dénombre les hordes et les nations qui servent d'escorte à ce sinistre souverain. Il se complaît dans ces fabuleuses énumérations, et loin de les réduire à des proportions plus historiques et plus humaines, il incline, comme poète, à les exagérer. Il aime à dramatiser cette force du néant. Il fait retentir à nos oreilles, avec une sorte de jouissance lyrique, les grands écroulements des nations et des empires, les catastrophes des peuples, les massacres immenses, toutes les colères de Dieu à la fois déchaînées dans cet ouragan de fer et de flamme. La force de Tamerlan n'avait d'égale que sa magnificence. On croit lire un conte des *Mille et une Nuits* quand on parcourt ces longues descriptions des fêtes et de la pompe du souverain tartare, riche des dépouilles du monde. M. de Lamartine nous éblouit et s'éblouit lui-même en nous montrant ces trônes d'or, ces urnes pleines de pierreries et versées comme l'eau, ces villes tendues d'or et de soie tissés, ces firmaments artificiels de lapis constellés d'autant de diamants que le ciel l'est d'étoiles, ces palais de cèdre et de marbre dont les façades avaient quinze cents coudées d'étendue. Tout cela, disons-le franchement, est plus digne de la sultane Sheherazade que de l'historien. Nous touchons ici à la puérilité du merveilleux.

Il n'en est pas moins vrai que cet Attila magnifique a toutes les sympathies de M. de Lamartine. Plusieurs fois il parle de cet étrange héros avec admiration, presque avec enthousiasme. Dieu me pardonne! en plus d'un endroit il semble l'admirer, le vénérer comme un philosophe sublime, comme le missionnaire armé de la vérité à travers l'Asie. Tamerlan missionnaire! Voilà de quoi s'émerveiller, sans doute! Écoutez pourtant M. de Lamartine. On dirait que Tamerlan porte en lui la sagesse de l'Orient et qu'il incline son front sous le poids de la pensée : « Sérieux, pensif, ne riant jamais, lent à délibérer, prompt à accomplir.... capable d'opprimer, jamais de mentir.... passionné pour les philosophes qui cherchent à soulever le rideau des mondes par la science....

savant dans toutes les sciences humaines. » Quand le conquérant, las de ses dévastations dans la Perse, dans l'Inde, dans la Syrie, rêve une autre conquête, celle de la Chine, M. de Lamartine nous affirme que ce n'est pas l'insatiabilité de l'âme humaine, ni l'ambition infinie du conquérant, qui pousse le vieux guerrier à risquer sa gloire et sa vie pour traverser les déserts inhabités de la Tartarie avec tout un peuple, et pour aller subjuguer un autre peuple inoffensif de deux cent millions d'hommes : non, le seul mobile de Tamerlan est le zèle de l'unité de religion. Enfin, lorsque frappé par la mort, au fond des steppes, Tamerlan a quitté son glaive avec la vie, M. de Lamartine apprécie à grands traits le rôle qu'il a rempli dans le monde, et il se trouve que Tamerlan n'est rien moins que le conquérant de la civilisation et du déisme, le fléau des idoles, l'apôtre armé, portant la mort, mais portant au moins une grande idée devant lui. Et, dans un immense holocauste oratoire, M. de Lamartine immole à ce héros de la vérité, Alexandre et César, Gengis-Khan et Napoléon !

L'apôtre armé du vrai Dieu, ce barbare qui n'était puissant que pour détruire, qui bâtissait des pyramides avec les corps vivants des ennemis blessés, qui faisait charger avec des têtes coupées les canons de Smyrne, qui faisait fouler aux pieds des chevaux tartares une multitude d'enfants venus pour implorer sa pitié, qui ne considérait les hommes que comme les vils matériaux de ses fantaisies, et qui sacrifiait pour un caprice des millions de vies humaines ! L'apôtre de la vérité, celui qui ne sut que promener l'incendie et la mort par toute la terre ! C'est à d'autres signes qu'à ce pouvoir du néant que se reconnaît la prédication de la vérité. Il serait inutile d'insister ; mais rien ne nous semble offenser la dignité humaine comme ces apologies de la force et ces apothéoses du glaive. Devant ces crimes gigantesques contre l'humanité, M. de Lamartine reste impassible, et dans la page suivante il glorifiera le criminel. Il semble que la grandeur du forfait lui cache le forfait. Nous ne demandions pas de déclamation à M. de Lamartine, nous lui demandions un mot, un cri. Craignons, par cet excès d'enthousiasme poétique pour ces faucheurs d'hommes, de pervertir le sens moral; n'en faisons ni des symboles, ni des types surhumains; ayons le courage de voir et de faire voir ce qui est réellement dans ces grands scélérats de l'histoire : la colère de Dieu et quelque immense expiation de l'humanité.

M. de Lamartine a trop d'enthousiasme. Il embellit tout ce qu'il touche, il transfigure tout ce qu'il étudie. Tamerlan est un apôtre; les Ottomans sont presque, dans son livre, une race supérieure. On pourrait y signaler une tendance persévérante à sacrifier les chrétiens aux Turcs, toutes les fois que les deux religions sont en présence. On dirait, par moment, d'un dévot de l'islamisme. Je sais bien que ce sont là les entraînements involontaires du narrateur et les distractions du poète : mais quand on a tant d'enthousiasme, il faudrait se surveiller un peu. Cette tendance se révèle dès les premières lignes de la préface, où M. de Lamartine tance vertement Byron et Chateaubriand pour avoir prêché, contre les Ottomans, une croisade d'opinion en faveur de la Grèce. Lui-même se repent, en termes amers, d'avoir été philhellène. Il déplore que l'enthousiasme poétique ait émancipé la Grèce en dépit des hommes d'État. Ceci n'est rien, sans doute, et d'ailleurs ce regret, empreint de patriotisme ottoman, peut avoir à cette heure son opportunité. Ce qui est plus grave, c'est de prendre parti pour Bajazet contre l'héroïque croisade des six mille Français accourus au secours de Sigismond, et de faire de ces libérateurs une véritable invasion de barbares, comme si la civilisation était dans le camp de Bajazet. Ce qui est plus grave, c'est d'attaquer vivement l'institution des chevaliers de Rhodes et des chevaliers de Malte, sentinelles avancées de la chrétienté, et presque de les maudire pour s'être établis sur un rocher, au milieu des mers, et y avoir gardé, pendant des siècles, *comme des vestales du sang humain*, le feu éternel de la guerre. Cette guerre, qu'était-ce sinon la police nécessaire des mers et des rivages, et la protection armée des chrétiens contre les envahisseurs des Lieux Saints? Ce qui est plus grave que tout cela, c'est d'avoir, quelque part, expliqué les victoires rapides de la race d'Othman sur les races dégénérées du vieil empire par la supériorité naturelle des *jeunes idées*. La race était jeune, cela est vrai, et c'est ce qui fit qu'elle fut victorieuse; mais l'idée ne l'était pas, car tout ce qu'il y a de vrai dans l'islamisme est un plagiat de la Bible. D'ailleurs une idée, par elle-même, n'est forte qu'à la condition d'être vraie, et je ne pense pas que M. de Lamartine pousse l'enthousiasme musulman jusqu'à prétendre que, dans ces grandes rencontres de l'Occident chrétien et de l'Orient mahométan, la vérité fût sous les drapeaux des sultans. Les Turcs ont eu l'irrésistible élan de la jeunesse contre des races usées, cela est incontestable; mais combien de temps cet élan a-t-il duré? Deux siècles, trois au plus. Et y a-t-il maintenant en Europe une civilisation plus nouvelle et plus décrépite?

C'est un procès de tendance que nous faisons à M. de Lamartine, nous l'avouons. Il fait d'incroyables efforts pour réhabiliter la race et la loi religieuse des fils d'Othman; il ne croit pas à la décadence de l'empire turc; il ne croit pas que l'esprit de cet empire, tel qu'il est constitué, soit radicalement incompatible avec les nécessités impérieuses des temps modernes: il espère que, si l'islamisme a besoin d'une régénération, cette régénération se fera sans effort et d'elle-même, au contact de l'Occident. C'est là, selon nous, une pure chimère qui tient à une erreur fondamentale de M. de Lamartine sur le véritable caractère de l'islamisme. Cette erreur elle-même n'est qu'une des formes de cette illusion par enthousiasme à laquelle nous avons vu que M. de Lamartine est particulièrement sujet dans toutes ses histoires.

Il y a deux parts bien distinctes dans le Koran : l'une générale, vraie, philosophique et rationnelle, fondement universel de toutes les religions modernes : je veux dire les grandes idées de l'unité et de l'immatérialité de Dieu, de l'immortalité de l'âme et de la sanction future. L'autre partie du Koran est particulièrement appropriée au génie et aux mœurs de l'Orient : elle a un caractère spécial, indigène, exclusif. C'est, sans parler d'une foule de prescriptions de détail qui pourtant ont force de loi divine aux yeux du bon musulman, c'est le dogme de la fatalité qui domine l'homme dans la vie privée comme dans la vie publique, c'est encore cette morale sensuelle qui permet la polygamie sur la terre et promet d'éternelles voluptés dans le ciel; c'est enfin le dogme essentiel de la conquête qui pousse le vrai fidèle à faire la propagande par le sabre et à imposer en même temps aux nations la foi et la loi. Ces deux parts sont très distinctes dans le Koran, mais elles sont inséparables. Si vous en retranchez une, le Koran n'est plus le Koran. L'originalité de l'islamisme est là, il faut bien le reconnaître. Si vous voulez faire l'histoire réelle et non le roman embelli de l'islamisme, il faut présenter sur la même ligne dans votre livre, ces deux parties de la doctrine, comme elles sont sur la même ligne dans la foi du musulman. Procéder autrement, c'est se payer de généreuses chimères, c'est fausser l'esprit de l'islam pour le présenter sous un plus beau jour. C'est là un artifice de polémique, ce n'est pas la méthode de l'histoire.

Tel est pourtant le procédé habituel de M. de Lamartine. Toutes les fois qu'il expose, à grands traits, la doctrine de Mahomet, il met dans tout son jour la partie générale et philosophique, la seule qui lui convienne. Il laisse dans l'ombre les dogmes particuliers et indigènes qui lui répugnent. A l'entendre, on croirait que le mahométisme est la plus rationnelle des religions, que dis-je ? la seule rationnelle ; car à la manière dont il l'expose, il n'y a rien que de parfaitement raisonnable. Ce sont les purs oracles de la raison naturelle. L'islamisme ainsi interprété n'est que la doctrine philosophique du théisme. « Jamais homme, dit M. de Lamartine, résumant en quelques mots la prédication de Mahomet, jamais homme ne se proposa un but plus sublime, puisque ce but était surhumain : saper les superstitions interposées entre la créature et le créateur, rendre Dieu à l'homme et l'homme à Dieu, restaurer l'idée rationnelle et sainte de la divinité dans ce chaos de dieux matériels et défigurés de l'idolâtrie. » En vérité, est-ce là tout ? Mais, à ce compte, Mahomet a fondé une philosophie et non pas une religion. Ce n'est pas là une exposition sérieuse, et pourtant si nous la citons. c'est que c'est à cela que se réduisent toutes les informations de M. de Lamartine sur cette religion. Il répète sans cesse ce magnifique et simple programme des vérités primordiales de la raison, l'unité de Dieu, l'immortalité des âmes, la récompense ou le châtiment après la mort, selon la vie, l'aumône, la prière obligatoire. A merveille ! Vous mettez en lumière précisément la seule partie de la doctrine que la raison universelle approuve. Vous ne tenez pas compte du reste, qui pourtant fait partie intégrante, essentielle du dogme.

Vous choisissez ce qui vous convient dans le Koran, et, quand vous en avez lu une ou deux pages arbitrairement choisies, vous fermez le livre : c'est de l'éclectisme raffiné ; je dirai plus, c'est de l'éclectisme habile; mais si vous voulez être sincère, allez jusqu'au bout ! Ne prenez pas à votre gré tel ou tel chapitre. Tous les chapitres ont le même crédit sur l'esprit du croyant. Pourquoi choisissez-vous ceux-là seuls qui vous conviennent ? Que diriez-vous d'un philosophe qui, pour démontrer que la religion chrétienne est de tout point conforme à la raison naturelle, en éliminerait tous les mystères ? Ce serait là un singulier christianisme, sans doute, et, à ce prix, toutes les démonstrations seraient trop faciles. Mais vous agissez précisément de même, quand vous réduisez l'essence du Koran à ces deux grandes idées, l'unité de Dieu et l'immortalité de l'âme.

A ce prix aussi M. de Lamartine démontre trop aisément sa thèse fondamentale de la régénération prochaine de l'islamisme. Sans doute, si c'étaient là tous les dogmes fondamentaux, la difficulté serait médiocre et l'événement infaillible. On n'aurait presque pas d'argument sérieux à opposer à ces nobles espérances d'une religion régénérée. Certes, ce n'est pas de ce côté-là que viendront les obstacles. Mais il y a, nous l'avons dit, d'autres dogmes spécialement nationaux, exclusifs, indigènes, et c'est de là, assurément, que viendra la résistance. Un préjugé est bien fort dans le cœur d'un peuple, quand il a pour appui la foi.

Or, je le demande, comment espère-t-on concilier jamais avec les exigences et les progrès des sociétés modernes des dogmes tels que ceux-ci : « Aucun peuple ne peut avancer ni retarder l'instant marqué pour sa ruine »; ou des institutions sociales telles que la polygamie, ou cet esprit général d'orgueil et d'isolement, loin du contact impur des infidèles, tel qu'il ressort à chaque ligne du Koran? Je prends le dogme de la fatalité. Y a-t-il rien de plus contraire à l'espérance d'une régénération? Pour qu'un peuple se régénère, ne faut-il pas d'abord qu'il en sente l'impérieux besoin? Et pour sentir le besoin de cette transformation sociale, ne faut-il pas qu'il soit animé et soutenu par cette mâle conviction qu'il peut, par son effort, retarder l'instant de sa ruine, comme il peut la précipiter par sa mollesse et par sa langueur? Dans ce grand travail de régénération, que deviendra le principe farouche de l'orgueilleux isolement que le vrai musulman pratique encore dans toute sa rigueur? Eh quoi! c'est en s'appuyant sur la main de l'impur giaour que le croyant relèvera son empire ébranlé! Il s'éclairera de ses lumières! il se mettra à l'école de l'infidèle, lui, le seul fils, le seul adorateur du vrai Dieu, le privilégié du ciel! mais il ne faudra donc plus mépriser l'infidèle, bien plus, il faudra le regarder comme un égal, comme un frère. Comme un frère, ce mécréant qui ne reconnaît pas l'autorité surnaturelle du Prophète! Quelle série de contradictions aux dogmes et aux principes les plus essentiels du Koran!

Et pourtant nous croyons, nous aussi, nous voulons croire à la régénération de ces races vaillantes qui viennent de se réhabiliter par le glaive à la face de l'Europe attentive et émue. Un peuple ne meurt pas quand il a prouvé si énergiquement son désir de vivre. La race ottomane a voulu vivre, elle vivra, et, comme pour cela il faut qu'elle se régénère, nous croyons fermement que nous verrons s'opérer ce prodige de la transformation d'un peuple. Mais cette transformation ne s'opérera pas sans peine et sans effort. Il y aura, si nos pressentiments ne nous trompent pas, une crise terrible dans l'histoire de cet empire. Quelque chose d'antique et de grand mourra dans ce rajeunissement d'un monde : ce sera l'islamisme. Comme on l'a dit avec raison avant nous : l'islamisme réformé est une pure chimère : il n'existe qu'à la condition d'une foi absolue. Quand on cesse de croire à un seul verset du Koran, le Koran tout entier s'écroule. On ne peut pas impunément faire la part du scepticisme dans les religions positives. Elles cessent d'être, quand elles cessent d'être tout ce qu'elles sont. Au contact de l'Occident, l'Orient aura puisé le germe de la civilisation chrétienne qui est la loi de l'avenir : le christianisme ira refleurir, n'en doutez pas, sur les rivages où il est né. Qu'importe, après tout, que l'islamisme meure, si, à ce prix, la race énergique d'Othman est sûre de ne pas périr? Ce sera le commencement d'un grand peuple et la fin d'un vieux mensonge.

LÉON ROCHES

Trente-deux ans à travers l'Islam (1832-1864).

Ce livre est de l'histoire, avec les allures et l'apparence d'un roman. Il raconte les années les plus laborieuses et les plus brillantes de la conquête de l'Algérie, montrant sous un jour saisissant un grand nombre de faits et quelques personnages, plus célèbres que bien connus, particulièrement les deux plus grands, l'émir Abd el-Kader et le maréchal Bugeaud. L'émir est étudié par l'auteur dans l'intimité la plus invraisemblable et, quant au maréchal Bugeaud, M. Roches, en qualité d'interprète et de confident, était devenu « sa parole », au témoignage des Arabes, sa parole accréditée, le lien entre deux civilisations réfractaires et deux puissances ennemies. En même temps, ce livre est des plus étranges, des plus dramatiques et des plus émouvants, et, quelque confiance que l'on ait dans l'auteur, on a besoin, pour croire à de pareilles choses, de l'entendre prononcer à diverses reprises ces mots ou des mots analogues : « J'ai dit vrai ».

Il se produit, à l'heure qu'il est, dans le monde littéraire, un mouvement très prononcé contre le romanesque dans le roman. On veut que l'auteur qui invente des personnages et des situations copie ses inventions sur la réalité scrupuleusement exacte. Mais on ne s'aperçoit pas qu'à chaque instant la réalité, plus riche et plus féconde qu'on ne l'imagine, proteste contre la pauvreté d'observation de ses nouveaux interprètes. Ce livre en est la preuve. Si le romanesque est l'invraisemblable dans les choses, l'étrange dans les combinaisons d'événements, la surprise dans les rencontres de personnes que tout sépare, l'industrie d'un hasard qui vient tour à tour nouer ou dénouer les situations, créer des péripéties en dehors de toute prévision raisonnable, jeter la fantaisie d'un poète inconnu à travers les calculs d'un géomètre de la vie, dans les inductions réglées d'un utilitaire ou les faciles prophéties d'un réaliste, qu'on lise ce livre et qu'on se demande s'il n'y a pas dans une telle existence, simplement racontée, presque autant de romanesque qu'il peut y en avoir dans *Monte-Christo*. C'est bien le trait, en effet, de cette biographie inquiète que l'aventure tente et disperse pendant de longues années, jusqu'au moment où le tempérament se calme, où se fait sentir un empressement moindre à se jeter, chaque jour, en proie au hasard et à recommencer une vie nouvelle. Aventures de guerre et d'amour, entreprises sans but défini, audaces sans raison, mais non sans résultat, poussées extravagantes d'une activité qui ne se possède pas pour décider, mais qui reprend l'empire d'elle-même pour se tirer d'affaire, quand l'action est engagée, imaginations tristes ou folles, sangfroid tardif, voilà une partie de cette existence, menée avec un surprenant entrain à travers le tumulte des événements bizarres qu'on a soi-même provoqués, et qui fait songer à quelques-unes de ces destinées du temps confus et des sociétés irrégulières, comme au moyen âge, où il surgissait, du chaos des éléments mêlés, des fortunes si singulières. L'aventurier (car il y en a un dans le héros de ce livre) a engagé un duel avec le hasard ; il en est sorti victorieux, non sans quelques blessures d'amour-propre et de conscience, à travers des périls inouïs. De chaque page de ces *Mémoires* on peut dire qu'elle vous prépare à des surprises nouvelles et qu'avec cet auteur « on s'attend toujours à de l'imprévu. »

Telle est l'impression qui se dégage de ce livre. Le romanesque et l'histoire mettent là une double et ineffaçable empreinte. Quant au caractère littéraire, est-ce vraiment la peine d'en parler? Réglons, une fois pour toutes, cette question de style. Il n'y en a pas, si par là on entend un effort suivi et continu pour écrire, le souci de l'expression juste à la fois et neuve, s'excitant à peindre une situation nouvelle, un état d'esprit correspondant à une série d'impressions ou d'événements inconnus, une sollicitude d'artiste pour arriver au mieux par une série d'approximations essayées et rejetées, une vigilance employée à se corriger sans cesse et à écarter l'à peu près pour atteindre au définitif. Non, il n'y a pas de style, en ce sens, ou, s'il y en a, on ne le voit pas, tant il est clair, rapide, transparent, se confondant avec la chose qu'il montre, n'arrêtant le regard à aucun relief accentué, à aucun trait fortement dessiné ou vivement coloré. Il y a autre chose : un courant, que rien ne trouble ou n'arrête, de mots et de phrases qui peignent sans aucun effort la réalité vue et l'impression reçue, un naturel d'expression, un pittoresque involontaire qui naît de la rencontre de l'émotion et du langage spontané; une sorte de conversation écrite, avec ses incorrections, ses répétitions, ses négligences, mais si voisine de la narration immédiate qu'on ne l'en distingue pas. L'auteur nous parle quelque part de la verve qui animait autrefois ses récits, au bivouac de l'armée française, au retour des grandes aventures tentées au pays de l'Islam; il a retrouvé cette verve quand, à la sollicitation de quelques amis, il a voulu condenser et fixer la matière flottante de ses souvenirs. Il n'est pas devenu écrivain; mais il a pu redevenir le causeur d'autrefois sous la tente; il a ressaisi, avec une étonnante fidélité de mémoire, les innombrables détails de cette vie errante. Sa plume a été aussi docile à ses souvenirs que l'avait été sa parole. Au vrai, sa parole écrite ne diffère guère de l'autre. Tant mieux, après tout. On cisèle si bien aujourd'hui les mots ; nous avons tant de joailliers en style, qui excellent à faire chatoyer les lumières et les feux de leurs petites œuvres de bijouterie littéraire, qu'on nous permettra, par exception et par contraste, de jouir des simples récits d'un homme qui a beaucoup vu, beaucoup souffert, beaucoup joui de la vie sous toutes les formes, qui en a rapidement amassé les matériaux dans sa mémoire et nous en livre le trésor, à peine dégrossi, dans une langue d'improvisateur absolument sincère. C'est un art à sa façon que ce naturel parfait, et un art peu commun de nos jours, dans cette confusion d'écoles et de genres où l'art inculte et négligé existe sans doute, mais à l'état déplaisant de recherche et d'affectation.

Trente-deux ans à travers l'Islam[1] ! Le titre seul promet une singulière biographie et la promesse ne ment pas. Quelle destinée paradoxale, en effet, que celle de ce jeune étudiant qui, un beau jour, débarque à Alger, nouvellement conquise, où il vient retouver son père, un spéculateur honnête et malheureux ! Confiné presque à son arrivée dans la plus poétique des villas mauresques, à Braham-Reis, bientôt un innocent amour pour une jeune musulmane vient le distraire et le consoler ; là il voit apparaître, sous la couleur d'une émotion poétique, toute la beauté de ce climat et de ce pays nouveaux ; là il apprend à aimer l'Orient, se familiarise avec ses mœurs et sa religion, étudie l'arabe avec passion, sous la plus tendre

---

1. Ce titre nous paraît légèrement incorrect. *L'Islam* signifiant la foi, il semble qu'il faudrait dire : *Trente-deux ans à travers le pays de l'Islam*. Mais ce sont là de petites négligences courantes dont il faut prendre son parti avec l'auteur.

des impulsions, avec l'espoir charmant de se faire comprendre de son amie dans sa langue natale. Des circonstances dramatiques le séparent d'elle ; elle se marie, on l'enlève d'Alger, on la transporte à Milianah, où règne alors le puissant émir, en paix apparente avec la France. La passion inspire à l'amant abandonné une idée folle ; sa curiosité s'éveille pour le héros militaire et sacerdotal de l'Islam algérien ; il se décide, par un étonnant coup de tête, à se rendre près de lui ; il quitte sa patrie, son père ; il franchit le dernier campement de l'armée française, cette seconde patrie ; il conçoit sa résolution dans une sorte de transport d'imagination, et l'exécute avec un sang-froid incomparable. Toute sa destinée est dans ce contraste.

Le voilà l'hôte d'Abd el-Kader. Pour se faire bien accueillir de l'émir et du monde nouveau où il entre, il feint d'être musulman ; il observe les rites extérieurs de cette religion, il en prend le langage, les coutumes, le costume ; il s'attache avec un vrai dévouement à la fortune nomade et guerroyante de son nouveau chef à travers les territoires et les tribus encore rebelles. Suspect, malgré tout, aux fanatiques qui entourent l'émir, plusieurs fois dénoncé, il subit une terrible disgrâce et manque de perdre la vie à Tlemcen où on l'a exilé, sous prétexte de parfaire son éducation religieuse, dans une sorte de captivité barbare à laquelle tout autre aurait succombé. Il s'échappe de cette sorte de geôle théologique, revient à Medeah, y conquiert une seconde fois la confiance d'Abd el-Kader par sa mâle attitude. Puis il dirige, à titre d'officier du génie improvisé, le siège d'Aïn-Mahdi, une oasis fortifiée en plein désert. Envoyé comme parlementaire et considéré comme espion dans cette ville, sa vie y est menacée ; la protection de la jeune Mauresque qu'il a aimée autrefois, et qui se rencontre là comme une providence invisible et inespérée, le sauve de la mort. Après de grands efforts, la ville assiégée capitule. Léon Roches jouit des justes récompenses que lui prodigue l'émir, par lui victorieux; il est au comble de la faveur, et par un dernier trait, qui n'est pas sans inconvénient, l'émir le marie à l'une de ses jeunes parentes. Le voilà aux trois quarts musulman, favori d'Abd el-Kader, marié. Mais les événements changent et se précipitent; à des signes certains, il s'aperçoit que la guerre va recommencer avec la France; avec une décision virile, bien que tardive, il avoue à l'émir qu'il n'est pas musulman. Courroucé, mais généreux, le sultan des Arabes le laisse fuir hors du territoire soumis à sa domination. Il redevient Français.

A Paris, où il va se reposer des fortes émotions qu'il a traversées, il est reçu par M. Thiers, alors ministre, qui avec sa curiosité accoutumée, l'épuise de questions, absorbe avec avidité tous les renseignements qu'il peut obtenir de lui sur la situation des affaires arabes et les forces de l'émir. Renvoyé avec honneur en Afrique, attaché au général Bugeaud, sa fortune serait faite et il n'aurait plus qu'à suivre le cours propice des événements qui vont précipiter la conquête de l'Algérie; mais, encore une fois, l'esprit d'aventure se réveille; sous l'impression de chagrins domestiques et aussi d'un attrait singulier pour ce monde de l'Islam où il a vécu, voilà qu'il va s'y replonger, abordant des situations nouvelles et comme avide des périls auxquels il s'est déjà soustrait avec tant de peine; le fanatisme musulman l'attire invinciblement. Il se confère à lui-même la plus périlleuse des missions; il va dans tous les grands centres théologiques de l'Islam, à Kairouan d'abord, puis au Caire, à la Mecque enfin, solliciter dans une série de petits conciles, puis dans un grand concile final, la *fettoua*, la décision autorisant les populations musulmanes de l'Algérie à vivre sous la domination des Français, après qu'elles auront acquis, par une longue lutte, la conviction de l'inutilité de la résistance. C'était un gage théologique, et comme une garantie religieuse, de la plus grande efficacité, qu'il ambitionnait pour la France.

C'est peut-être cette mission volontaire, accomplie avec un mélange inouï d'audace et de calcul, qui forme la partie la plus extraordinaire de cette extraordinaire histoire. Musulman par l'habit et le rôle accepté, je dirais presque par un coin de l'âme, par habitude, par secrète sympathie et inclination de cœur, voilà notre compatriote s'acharnant à la conquête des ulémas les plus célèbres, assemblés à la Mecque. Que d'adresse, quelle possession de soi-même, quel empire sur toutes ses paroles, sur tous ses gestes, pour mener à bout une pareille entreprise, sans démentir jamais son rôle dans la compagnie de ces théologiens fanatiques, dans cette foule hypnotisée de pèlerins avec lesquels il visite la Caaba, dans l'hospitalité de plusieurs jours que le grand chérif lui offre à Taïf! Il va partir, il part, emportant la *fettoua*, ce gage tant envié, qui à lui seul vaut tous les périls courus, les fatigues endurées. Il croit tout sauvé ; tout semble perdu. En pleine cérémonie religieuse à la Mecque, à l'arrivée des grandes caravanes, pendant le sermon solennel d'Aârafat, on le reconnaît à des signes certains comme chrétien, on le dénonce ; un grand tumulte s'élève ; il est emporté comme une paille dans un ouragan ; il croit que c'est à la mort, c'est au salut. Des nègres, fidèles émissaires du chérif, qui, de loin, veille amicalement sur lui, l'enlèvent, le jettent lié et garrotté sur un chameau coureur ; il parcourt vingt-deux lieues dans une nuit, et, le lendemain, on le lance comme un colis, mais vivant encore, sur un misérable bateau de la mer Rouge.

Voici qu'une nouvelle face de sa fortune se montre à

nous. Une série de hasards le jette presque nu à Civita-Vecchia. De là il arrive à Rome, ce pèlerin de la Mecque, et presque sans transition, comme un conte des *Mille et une Nuits*; le soir même, dans la chapelle *dei Canonici*, il assiste au *Miserere*, le cœur surexcité par une espérance nouvelle, les pieds saignants de la longue route qu'il vient de faire; des pressentiments mystérieux l'agitent, puis s'accomplissent; il se convertit à la foi qu'il a si longtemps reniée, sinon dans le fond de son cœur, du moins dans l'extérieur de sa vie et sous l'habit d'un excellent musulman. Il veut même se faire prêtre, jésuite; le général de l'ordre, le R. P. Roothan, mis au courant de sa vie, doute un peu de cette vocation nouvelle; le pape, qu'il consulte, lui conseille, dans une petite allocution fort spirituelle, d'y renoncer. Enfin le général Bugeaud le rappelle en Algérie, et met fin, en termes énergiques, à ses velléités d'apostolat[1]. Dès lors, rendu à sa vraie carrière, il redevient l'auxiliaire le plus actif, le plus intelligent, le plus dévoué du général, en qualité d'interprète de l'armée d'Afrique, et surtout comme diplomate secret auprès des grands chefs de l'Algérie, qu'il a tous plus ou moins connus dans quelques phases de sa vie aventureuse. Il organise avec la plus extrême prévoyance les tribus des Hauts Plateaux, il suit, avec un courage plus militant que ne le comporte son emploi pacifique, la belle campagne du Maroc, terminée par la bataille de l'Isly.

Un prochain volume nous racontera la suite de cette destinée errante, les missions au Maroc, à Tripoli et à Tunis, où l'auteur a représenté la France comme consul

---

[1]. Quelque temps après cet incroyable incident de Rome, le général Bugeaud, en présentant Roches à un hôte illustre, qui nous l'a raconté, lui disait : « Imaginez-vous que ce b......-là a voulu se faire moine. Je l'ai rappelé à l'ordre en lui disant que je le traiterais comme un déserteur. »

d'abord, puis comme ministre plénipotentiaire. Dès lors, à mesure que sa fortune grandit, son tempérament et son caractère se régularisent. L'extraordinaire diminue dans sa vie, le roman se retire définitivement ; ce prodigieux aventurier se calme ; c'est maintenant un diplomate, avisé et fin comme les Orientaux, patient et taciturne comme eux, quand il le faut. Tout s'apaise en s'élevant dans cette existence, devenue de plus en plus officielle. Bientôt la métamorphose est complète. A peine, de temps en temps, quelques éclairs trahissent encore l'orage intérieur de cette imagination mobile et emportée qui a poussé cette vie, à travers tant de hasards, vers un but atteint sans être bien nettement poursuivi, où elle a trouvé un repos relatif et la dignité.

Dans les temps lointains où je visitai Alger, vers 1849, on parlait beaucoup de cette étonnante histoire du secrétaire d'Abd el-Kader. Plusieurs officiers l'avaient intimement connu. Un très savant archéologue, M. Berbrugger, un linguiste distingué, M.-Brosselard, devenu plus tard préfet d'Oran, savaient bien des détails inédits. C'était un sujet inépuisable de conversation, parmi les jeunes gens d'alors, dans les promenades sans fin sur la place du Gouvernement, à cette heure délicieuse des soirées algériennes, quand la brise de mer apporte la première fraîcheur, sous ce ciel d'Orient plus pur, plus transparent, et qui semble éclairé de plus d'étoiles. Depuis ce temps, le silence et l'oubli s'étaient faits graduellement sur le personnage et sur les événements auxquels il avait été mêlé, ou plutôt la réalité s'était effacée pour faire place à une vague légende d'aventure et d'amour. Il y a deux ans, bien peu de personnes auraient pu dire si le héros vivait encore. Il lui était arrivé quelque chose de semblable à ce qui advint, dans un autre genre de vie, à notre cher confrère M. Auguste Barbier, quand un ami zélé parla de lui, vers 1869, à propos d'une candidature à l'Académie. « Mais il est mort », répondait-on de toutes parts. — Non pas, le poète des *Iambes* n'était pas mort ; il mourut même assez longtemps après. Mais la mémoire des contemporains est ainsi faite que, quand un homme a obtenu un grand succès et fixé fortement l'attention par une œuvre ou par un événement décisif, si le reste de sa carrière a eu moins d'éclat, le souvenir public reste attaché à cette date et à cet événement. C'est l'effet d'une sorte de paresse obstinée de l'esprit, à qui il déplaît de changer ses habitudes. On s'imagine volontiers que tel personnage, un instant historique, a dû disparaître depuis que la date s'est éloignée et qu'un silence relatif s'est fait sur son nom. Et quand un hasard vous apprend qu'il n'est pas mort, on lui sait presque mauvais gré de s'être survécu à lui-même et d'avoir involontairement trompé l'opinion générale. Si peu courtois que soit ce sentiment, il est bien naturel. Quand l'ouvrage de M. Léon Roches a paru, tout récemment, ce fut bien là l'impression première. Le public s'imagina d'abord qu'il avait affaire à des souvenirs posthumes, et quand on sut que c'étaient les souvenirs d'un homme vivant, très vivant, peut-être y eut-il quelque déception. Pour moi, j'eus la force de ne pas céder à ce mauvais mouvement; je me réjouis franchement d'apprendre que l'homme légendaire d'autrefois, l'ancien secrétaire du sultan arabe, menait une robuste vieillesse, bien décidé à rester le plus longtemps possible sur cette terre, pour y raconter la fin de son histoire à la génération de demain.

C'est autour de la figure d'Abd el-Kader que roule l'intérêt principal de ce long récit; tout y prépare et tout y ramène. Là aussi est la partie durable des documents que nous apporte l'auteur. Les livres III, IV, V, VI, VII et VIII du premier volume garderont toute leur valeur pour les historiens de l'avenir qui auront à s'occuper de cette brillante et laborieuse épopée de la conquête algérienne. La biographie de l'émir, les événements qui se sont succédé en Algérie depuis la nomination d'Abd el-Kader comme sultan, sa politique, la description de son camp, l'ordre de marche de sa petite armée en campagne, tout cela est retracé d'un crayon rapide qui n'omet aucun détail intéressant et qui rencontre parfois, presque sans y songer, un trait décisif, propre à se graver dans la pensée et à donner à ce récit l'accent et la vie. Sa présentation à l'émir est un petit tableau d'histoire. « Il occupait seul le fond de la tente, en face de l'entrée ; je m'avançai lentement vers lui, les yeux baissés, je m'agenouillai et lui pris la main pour la baiser ainsi que c'est l'usage…. Je crus rêver quand je vis fixé sur moi ses beaux yeux bleus, bordés de longs cils noirs, brillants de cette humidité qui donne en même temps au regard tant d'éclat et de douceur…. Son teint a une pâleur mate; son front est large et élevé; des sourcils noirs, fins et bien arqués surmontent les yeux bleus qui m'ont fasciné. Son nez est fin et légèrement aquilin, ses lèvres minces sans être pincées; sa barbe longue et soyeuse encadre légèrement l'ovale de sa figure expressive. Un petit tatouage entre les deux sourcils fait ressortir la pureté du front…. Sa taille n'excède pas cinq pieds et quelques lignes, mais son système musculaire indique une grande vigueur. Quelques tours d'une petite corde en poils de chameau fixent autour de sa tête un haïk de laine fine et blanche…. Il tient toujours un petit chapelet noir dans sa main droite…. Il l'égrène avec rapidité, et, lorsqu'il écoute, sa bouche prononce encore les paroles consacrées à ce genre de prière. Si un artiste voulait peindre un de ces moines inspirés du moyen âge que leur ferveur entraînait sous l'étendard de la croix, il ne pourrait choisir un plus beau modèle. Un mélange d'énergie guerrière et d'ascétisme répand sur sa physionomie un charme indéfinissable. « Sois le bienvenu, me dit-il, sois le bienvenu, car tout bon musulman doit se réjouir de voir augmenter le nombre des vrais croyants. » Je fus surpris de sa voix saccadée et pour ainsi dire sépulcrale; elle sied mal à sa figure. Sa parole est brève et rapide; il conserve l'accent et emploie l'idiome des provinces de l'Ouest.

Voilà l'homme. Quant à sa politique, elle était tout entière inspirée par sa foi, c'est-à-dire au fond irréconciliable. Ce fut là une désillusion terrible. Léon Roches ne pensait être d'abord que l'hôte d'un ami de la France, consacré dans son ambition par le traité de la Tafna, qui l'avait rendu maître des provinces d'Oran et de Tittery et d'une partie de celle d'Alger, et avait étendu sa puissance bien au delà de ce qu'aurait pu faire toute seule son indomptable énergie. Au moment où il entrait dans le camp arabe, Léon Roches était persuadé que son nouveau chef gardait le souvenir de la part que la France avait prise à son élévation, et qu'il était décidé à respecter scrupuleusement les conditions du traité dont il avait recueilli des avantages inespérés. Après quelques conversations, il fut atterré en voyant qu'il s'était trompé du tout au tout. Il acquit la conviction que ce qui occupait le cœur de ce prêtre-soldat, c'était une passion inexorable d'indépendance, qui savait temporiser à propos, fléchir aux circonstances, mais sans rien céder au fond, se réservant tout entière pour des temps propices et accumulant en silence les moyens de la vengeance. Régénérer son peuple, réveiller sa foi, chasser l'ennemi du sol profané de l'Islam, c'était son idée fixe, à laquelle tout était subordonné, même les alliances et les amitiés momentanées. La haine restait au fond, rien ne pouvait la désarmer : c'était une haine plus qu'humaine, qui ressemblait à une hallucination et se confondait pour lui avec une inspiration d'en haut.

C'est alors que l'intrépidité de Léon Roches se troubla et qu'il conçut des doutes sur la nature et les suites de cette grande aventure, où il s'était jeté de gaieté de cœur. Certes, pendant ces deux années qu'il resta l'hôte, d'abord volontaire, puis contraint, de l'Islam, il ne fit rien de contraire à la fidélité envers son pays ; il soutint son rôle auprès de l'émir et des principaux chefs avec une prudence, une adresse, une circonspection qui le tinrent en garde contre toute complicité déshonorante avec l'ennemi de la France. Malgré cela, je l'avoue, à la lecture de cette partie de l'ouvrage, la plus intéressante par les détails de cette vie si pittoresque et par le spectacle de l'envers de notre histoire vu du camp d'Abd el-Kader, une impression douloureuse persiste, ou plutôt cette impression est double. Tantôt on souffre de voir ce Français, ce chrétien, sous l'habit du musulman, devenir le confident et le collaborateur dévoué de notre ennemi, travailler à sa grandeur en combattant les tribus réfractaires, en réduisant à capituler le fier seigneur d'Aïn-Madhi, le suzerain reconnu d'une grande oasis, le chef d'une secte très puissante, qui à lui seul, dans cette région du désert, contre-balançait l'autorité d'Abd el-Kader. Étaient-ce bien là l'œuvre et la place de notre compatriote ? Et, d'autre part, quelque susceptibilité ne s'éveille-t-elle pas en voyant cet homme, si habile à jouer son rôle, se concilier la faveur de l'émir, capter sa confiance en le prenant par le côté religieux ; en affectant une ardeur passionnée pour l'Islam, en se livrant avec tant de zèle aux études théologiques que l'émir exige de lui comme gage de sa conversion? Il s'installe au centre même de la puissance ennemie qui se livre à son examen ; il en interroge les ressources, il en étudie les ressorts ; il rentrera en France avec un dossier riche de documents de toute sorte. Ce rôle en partie double n'est pas fait pour nous plaire. Ah! je comprends ceux qui, comme Caillié, le pèlerin de Tombouctou, se dévouent à jouer un rôle analogue en vue d'une conquête géographique et d'un grand résultat scientifique. Mais ici, il ne s'agit de rien de semblable, pas même, à l'origine, d'un service à rendre à la France : il ne s'agissait d'abord que d'un amour romanesque à suivre et d'une curiosité d'imagination à satisfaire. Ce n'est peut-être pas suffisant pour justifier de pareilles transactions.

Tout cela est singulièrement grave et délicat; il y a là je ne sais quel cas de conscience, qui surgit irrésistiblement de certaines pages de ce livre, et qui est bien de nature à susciter des doutes sérieux, à émouvoir notre perplexité. Nous proposons ce problème, laissant à nos lecteurs le soin de le résoudre et n'ayant d'ailleurs aucun désir d'infliger un blâme à un brave homme, cœur excellent, tête chaude, imagination ardente, amoureuse de l'extraordinaire, tentée par tous les périls, incapable de résister à une idée fixe, incapable aussi de la garder longtemps. Ce qu'il faut rappeler, c'est qu'à un jour donné, quand la situation, quelque temps obscure, vint à s'éclaircir et que le problème patriotique et moral se posa en pleine lumière, Léon Roches n'hésita plus. Il jette à bas son masque de musulman et déploie une décision de caractère qui aurait pu lui coûter la vie et qui rachète en un quart d'heure deux années d'équivoque. La scène est fort belle et fait le plus grand honneur aux deux personnages en présence.

C'était le soir du 31 octobre 1839, au moment où des messagers venaient d'apprendre à l'émir que le maréchal Vallée franchissait le passage des Bibans sur un territoire que le traité ambigu de la Tafna semblait concéder aux Arabes. L'émir, saisissant l'occasion souhaitée, expédiait des courriers à tous les khalifes pour leur dire de se tenir prêts à la guerre sainte et leur assigner des rendez-vous. La nuit était avancée et Roches allait prendre congé, quand Abd el-Kader lui fit signe de rester. « Pourquoi es-tu triste? lui dit-il ; ne devrais-tu pas te réjouir de l'occasion que Dieu te donne de prouver ta foi en combattant les infidèles? — Non, répondit Roches. Cette guerre sera funeste à toi et à ton peuple. Et puis, crois-tu donc que mon cœur ne se déchire pas à la pensée de combattre les enfants de la France, qui abrite mon père? — Ce sont là des paroles impies, reprit Abd el-Kader avec plus de sévérité. Oublies-tu que le jour où tu as embrassé notre sainte religion, tu as rompu tous les liens qui t'attachaient aux infidèles? Tu as parlé comme un chrétien, songe que tu es musulman. » Je le regardai fixement et lui dis d'une voix étranglée : « Eh bien, non, je ne suis pas musulman ! » La foudre serait tombée aux pieds d'Abd el-Kader qu'il n'eût pas été plus terrifié. Il devint blême, ses lèvres tremblaient, il leva les yeux et les bras au ciel, puis il s'élança vers la porte. Je crus que ma dernière heure avait sonné, je fis un acte de profonde contrition et je me préparai à mourir. Abd el-Kader, qui, sans doute, avait voulu s'assurer que personne ne pouvait écouter, referma avec précaution la porte qu'il venait d'ouvrir et revint s'asseoir en face de moi. — « J'ai mal entendu, Omar (c'était le nom de Roches en religion musulmane), me dit-il avec plus de douceur, tu n'as pas voulu prononcer cette parole qui mérite la mort! Ta langue a trompé ton cœur. — Non, seigneur, m'écriai-je, assez de mensonges! Non, je ne suis pas musulman; prends ma vie, elle t'appartient. — *Joueur de religion! joueur de religion!* répétait Abd el-Kader consterné. »

L'émir partit pour Tlemcen le lendemain de cette dernière et terrible entrevue; il ne laissait aucun ordre concernant notre compatriote, qui s'était si vaillamment reconquis lui-même. C'était une sorte de consentement tacite à une fuite qui ne fut pas entravée. Quelques jours après, Léon Roches arrivait, non sans péril pourtant, au camp français du Figuier. Il ne devait plus revoir Abd el-Kader, « ce héros de ses rêves pour lequel il avait abandonné père, bien-être et patrie et que pourtant il avait trompé de la façon la plus cruelle. » Plus tard, quand la fortune eut trahi les suprêmes efforts de l'émir et que le drapeau de la France flotta sur ses refuges les plus lointains, une correspondance s'établit entre lui et son ancien secrétaire, et la dernière lettre que le noble exilé, au moment de mourir, écrivit de Damas, portait pour suscription : « A l'ami fidèle, Léon Roches », et pour signature : « Ton ami sincère, Abd el-Kader ». La vie avait fait son œuvre d'apaisement et réconcilié ces deux hommes au terme de leur carrière. Quarante années changent profondément l'histoire des peuples; et que ne font-elles pas pour les individus, pour leurs sentiments comme pour leurs destinées !

LA CRITIQUE CONTEMPORAINE

ET LES

CAUSES DE SON AFFAIBLISSEMENT

I

C'est un fait notoire, pour tous ceux qui observent les révolutions du goût et qui étudient les mœurs littéraires, que la critique de notre temps est réduite à un état de médiocrité et d'impuissance où on ne l'avait jamais vue. Je ne veux parler ici ni de la critique érudite, celle qui s'applique à l'histoire de la langue et au commentaire des textes, ni de la critique d'art et de théâtre, qui doivent se multiplier pour répondre à la production toujours croissante des œuvres de ce genre et à l'importance qu'elles ont prise dans les habitudes de la société contemporaine. Encore moins de la critique religieuse, si active et si passionnée dans la lutte suprême engagée de nos jours. Toutes ces formes de l'esprit humain appliqué au choix et au discernement du bien ou du vrai mériteraient assurément d'être étudiées dans leur état présent et leurs transformations ; mais je veux limiter la question que j'étudie à la critique des livres, des œuvres littéraires, historiques ou philosophiques, celle qu'ont honorée en d'autre temps, pour ne parler que des morts, les Villemain, les Saint-Marc Girardin, les Gustave

Planche, les Sainte-Beuve, et qui avait dans son vaste domaine soit la littérature comparée des diverses nations et des différents siècles, soit la littérature indigène, dont on analysait curieusement les manifestations les plus hautes et les plus variées, les mouvements de recul ou de progrès, les évolutions, en un mot, avec les types les plus expressifs dans chaque genre.

Dans un temps qui n'est guère éloigné de nous, il y a vingt ans encore, l'apparition de chaque ouvrage important était une sorte d'événement littéraire ; aussitôt né, il était l'objet d'une curiosité attentive et méditée ; il était étudié à fond, jugé avec réflexion, discuté ou loué selon son mérite, ce qui n'excluait pas, bien entendu, l'action des idées personnelles et les préférences du juge. Dans chaque journal d'une certaine importance, la critique littéraire était organisée comme l'est aujourd'hui la critique de théâtre. Au-dessous des noms de premier ordre, comme celui de Sainte-Beuve, témoin si attentif de tous les événements d'idée et comme aux aguets des talents naissants, il y en avait un grand nombre de distingués, qui maintenaient avec honneur le niveau de cette magistrature intellectuelle. C'était pour chaque auteur et pour chaque œuvre une épreuve redoutable à traverser que celle de ces divers jugements qui les attendaient au seuil de la publicité. Le public lui-même était heureux de trouver, pour toute lecture qui en valait la peine, des guides qui le dirigeaient dans les choix à faire, qui lui donnaient la note juste des mérites et des talents. Les critiques de ce temps-là étaient comme des oracles écoutés du bon sens, de la raison et de la science ; c'étaient eux, en définitive, qui déterminaient les courants d'opinion autour des œuvres nouvelles, qui en expliquaient le succès ou la chute, qui démasquaient le charlatanisme de certains auteurs et empêchaient les mystifications grossières. Je ne prétends pas qu'ils fussent infaillibles eux-mêmes, ni toujours désintéressés ni étrangers à la passion; mais enfin ils se trompaient moins souvent et moins lourdement que la masse des lecteurs, aujourd'hui toute désorientée et flottante à tous les vents.

Aujourd'hui, le succès d'un livre, roman, poème, œuvre littéraire ou philosophique, se fait sinon au hasard, du moins sans cause sérieuse et sans raison suffisante. Je ne parle pas, bien entendu, de la fortune définitive des livres, qui ne s'établit et ne dure que par le mérite éprouvé, par la science et le talent reconnus; à la longue et par un effet à peu près certain de justice distributive, les rangs se rétablissent, les suprématies usurpées se perdent, l'ombre et la lumière se répartissent avec une sorte d'équité finale entre les auteurs; le temps, aidé de la raison qui n'abdique jamais complètement, remet chaque chose et chacun à sa place. Mais ce dernier résultat se fait quelquefois longtemps attendre. Et, en attendant, on assiste à des succès improvisés qui ne sont que l'effet d'une violente surprise, le produit de la camaraderie, le signe d'une franc-maçonnerie provisoirement toute-puissante ou bien encore le triomphe de l'effronterie combinée avec une publicité sans scrupule. On voit arriver du premier coup à des fortunes scandaleuses des œuvres essoufflées et médiocres, tandis que des œuvres du plus grand mérite ne parviennent que tardivement à sortir de l'ombre.

En même temps et par des raisons semblables se produit l'anarchie absolue des opinions. L'esprit public, ne se sentant plus guidé, se disperse en mille voies contraires. Chacun lit au hasard et juge d'après des impressions hâtives qui sont la plupart du temps incapables de se raisonner elles-mêmes. Il n'y a plus ni proportion ni nuance dans l'appréciation des œuvres. De là l'inévitable décadence du goût public, qui, pour se maintenir à un certain niveau, a besoin d'initiateurs et de maîtres, et dont l'éducation ne se fait jamais toute seule. Ce qu'il y a de plus rare à rencontrer aujourd'hui, c'est quelqu'un qui juge bien, qui juge nettement, qui sait et dit pourquoi il juge ainsi. Ce qu'il y a de plus agréable à entendre dans cette confusion d'impressions discordantes et de notes fausses, c'est un bon jugement qui donne ses raisons. Le public ne réfléchit plus parce qu'on ne lui apprend plus à réfléchir. Chacun suit aveuglément la vogue, ne s'apercevant pas que c'est lui-même qui la fait, sous l'impulsion de quelques meneurs subalternes.

Voilà le mal: les causes en sont complexes, je tâcherai de les démêler. La plus apparente et qui ressemble à une naïveté, c'est qu'il n'y a plus de critiques. On dirait, en effet, que cette race des juges littéraires s'est tout d'un coup épuisée et ne se renouvelle pas. Où sont-ils, à l'heure qu'il est, ces critiques si attentivement écoutés jadis et qui étaient investis d'une sorte de juridiction sur toutes les œuvres nouvelles? Mais c'est cette disparition même d'une race littéraire qui est le fait à expliquer; c'est surtout la moindre action de ceux qui restent, la médiocrité de leur influence, qui est un phénomène singulier. On a tort de croire qu'il n'y a plus de critiques; il y en a encore et d'excellents. Seulement ils ne peuvent plus contre-balancer les mouvements contraires de l'engoûment public; ils se sentent de plus en plus isolés et plusieurs se découragent. Leur autorité solitaire ne s'étend pas au delà d'une certaine sphère de l'opinion où habitent les esprits d'élite et qui reste complètement en dehors des grands courants de la popularité. Ils ont de la considération plutôt que de l'influence. Certes, j'en pourrais citer plusieurs qui font encore aujourd'hui de la haute critique pour le plaisir des lettrés, avides de tout ce qu'ils écrivent. Mais les uns, avec leur vaste lecture, leur savoir très étendu, leur infatigable curiosité, n'apparaissent plus que rarement pour donner satisfaction à leurs vives sympathies pour quelque œuvre qui en est vraiment digne ou à leurs généreuses colères contre certaines aberrations du goût public ; d'autres, qui semblaient spécialement désignés par la pénétration de leur esprit et même par une hautaine impartialité de conscience littéraire pour porter une partie de l'héritage de Sainte-Beuve, désertent de plus en plus la littérature et absorbent stérilement un esprit plein de ressources dans les luttes abaissées de la politique contemporaine. Un autre accomplit sa tâche avec la même verve qu'autrefois, nous donnant l'exemple d'une jeunesse de talent inépuisable ; mais les nécessités de la cause à laquelle il s'est voué, certaines exigences d'autant plus impérieuses qu'elles sont celles d'un parti vaincu, font de lui moins un juge qu'un soldat qui ne pose jamais les armes. A côté de ces survivants de la grande critique, il faut marquer la place de talents admirablement doués pour cette fonction de juges et qui se seraient imposés à l'opinion, si leur humeur errante ne les avait attirés ailleurs, s'ils n'avaient subi des tentations multiples sans méconnaître cependant leur instinct qui les ramène de temps en temps, pour la joie des délicats, dans les régions littéraires ; d'autres encore qui, en quelques pages fines et rapides, tantôt nous montrent la justesse la plus acérée d'esprit, tantôt se répandent en fantaisies charmantes. Enfin, comme consolation du présent et réserve de l'avenir, nous ne serions pas embarrassés pour citer de jeunes et vifs esprits, mûris avant l'âge par l'étude et la réflexion, d'une science déliée et d'une dialectique bien savante et bien juste dans son apparente âpreté. Mais ce qu'il faut comprendre, c'est que toutes ces manifestations de la critique contemporaine, ces apparitions plus ou moins intermittentes, dispersées, individuelles, ne forment pas un corps, une magistrature. Je vois encore des juges, si l'on veut, mais je ne vois plus de tribunal. Leurs arrêts sont sans force ; en dehors de quelques lecteurs de choix, la sanction manque, celle que seul donne le grand public. Leur autorité appartient à la personne, non à la fonction ; elle ne dure que par eux ; ils ne la partagent pas et ne la délèguent pas ; ils l'emportent avec eux ; elle est un accident heureux, elle n'est plus cette institution acceptée par l'opinion d'autrefois comme une discipline, comme une force collective, comme une lumière. A cet égard, tout est changé.

II

Pourquoi cela? pourquoi ces dernières voix de la critique restent-elles ainsi isolées et sans écho? pourquoi n'ont-elles pas un retentissement plus profond dans la conscience publique? pourquoi n'ont-elles point d'action réformatrice sur l'opinion qui s'égare, ni d'initiative pour prévenir ces pitoyables égarements? Il y a là un concours de causes dont quelques-unes dépassent la littérature proprement dite et qui tiennent à un certain état social intéressant à définir.

Un des traits les plus frappants de cet état social est la division que la politique crée entre les esprits. Jamais cette division n'a été plus radicale et plus profonde qu'aujourd'hui. C'est une sorte de guerre civile qui règne entre les intelligences ; il n'en est pas de plus implacable. On n'a plus les générosités et les courtoisies d'autrefois, de ce temps si éloigné de nous moins par le nombre des années que par les événements, où un Armand Carrel conquérait l'estime et la sympathie de ses adversaires les monarchistes, où un Berryer était applaudi par les républicains de l'avenir, où M. Guizot et M. Thiers, sortis du ministère, obtenaient pour leurs livres une justice qu'ils n'avaient pas toujours pour leurs idées au pouvoir. Il semble aujourd'hui qu'il n'y a ni ajournement, ni trêve pour les colères politiques, les mépris réciproques et les dénigrements furieux. Par cela seul que l'on diffère d'opinion sur les bienfaits de l'opportunisme, sur son avenir et sa portée, ou sur les chances de retour de la légitimité exilée, ou sur les avantages théoriques d'une monarchie constitutionnelle pour un grand pays, il semble nécessaire et convenu d'avance, selon les groupes et les journaux, ou bien qu'on réunisse tous les dons et toutes les beautés de l'intelligence, toutes les activités bienfaisantes et les énergies du caractère, ou bien qu'on soit un esprit inférieur, une âme élémentaire, un ilote de la science, un paria des lettres, un être voué à l'oubli, c'est-à-dire à la mort intellectuelle, par cette loi de sélection qui frappe les incapables et les condamne à disparaître. C'est absolument insensé, mais cela est ainsi.

La politique est transportée tout entière, avec ses injustices et ses préjugés, dans la littérature, dont elle altère profondément le caractère hospitalier et bienfaisant. Telle œuvre charmante et forte, un roman même, fût-il sincère et passionné, ne rencontrera d'un certain côté de l'opinion que le silence et le plus froid dédain. Imaginez un livre de bonne foi, mûrement étudié, sur une question importante, comme il en paraît encore de temps en temps; imaginez ce livre tombant à l'improviste dans un milieu ainsi préparé. Ce qui dénonce le parti pris et l'absence complète de sincérité dans la critique, c'est qu'on peut marquer d'avance les coups ; on peut deviner quelle fortune ce livre rencontrera suivant la couleur des journaux, qui sont restés, quoi qu'on fasse, les dispensateurs du succès immédiat. Ce serait le cas d'établir ici, selon la méthode de Bacon pour l'observation des phénomènes, des tables de *présence*, d'*absence* et de *comparaison*, en d'autres termes, de dresser la liste des journaux, en les distribuant en trois séries : ceux où le livre sera acclamé ou injurié de confiance sur le titre seul et avant toute lecture ; ceux où la mention même de ce livre sera systématiquement omise, comme s'il était dangereux de faire connaître le nom d'un auteur qui représente un certain capital d'idées contraires à celles du parti ou du groupe ; enfin ceux où l'accueil sera plus ou moins froid, la faveur ou le dédain plus ou moins mitigés. Mais ce système mixte est rare, et le cas le plus ordinaire est celui du parti pris inflexible de l'excommunication réciproque, ce qui dispense de lire, allège la besogne et simplifie la critique. Ainsi se fondent, sur toute l'étendue de la France intellectuelle, des sectes fermées, même en littérature, des coteries livrées à toute la violence des partis et à l'inintelligence des passions politiques.

A cette fureur d'excommunication littéraire correspond la manie presque plus ridicule des apothéoses. Chacune de ces petites sectes politiques où fleurit l'anathème contre les talents qui ne sont pas enregistrés s'organise en une société d'admiration mutuelle qui ne chôme guère, tout le long de l'année, d'œuvres nouvelles et de génies improvisés. Il faut le dire, du mal même sort le remède. Ni ces enthousiasmes de commande, ni ces mépris ou ces silences imposés n'ont plus grande signification. Ils sont inoffensifs à force d'exagération, et la sottise poussée à ce point devient une sorte d'innocence. Par suite de l'injustice générale qui est une habitude, une loi de notre époque, il se produit un effet compensateur qui la corrige : c'est l'avilissement de la louange et de l'injure. Rien ne compte plus et ne porte plus.

Pour la louange, cela va de soi ; elle se discrédite par sa vanité. Quel homme de mérite ayant mis la main à une œuvre difficile, consciencieuse, n'échangerait pas volontiers des éloges sans portée, dont on sent l'inanité sous l'enflure des mots, contre un article de discussion sérieusement motivé, fût-il même sévère? Mais on ne choisit pas ses juges. L'injure n'est pas moins discréditée que la louange. Dans une discussion, n'avez-vous pas remarqué qu'une voix qui force le diapason, après avoir imposé d'abord aux auditeurs une attention douloureuse, les fatigue et n'est bientôt plus perçue par eux que comme un cri désagréable qui les empêche de penser et de causer? Il en est de même de ces invectives de parti pris, qui n'ont même pas pour elles l'excuse de la sincérité. C'est le sort et le châtiment des hyperboles qui durent trop ou se renouvellent trop souvent ; elles détruisent leur effet. On n'a jamais, autant que de nos jours, abusé des notes criardes et fausses. En ce temps de dictionnaires de tout genre, il en est un que l'on a oublié de faire et qui aurait un assez beau débit : c'est le vocabulaire des injures ; ce serait le véritable instrument des discussions actuelles et comme un auxiliaire providentiel de la polémique. — Mais qui donc serait assez ingénu pour se sentir atteint par des armes de ce genre? Ah! qu'il fait bon, quand on a respiré quelque temps l'air de ces polémiques, d'en secouer l'odeur malsaine en ouvrant l'une de ces œuvres où règnent la mesure, l'harmonie, où brille la juste proportion des choses, où chaque mot a sa valeur, chaque jugement sa nuance, chaque opinion sa raison! Là encore, comme chez Pascal ou chez Voltaire, il arrive que l'on rencontre la passion vive, ardente, habile à colorer l'expression qu'elle emploie. Mais dans les meilleures pages de Voltaire, et en dehors de ces polémiques désavouées où la fureur l'emporte aux excès, et que son goût l'empêche alors de signer, quel maître d'ironie! Et comme cette arme meurtrière, fine et pénétrante, fait plus de mal que ces coups de massue tapageurs, qui semblent toujours frapper sur quelque matière insensible, qui assourdissent les oreilles et font le fracas d'un grand effort, mais dont les prétendues victimes se portent à merveille, souriant tranquillement de ces violences inutiles et sonores!

Une autre raison à laquelle je crois devoir imputer une part dans cette stérilité de la critique contemporaine, c'est l'organisation actuelle du journalisme et le régime d'improvisation à outrance qui en est le résultat. Si l'on excepte de ces réflexions assez chagrines et trop justifiées quelques journaux dont la clientèle sérieuse est faite depuis longtemps et qui tiennent à honneur de maintenir leur réputation et de justifier leur autorité, l'état de la presse et son mode de recrutement sont absolument incompatibles avec une discussion sérieuse des hommes et des livres. Il n'y a plus ni stabilité dans les fonctions de journalistes, ni spécialité marquée d'aptitudes et d'emplois, ni noviciat d'aucune sorte. Ces fonctions se prennent, se quittent, s'échangent du jour au lendemain avec une insouciance et une légèreté qui excluent toute étude préalable et toute préparation sérieuse. Trois faits s'imposent ici avec une évidence et une simultanéité significatives : la multiplication prodigieuse des journaux, l'extrême facilité d'y entrer, enfin les habitudes nouvelles qui tendent à y dominer, l'irréflexion, la hâte excessive, une sorte de facilité paresseuse qui accomplit sa besogne avec des idées toutes faites, des formules qui suffisent à tout et une plume rapide qui ne connaît ni l'obstacle ni la fatigue.

C'est une révolution qui s'est accomplie dans la presse. Tout récemment, un des rares journalistes qui savent leur métier et qui apportent à leur œuvre quotidienne de la conscience et une science véritable, caractérisait en traits précis cette situation nouvelle. Je résume l'opinion qu'il exprimait sur cette question. « Autrefois, disait-il, il y avait un petit nombre de feuilles correspondantes à des situations politiques bien définies, toutes rédigées ou par des hommes de talent ou, ce qui n'est pas à dédaigner, par des hommes de mérite et dont les programmes étaient connus. La presse n'était pas alors une carrière ouverte. Il fallait avoir fait ses preuves pour y entrer et les renouveler pour s'y maintenir. Aujourd'hui tout est changé. La fréquence croissante des relations, les moyens de communication s'augmentant et s'étendant sans cesse, les développements de l'industrie, les progrès de l'instruction élémentaire, les libertés publiques multipliées, tout cela a décuplé le nombre des journaux. Et comme conséquence, la légion des journalistes s'est centuplée pour suffire à cette consommation prodigieuse des feuilles publiques; du même coup, la presse est devenue une carrière ouverte à tout venant. »

Voilà l'exacte vérité. Dans l'ancienne constitution de la presse, un journal était l'état-major d'une opinion, dont les chefs étaient à la tribune ou au pouvoir. N'entrait pas qui voulait dans cet état-major de politiques ou de lettrés. Le recrutement ne s'y faisait pas au hasard; il n'était ni aussi irrégulier ni aussi aventureux qu'aujourd'hui. Il fallait, pour y être accepté, des qualités spéciales d'esprit et un certain fonds d'instruction qui marquaient la place d'un homme, la convenance ou l'utilité d'un écrivain. Les articles se faisaient presque en commun ou, du moins, ils s'élaboraient sous la même inspiration, et la fantaisie individuelle, l'humour de chacun subissaient un contrôle, une discipline. Chacun des rédacteurs participait dans sa mesure à l'autorité collective du journal ; il fallait, pour le représenter, remplir certaines conditions de tenue et de mérite. Une double responsabilité pesait sur les écrivains, celle de leur talent personnel et celle du journal. Ils avaient leur emploi marqué, leur spécialité définie ; ils s'y mouvaient avec aisance, comme cela doit être pour un galant homme qui écrit, mais ils avaient toujours à compter avec l'esprit du journal, à ménager son autorité acquise, et leur liberté était solidaire. Aujourd'hui, aucune de ces conditions n'est requise, aucun de ces ménagements n'est nécessaire, aucune de ces formes de la discipline ancienne n'existe plus que dans quelques journaux privilégiés qui ont conservé le respect d'eux-mêmes. Partout ailleurs, sous la condition unique du parti politique ou de la nuance à laquelle le journal appartient, il n'y a plus de spécialité d'études ou d'aptitudes à montrer, pas d'autre preuve à faire que le succès du premier article ou la protection d'un capitaliste influent. On fait de tout un peu et au hasard, de la littérature, de la science, de la finance, de la politique ou de la stratégie en chambre, du *reportage* toujours selon l'offre et la demande du journal et du public. Dans ce singulier métier, la main-d'œuvre s'apprend tout de suite. Rien n'égale la facilité du procédé, si ce n'est la légèreté de ceux qui l'emploient. Un de mes amis me racontait l'autre jour qu'à l'occasion d'un de ces événements académiques qui ont encore le don d'exciter la curiosité du public, il avait reçu la visite d'un journaliste qui venait prendre quelques renseignements auprès de lui. Je reproduis cette conversation exactement telle qu'elle m'a été racontée le jour même. « Votre portrait doit paraître dans notre journal. Pourriez-vous m'aider à l'achever? dit le journaliste. — Comment! mon portrait? — Sans doute; il faut que nous le donnions demain à nos lecteurs sous peine d'être *distancés* par les autres journaux. D'ailleurs il est déjà fait; il n'y manque que le mot de la fin. — Mais vous ne me connaissez pas? — Non. — Vous ne m'avez jamais vu? — Cela ne fait rien. — Vous n'avez rien lu de moi? — Est-ce que j'ai le temps? D'ailleurs cela n'est pas nécessaire. — Eh bien! comment avez-vous pu faire le portrait d'un homme que vous n'avez jamais vu et d'un écrivain que vous n'avez pas lu? — Mais n'avons-nous pas les dictionnaires biographiques, auxquels s'ajoute, dans nos bureaux, une tradition orale sur chacun des personnages que les circonstances mettent en vue. Tout mon article est écrit d'avance; donnez-moi une anecdote inédite pour la fin. — Une anecdote? Mais je n'en ai pas à vous fournir. — Qu'à cela ne tienne! J'en trouverai une parmi celles qui circulent et qui pourra bien servir cette fois encore. — Mais elles sont presque toutes fausses, je vous en préviens. — Qu'importe, si la mienne est piquante? » Et comme mon ami demandait à son La Bruyère quel âge il pouvait bien avoir : « Dix-huit ans », lui fut-il répondu fièrement.

Que peut-on attendre pour la critique sérieuse d'un régime pareil où manquent si évidemment la réflexion et l'étude? Au fond, la plupart de ces écrivains n'obéissent pas à une vocation spéciale. Ils entrent dans le journalisme séduits par la liberté même de cette carrière où ils voient un sport d'un genre nouveau, où le noviciat est si facile, la discipline si douce, les perspectives si variées et parfois brillantes, entraînés moins par le goût littéraire que par une facilité irrémédiable à écrire. Irrémédiable, c'est le seul mot qui puisse caractériser cette absence de culture et d'attention, cette incapacité d'effort, volontaire d'abord et qui devient chronique, avec cette aisance à parler de tout superficiellement, de confiance et par à peu près, qu'il s'agisse de théâtre ou de peinture, d'un sermon ou d'un opéra, d'un discours ou d'un tableau. De cette indifférence absolue sur la matière dont on traite, et en même temps de cette absence de scrupule qui permet d'écrire sans avoir eu le temps ni la volonté de rien apprendre, résultent des conséquences qui éclatent aux yeux : la première, c'est que la critique tend de plus en plus à se transformer en un simple récit d'anecdotes sur chaque auteur. Étudier un livre, cela est long, parfois difficile ; le juger, cela est délicat et compliqué. Un livre soulève un monde d'idées ; tout est lié, dans cet univers des intelligences, par des analogies ou par des contrastes. Rien que pour la lecture matérielle d'un in-octavo de quatre cents pages, un esprit attentif ne peut pas en venir à bout à moins de trois ou quatre journées. Et quels sont les privilégiés qui peuvent s'offrir à eux-mêmes un pareil luxe de temps? Ils sont rares parmi les gens de loisir ; il n'y en a pas parmi les improvisateurs de la presse. Mais lire un ouvrage de cette taille et de ce poids n'est qu'une partie, la plus facile, de la tâche du critique. Il faut le juger, et pour cela, il faut le comparer. Il faut en connaître les sources, les antécédents ; il faut en démêler les points de vue nouveaux, l'inspiration, l'esprit, en discerner les conclusions avouées et les conséquences possibles. Pour juger un livre, il faut en connaître vingt autres avec lesquels celui-ci a des points de contact. Quel est l'écrivain de ces feuilles légères qui consentirait à s'imposer une telle fatigue, tant de temps et de soins perdus pour lui-même et au profit de qui? Au profit d'un journal? Mais le journal supportera impatiemment une élucubration sérieuse. Au profit du public distrait et frivole qui probablement ne le lira pas? Qu'on nous ramène donc à l'anecdote, et tout le monde sera content. Le critique devenu *reporter* racontera, par le menu, comment est meublé le cabinet de travail de l'écrivain, à quelle heure il se lève, à quelle heure il sort, quelles personnes il voit, dans quelles intimités il vit. S'il ne sait rien, il invente. Il lui reste toujours la ressource d'étudier la physionomie de l'écrivain, ne fût-ce que sur une photographie, d'en induire son caractère, son esprit, les particularités de son talent, et voilà comment, à propos d'un livre qu'on ne lit pas et d'une œuvre qui n'est même pas discutée, se débitent de prétendus portraits littéraires qui ne sont, selon le talent du critique, que de brillantes ou puériles fantaisies d'esprit.

Cette ignorance volontaire et cette indifférence universelle ont produit une des maladies de ce temps, le fétichisme. On adopte un auteur favori ; on ne connaît, on n'admire que lui ; cela dispense d'étudier les autres. On croit faire preuve de connaisseur en exaltant à tout propos les mérites du grand écrivain. On croit participer à l'auréole dont on l'entoure ; on se meut avec orgueil dans la sphère de ses rayons. On cite ses mots, on les vante, on les impose à la circulation comme la menue monnaie du génie. Dès qu'il daigne écrire, on ne le critique pas, on l'encense. Il est au-dessus de l'éloge. Il n'est plus homme, il est dieu, on le traite par la méthode facile et paresseuse de l'extase. Il se laisse faire ; il devient, comme il convient à un dieu, insensible à toute louange qui n'est pas une pure adoration ; toute critique ne rencontre que son dédain. Des habitudes littéraires, la plus funeste et la plus facile à prendre est celle de l'idolâtrie. Ce sublime continu confine au ridicule pour tous ceux qui ne sont pas engagés dans la confrérie de l'adoration perpétuelle. Mais il paraît que la jouissance en est si forte qu'on ne peut plus y renoncer, même par un viril effort de bon sens, quand une fois on y a goûté. On ne s'aperçoit pas que tout cela se résout simplement en réclames insensées et que ces habitudes olympiennes ne sont que le dernier degré du *puffisme* littéraire. Il s'introduit ainsi des mœurs étranges, à peine dignes d'artistes du dernier ordre. Quand l'œuvre d'un de ces privilégiés doit paraître, on veut qu'elle soit célèbre même avant de naître. Toutes les trompettes de la réclame jettent à l'envi la renommée de l'œuvre aux quatre coins de l'horizon. Les murs se couvrent d'affiches, les quatrièmes pages des journaux se couvrent d'annonces. Le livre est lancé, avant d'avoir paru, vers une immortalité qui parfois ne durera qu'un jour. C'est l'escompte d'une gloire ridicule qui tourne souvent en un *fiasco* gigantesque. D'autres fois la conspiration du bruit réussit et l'œuvre tapageuse s'installe pour quelque temps dans l'admiration béate de lecteurs étrangers ou même indigènes, faciles à mystifier.

Il ne serait pas juste d'accuser seulement le journalisme, son régime, ses habitudes, ses excès, et de n'imputer qu'à lui cette prodigieuse décadence du goût. Il faut faire la part du public, l'amener à se reconnaître coupable, dans une large mesure, de ce changement des mœurs littéraires. En définitive, une société a toujours la presse qu'elle mérite, adaptée à ses qualités, accommodée à ses défauts, reproduisant, comme sur une plaque photographique d'une sensibilité et d'une fidélité extrêmes, tous les accidents d'ombre et de lumière, tous les nuages et toutes les clartés qui passent sur la face mobile d'une génération. Or, quoi qu'il nous en coûte de l'avouer, jamais, à aucune époque, le grand public n'a été plus froid et plus indifférent pour les productions élevées de l'esprit. Nous assistons à la formation d'un état intellectuel qui ressemble beaucoup à celui qui a été observé aux États-Unis. M. de Tocqueville, dont il est de mode, je ne sais pourquoi, de se moquer aujourd'hui, traçait, il y a quarante ans, une esquisse remarquable et à certains égards prophétique, des sociétés démocratiques en peignant celle qu'il avait sous les yeux à New-York et à Washington. Les affaires, d'un côté, exigeant par leur développement une activité prodigieuse et de plus en plus absorbante; d'autre part, la politique, concentrée et ramassée dans une classe d'hommes spécialement voués à cette tâche, voilà une division du travail national qui s'opère de plus en plus chez nous. Quant au souci littéraire, entre ces deux courants qui emportent les activités haletantes, où trouverait-il sa place? Nous voyons croître et naître un matérialisme pratique qui est combattu avec succès aux États-Unis par l'esprit religieux vivace et persistant, très affaibli et presque éteint en France dans certaines classes. L'américanisme nous envahit, moins les qualités indigènes qu'il conserve au delà de l'Atlantique et qui jusqu'à présent ne semblent pas destinées à l'exportation.

Dans l'existence de ce public pressé de vivre et de jouir, emporté au delà des limites d'une activité raisonnable par cette fureur du combat pour la vie qui est la loi des affaires et la condition du succès, où y a-t-il un intervalle de calme, de loisir intellectuel, une trêve de l'idéal au milieu des nécessités positives et de la lutte ardente de chaque jour? Il ne faut pas trop s'étonner si, dans un pareil milieu surexcité et fiévreux, se produit une sorte de lassitude d'esprit, un dégoût croissant pour les idées et les œuvres sérieuses, pour tout ce qui exige une peine, une application d'esprit. La critique et les productions de l'ordre le plus élevé demandent trop d'effort à ce public fatigué et blasé qui veut faire de son repos une paresse agréable et non pas une occupation nouvelle. On a peur de tout ce qui réclame une certaine vigueur, une certaine étendue de pensée, une culture intellectuelle quelconque et cette discipline qui suppose l'attention au vrai, le souci des idées. Ce public, de création nouvelle, veut être amusé à tout prix dans l'intervalle de ses affaires. Il ne lit plus pour s'instruire; il n'en a ni le loisir, ni le désir. Il va au succès du jour, là où le bruit et la réclame invitent, au roman vanté le matin, à la pièce applaudie le soir. Quant au journal, il n'en lit guère que deux articles : le cours de la Bourse et la chronique mondaine. Pour défrayer cette curiosité, quels efforts la chronique ne doit-elle pas faire, et quelle peine n'a-t-elle pas à rester dans la mesure du goût et de la vérité! L'imagination des écrivains s'épuise à commenter des scandales, et s'ils manquent, à en inventer. De là ce flot toujours croissant d'anecdotes ridicules, difficiles à croire même pour le public le plus grossier et le plus léger, et qui divertissent pendant quelques heures la conversation des oisifs. C'est un symptôme de décadence sociale que cette multiplication sans mesure de la nouvelle à la main, remplaçant tout le reste, et du commérage devenu une institution littéraire. Le public qui favorise ce genre abaissé de littérature n'est pas moins coupable que ceux qui la lui fournissent. Elle est la condamnation d'une société qui la provoque ou la subit, autant qu'elle est la flétrissure d'une presse qui en vit, en attendant qu'elle en meure, comme on meurt d'un poison infaillible et lent.

III

Il est assez clair qu'il n'y a pas de place pour la critique sérieuse entre un journalisme mis au régime de l'improvisation forcenée et un public qui, en dehors de ses affaires, ne demande qu'à s'amuser. D'autres causes, d'un ordre tout différent, se joignent à celles-là pour expliquer comment se produit cette désertion d'un genre littéraire, si utile et si justement populaire dans notre pays, il y a quelques années. Même dans le monde intellectuel le plus élevé, d'où procèdent les grands mouvements de l'esprit, la critique littéraire n'est plus que bien rarement pratiquée ou défendue comme elle devrait l'être. Je veux parler spécialement de l'université, qui a sa part de responsabilité dans le mal que je signale. A quoi cela tient-il? Je reprendrai un jour ce sujet d'une manière plus explicite; je ne puis cependant l'omettre complètement dans l'énumération des causes qui expliquent l'affaiblissement de la critique contemporaine.

Sous des influences diverses, trop longues à analyser ici, les idées générales sont tombées en défaveur dans l'enseignement public. Cette défaveur me paraît injuste et en tout cas fort exagérée. Il n'y a pas de critique possible en dehors des idées générales, que l'on a grand tort de combattre sous le nom dédaigneux de généralités oratoires, c'est-à-dire, si ce mot a un sens, de lieux communs destinés à soutenir l'invention épuisée ou défaillante de l'orateur. Les idées générales, les vraies, ne dispensent pas de l'invention ceux qui les emploient, bien au contraire. Elles sont une partie de l'invention, la plus haute et la plus féconde; elles expriment et résument les traits d'une littérature ou la physionomie d'un écrivain et permettent de comparer, soit une époque littéraire à celle d'autres pays et d'autres temps, soit tel auteur à ceux qui l'ont précédé ou suivi; et qui n'exclut en rien, bien entendu, la connaissance spéciale et approfondie de la langue, les détails particuliers et intimes de chaque forme sociale, les circonstances de la vie de chaque écrivain, l'étude du milieu dans lequel il s'est produit et des influences dont il a reçu l'empreinte. Et je ne parle pas seulement des critiques comme Villemain, qui se servait des idées générales pour ramener à de grandes lignes les innombrables aspects de la littérature du dix-huitième siècle, ou comme M. Nisard, poursuivant à travers ses métamorphoses l'idéal de l'esprit français, ou comme Saint-Marc Girardin, s'efforçant de ramener à quelques types éternels de la passion le théâtre de tous les temps. C'est aussi Sainte-Beuve, dont chaque étude a pour cadre la société, le temps, la forme d'esprit, dont l'auteur qu'il étudie est le produit; c'est M. Taine, qui, dans une histoire comme celle de la *Littérature anglaise*, recherche dans tous les écrivains qui la représentent le milieu, la race, le moment historique que chacun exprime à sa manière. Si ce ne sont pas là des idées générales, qu'est-ce donc? Et n'est-il pas évident qu'ainsi comprises dans leur signification la plus élevée, elles sont les plus puissants instruments de la critique? il est clair, d'ailleurs, que chacune de ces idées générales est formée d'une multitude d'idées particulières bien étudiées, classées et définies.

D'où vient donc cet injuste dédain pour les idées générales et pourquoi veut-on en inspirer la défiance aux jeunes générations? J'estime, pour ma part, qu'il n'y avait lieu de rien proscrire dans notre éducation nationale, de rien mépriser. Il était bon de renouveler sur plusieurs points les sources de l'enseignement, et j'aurais applaudi bien volontiers aux réformes qui installaient l'étude approfondie des textes, la science des antiquités historiques, la connaissance des origines, l'interprétation des documents, si tout cela s'était fait sans qu'on sacrifiât la littérature proprement dite, si l'on avait su maintenir les deux termes du problème sans en supprimer un, si l'on s'était donné la tâche de vivifier l'érudition par le goût et le goût par l'érudition. Tout cela s'est-il fait dans une proportion exacte et sage? N'y a-t-il pas eu rupture d'équilibre? S'est-on toujours occupé avec autant de soin de garder dans toute sa pureté et sa délicatesse le sens littéraire, de cultiver le talent d'écrire, qui n'est pas, comme le croient certaines gens trop désintéressés dans la question, un art de rhéteur, mais bien l'art de choisir pour chaque pensée l'expression la plus juste et d'en discerner les plus fines nuances? S'est-on donné autant de peine pour cela que pour développer les connaissances philologiques, épigraphiques, archéologiques, qui elles-mêmes ne seraient rien si elles n'étaient des auxiliaires pour la pensée? Certes j'estime ce que valent ces connaissances. Elles sont un moyen, mais elles ne sont pas leur but à elles-mêmes ; elles sont un moyen précieux pour mieux connaître l'antiquité dans ses origines et dans ses vraies formes, et pour en extraire les matériaux d'une science authentique de l'humanité, ce qui revient à dire qu'elles sont au nombre des éléments avec lesquels se construisent les idées générales. Mais la contemplation du moyen ne doit pas faire oublier le but, et j'ai peur que plusieurs de nos jeunes gens ne s'y complaisent uniquement. Des chefs distingués de la nouvelle université résumaient un jour ce mouvement qui l'emporte vers des études exclusives et spéciales, dans ces deux mots qui me sont restés dans l'esprit. L'un me disait avec une sorte de regret : « Que voulez-vous? la littérature est en pénitence. » L'autre prononçait une parole plus grave encore : « Nous ne voulons plus de critiques dans l'ancien sens du mot; il nous faut des chercheurs d'inédits. » Ces aveux portent loin. Ils sont la preuve que la littérature didactique a triomphé depuis un assez grand nombre d'années, dans les régions universitaires, de la littérature proprement dite. Ils expliquent pourquoi une des sources principales de la critique s'est soudainement tarie. Un cours nouveau a été imprimé aux études, aux aptitudes, aux vocations des élèves de notre École normale. Libres en apparence, la plupart ont obéi à la persuasion qui émanait de la personne et des leçons de maîtres habiles en même temps qu'aux suggestions qui leur venaient des dispensateurs de leur avenir. En sortant de l'école, l'élite de cette belle jeunesse part invariablement pour les écoles savantes d'Athènes ou de Rome, d'où elle revient pour occuper les chaires de philologie et d'archéologie multipliées à souhait et au delà dans tous les centres d'enseignement supérieur. La plupart avec toutes leurs ressources d'esprit, de science et de talent, sont perdus à tout jamais pour les lettres pures; les sciences spéciales ont pour ces jeunes gens le double attrait des petites découvertes à faire et des domaines incontestés. Cet attrait les attire, les fixe, les absorbe tout entiers et sans retour. Il n'est pas probable qu'il sorte beaucoup de critiques de ces nouvelles générations de l'école, entraînées par un mouvement qui n'a aucune chance de s'arrêter, et que des influences de tout genre accélèrent.

Il faut aussi attribuer une part de la stérilité de la critique à l'impulsion nouvelle que l'on s'efforce de donner depuis plusieurs années, même en dehors de l'École normale, à l'enseignement supérieur. Là encore il y avait quelque chose à faire; il fallait assurément pourvoir de la manière la plus large à des exigences nouvelles, créer des enseignements, les mettre en rapport avec les programmes des universités allemandes et anglaises, développer la critique des textes et la science comparée des langues. Il y avait lieu de créer, il n'y avait lieu de rien détruire.

En même temps que l'on ouvrait abondamment les sources nouvelles, il fallait maintenir intactes ces traditions fécondes de l'enseignement supérieur, chargé de distribuer sous une forme accessible les connaissances qui constituent la haute culture, les résultats définitifs de la science et d'initier le grand public aux mouvements de l'esprit dans sa sphère la plus élevée. Il y avait à cela deux avantages : on éveillait ainsi des vocations vers la haute critique, on préparait d'innombrables auditeurs à la comprendre et à s'y intéresser. Mais nous avons en France un tempérament immodéré, qui se porte toujours à l'absolu. On ne peut rien modifier chez nous sans essayer de tout renverser. La réforme indiquée, urgente, était de développer parallèlement ces deux espèces d'enseignement, l'enseignement philologique et tout ce qui s'y rapporte, étude des antiquités et des origines, et l'enseignement des idées générales, qui n'excluent nullement la précision, puisqu'elles la supposent dans le mode de leur formation, et qui, comme nous l'avons montré, n'ont rien de commun avec ce qu'on appelle sottement les généralités oratoires. Il fallait ouvrir des cadres assez libres et assez larges pour satisfaire à la fois à cette double exigence, celle des futurs professeurs, qui ont besoin de l'enseignement didactique le plus serré, mais qui ne composent, en définitive, qu'un public spécial et restreint, et celle du grand public capable de s'intéresser aux idées. On n'a pas su faire cela; on s'est jeté dans un sens exclusif, on risque par là de compromettre de sérieux intérêts, un surtout, celui de la haute culture qu'un État intelligent doit soutenir et répandre à tout prix s'il veut maintenir à un certain niveau cette portion de la civilisation qui dépend de lui. Mais nous sommes ainsi, toujours empressés à sacrifier des parties entières de nos habitudes, de notre patrimoine intellectuel et moral, dès qu'il est prouvé qu'il y a quelque part un abus à réformer ou une innovation à introduire. Nous ne savons jamais faire, par une sage et simple réforme, l'économie si désirable et si salutaire d'une révolution, et cela est vrai dans nos méthodes pédagogiques aussi bien que dans nos mœurs politiques. Nous sommes les mêmes en tout, tour à tour infatués et découragés. Avec cet esprit facile à s'emporter dans les deux sens contraires, nous passons d'un excès à l'autre, persuadés un jour que l'Europe, le monde, ont les yeux fixés sur nous comme sur un modèle et nous envient tout, notre enseignement, notre armée, notre administration, nos institutions, nos lois. Puis les revers arrivent, en partie par suite de cette infatuation qui nous aveugle; un vent de découragement passe sur nous. Tout change d'aspect, tout devient à nos yeux mauvais ou pire; nous voulons tout changer, nos défauts, ce qui serait assez naturel, nos méthodes où il y a des réformes à faire, mais aussi nos qualités nationales auxquelles tout d'un coup nous cessons d'attacher du prix et dont nous étalons avec une sorte de naïve fureur la médiocrité et la platitude aux yeux de nos compatriotes étonnés de valoir si peu, aux yeux des étrangers qui ne demandent pas mieux que de nous croire sur parole.

Elles valent bien la peine cependant d'être défendues, ces qualités françaises que nous sacrifions si aisément à des imitations étrangères. Pour nous restreindre à la question qui nous occupe, n'est-ce donc rien que cet art de la composition, de la juste proportion des matières qui entrent dans un livre, ce talent de mettre en lumière le point essentiel d'une théorie et de ne pas la laisser se perdre dans les digressions et les épisodes, ce besoin de clarté qui est une qualité morale autant qu'une qualité intellectuelle, et qui est à la fois une exigence de l'esprit et une forme de la bonne foi de l'écrivain envers lui-même comme envers les autres, le style enfin, le signe authentique d'une pensée maîtresse d'elle-même, la marque d'un esprit qui ne s'embrouille pas dans la masse obscure des embryons d'idées, et qui ne laisse arriver à la lumière, dans cette lutte des idées pour l'existence, que celles qui méritent de vivre par une organisation achevée. — Craignons avant tout de perdre nos qualités sans prendre celles des autres : on veut faire de nous des Allemands; on ne réussira, je le crois, qu'à faire de médiocres Français. A force d'interpréter les textes, prenons garde de compromettre en nous la faculté d'en produire de nouveaux. Qu'on sache bien ce qu'on veut. Veut-on faire de l'enseignement supérieur une simple école de commentateurs?

On appelle cela le progrès ; il faut s'entendre. Le progrès, il était dans l'extension et la variété des programmes d'enseignement; il n'était pas dans la domination d'une méthode exlusive. Ici comme ailleurs, la vraie solution de cette question si controversée, c'est la liberté des méthodes appropriée à la nature de chacun et garantie par le talent des maîtres. Cela vaut mieux que tous les ukases ministériels. Ce qui est à redouter, c'est la mortelle rigidité des règlements absolus et l'uniformité funeste des procédés substitués à la libre initiative et à l'autorité vivante d'un maître intelligent et consciencieux. Toutes les méthodes sont bonnes, dès qu'elles sont fécondes; elles sont fécondes dans la mesure des facultés de celui qui les emploie. Ici encore se révèle la valeur de l'homme. Je ne connais, quant à moi, après une longue pratique de l'enseignement, qu'une seule méthode qui soit excellente, c'est un maître bien choisi pour son emploi. Tant vaut l'homme, tant vaut la méthode. Le reste ne signifie pas grand'chose. On nous parle des préjugés de la routine ; c'est bien, mais qu'on n'oppose pas à la prétendue routine d'autres préjugés, d'autres lieux communs, d'autres exagérations qui ne sont que le progrès à rebours et la même routine renversée.

Que de fois il m'est arrivé de traiter cette question en causant avec un maître éminent, un pédagogue, — et ce qui ne gâte rien, — un psychologue très fin, M. Bersot, qui, quelque temps avant sa mort, commençait à voir clairement le péril que je signale et s'efforçait un peu tardivement de le combattre ! Dès qu'il eut vu où l'on nous menait, la verve de son bon sens, l'éclat de sa colère contre des sottises (*splendida bilis*) ne tarirent pas sur ce sujet. Que l'on me permette de rappeler quelques traits de ces entretiens où se marquait une expérience délicate et consommée. Et certes celui qui parlait ainsi n'était pas de ceux que l'on se plaît à désigner comme rétrogrades[1] : « Il n'y a pas à le nier ; il s'accomplit dans l'enseignement supérieur un mouvement d'opinion qui mérite d'être pris en sérieuse considération, par la nature des raisons qui sont produites à l'appui et des personnes qui les présentent. Il faut accepter nettement ce qu'il y a de légitime dans les réformes que l'on propose. Mais il faut aussi bien faire des réserves. Une préoccupation utilitaire semble dominer tous ces réformateurs qui dénoncent les abus des anciens cours de

---

1. On trouvera la plupart de ces utiles considérations développée dans l'Introduction de M. Bersot au livre posthume de M. Saint-Marc Girardin sur *J.-J. Rousseau*.

faculté et qui les traitent comme un genre condamné. On prétend faire profiter chaque jour l'élève, dans le nouvel enseignement, d'une quantité calculable de connaissances. Aussi choisit-on uniquement les connaissances qui se prêtent à ce compte. Il y a là, en effet, quelque chose de rigoureux qui exclut l'arbitraire dans les estimations; mais c'est justement cette grande rigueur dont il faut se défier. La doctrine du produit net n'est pas de mise dans ces affaires : l'esprit n'est pas un moyen, c'est un instrument. C'est à d'autres conditions que se conserve dans l'art d'écrire, comme dans les autres arts et dans l'industrie, ce qui est ici et ce qui n'est pas partout, la façon, le style, la main, le génie léger de l'ouvrier français.... Il est bon de former des professeurs, parce qu'il est bon qu'il y en ait; mais sans leur faire tort, il est bon qu'il y ait aussi autre chose que des professeurs, ne fût-ce que pour varier.... Où commence l'injustice, c'est quand on prétend mettre toute une nation à ce régime, surtout quand cette nation est la nation française. Elle a toujours compté et, malgré la fortune, elle compte toujours dans le monde par des aptitudes d'esprit que rien ne pourra lui enlever, excepté nous, si nous sommes assez imprudents pour les dénaturer. Elle est le pays des esprits lumineux qui se reconnaissent au milieu des idées, les discutent, les jugent, élèvent les idées vraies à une clarté supérieure qui les rend visibles à tous. Montaigne, Pascal, Descartes, Montesquieu, Voltaire, sont tous des Français. Il y en a d'autres, d'abord ce grand public, qui mérite qu'on lui rende plus de justice. Il y a la foule sans cesse renouvelée qui, avec un nom moindre ou sans nom, écrit et cause et alimente l'éternelle querelle du vrai et du faux en philosophie, en religion, en morale, en politique, en art, avide de s'entendre et de se faire entendre, décidée à n'être dupe de rien, et qui

constamment en exercice, arrive à distinguer la vérité par une espèce de tact infaillible... C'est un des plus sensibles plaisirs qu'on puisse éprouver que d'être au milieu de ce public si fin connaisseur. On reconnaît avec joie que la culture ne fait pas tout ici, qu'il y a le sol. »
— Mais ce sol, il ne faut pas le laisser en friche; il faut le remuer sans cesse, jeter dans le sillon entr'ouvert les idées à pleines mains. Malgré tout, malgré tant de fautes, ce pays, grâce à Dieu, est vivant. « N'allons pas le refroidir et l'éteindre, ajoutait ce maître excellent. Tout professeur n'est pas Villemain, Cousin, Guizot, Saint-Marc Girardin; mais si un de ces hommes se rencontre, ne le condamnez pas à l'épigraphie ou à la philologie; il importe qu'il y ait place pour lui; que des auditeurs venus de partout emportent partout ses idées, transmettent l'impression reçue, étendent le mouvement; à côté du livre, il importe de garder l'enseignement autrement vivant de la parole, la communication rapide des esprits, l'émotion contagieuse, l'électricité des foules. — Il y a une popularité misérable, celle d'un homme qui flatte les passions du public et descend par lui à toutes les complaisances. Mais il y en a une autre bien acquise et vraiment bonne, parce qu'elle sert à faire du bien, parce qu'elle donne accès dans l'âme de la jeunesse, pour y faire pénétrer des idées justes, des connaissances vraies et de bons sentiments. »

Là, dans le mouvement qu'un pareil enseignement suscitait dans les esprits, dans la masse des idées qu'il répandait, dans les aptitudes secrètes qu'il faisait éclore, là était une des sources les plus hautes de la critique que les méthodes nouvelles sont en train de tarir. On empêchera les talents littéraires de se révéler, s'il y en avait dans cette foule d'élite, et l'on déshabituera cette foule elle-même de ce noble plaisir des idées qu'elle ne pourra pas aller chercher dans les programmes trop arides et trop spéciaux de la nouvelle école.

IV

Et cependant ne calomnions pas notre nation et ne décourageons pas les travailleurs qui seraient tentés de briser leur plume dans ce grand silence de la critique contemporaine. Malgré toutes les apparences contraires, ils ne doivent pas désespérer qu'on les écoute, qu'on les lise, qu'on les juge et, quand ils le méritent, qu'on les admire. Dans le tableau que nous venons de tracer des mœurs littéraires, nous avons dû mettre en lumière certains traits qui nous ont frappé et qui frapperont tout observateur sans parti pris. Nous croyons que la peinture que nous avons faite n'a rien d'exagéré. Et dès lors, on pourrait nous demander : « Pour qui est-ce la peine de travailler dans un temps pareil ? La presse, emportée par les passions politiques ou entraînée par la camaraderie, manque d'impartialité, de justice, de liberté dans ses appréciations ; elle manque surtout d'étude et de temps pour juger les œuvres les plus considérables, qu'elle exécute, comme les plus légères, en quelques traits de plume. Le public, affairé et frivole, tout entier à ses intérêts ou à ses plaisirs, ne cherche plus dans la lecture qu'une distraction, un amusement, la manière de tuer le temps, comme il le dit lui-même. Mauvaise disposition pour goûter les ouvrages sérieux. Pour qui donc travailler ? » — Je répondrai : « Pour le vrai public et pour les vrais juges ».

Car il existe encore de vrais juges, intègres, incorruptibles et clairvoyants. Ils existent même en plus grand nombre qu'on ne le croit, répartis dans les divers groupes de la société où leur autorité est reconnue, comme l'est toujours celle des hommes qui savent bien et qui ne parlent que de ce qu'ils savent. Ils n'écrivent pas, mais on les consulte, on les interroge, on les écoute; ils ont leur action discrète et la font sentir en chaque circonstance littéraire, à l'occasion du livre nouveau ou de la pièce à succès. Ils gardent intacte leur indépendance, qu'ils ne livrent à aucune des coteries régnantes; ils ont toutes les qualités du juge et les exercent avec une rigueur qui fait compensation pour les mollesses, les transactions, les défaillances de la critique apparente. En bien des cas, ils réforment les jugements de leurs confrères de la presse; ils ne se laissent ni intimider ni corrompre par les applaudissements factices et bruyants de la première heure, par les louanges ou les injures banales et sans portée. A petit bruit et par l'action continue du bon sens, ils arrivent à remettre chaque chose en son lieu, les vrais talents à leur place, et à détruire les réputations surfaites qui veulent triompher par la ruse ou par la force; ils rétablissent l'équilibre des idées, des œuvres et des noms; ils soutiennent la raison publique contre les scandales qui s'imposent, contre les intrigues et les mystifications; presque toujours ils finissent par avoir raison de ces victoires passagères qui feraient douter du bon sens d'une nation.

C'est qu'à côté de ces vrais juges, et avec eux, il y a aussi un vrai public, tout à fait distinct de celui qui s'installe à la surface de la vie parisienne et dont on dirait, à l'entendre, qu'il est tout dans une population, tandis qu'il n'en est qu'une portion agitée et tapageuse. Il faut compter beaucoup pour la fortune des ouvrages de l'esprit, sur ce public qui ne fait pas de bruit, mais qui lit, travaille, réfléchit, compare et qui, avant tout, ne veut pas être dupe. On ne le connaît pas par des noms aussi sonores que l'autre; mais il se révèle par le choix définitif des œuvres qu'il adopte et la durée des succès qu'il consacre. Il est profondément honnête ; il va là seulement où l'attirent la conscience, le soin, les conclusions nettes, les résultats utiles, toutes choses qui excluent les parodies du talent. Il se défie des fanfares et des réclames; il veut y regarder de près avant de donner son cœur. Mais quand il l'a donné, il ne le retire pas. Il ne quitte plus dans leurs voies diverses les écrivains qu'il a une fois désignés; il les soutient contre les cabales, il les console dans leurs épreuves. Les écrivains sérieux ne s'y trompent pas : c'est un des charmes les plus vifs de la vie littéraire de sentir près de soi, loin de soi, autour de soi, cette foule invisible d'amis inconnus, fidèles à votre fortune, dévoués à votre œuvre, dont les sympathies sont d'autant plus sûres qu'elles ont été lentement conquises et que pas une d'elles n'a été obtenue sans avoir été méritée.

TABLE DES MATIÈRES

L'abbé Galiani en exil et sa correspondance.	1
Rivarol et la société française pendant la Révolution et l'emigration.	69
La philosophie de Rivarol.	115
Gustave Merlet. — *Tableau de la littérature française*	140
Albert de Broglie. — *L'Église et l'Empire romain au quatrième siècle*	160
Mignet. — *Éloges littéraires*	173
M. Franck. — *Réformateurs et publicistes de l'Europe*	183
M. Guizot. — *Méditations sur l'essence de la religion chrétienne*	196
L'Évêque d'Orléans. — *De la Haute Education intellectuelle*	211
Lacordaire. — *Lettres à des jeunes gens.*	227
M. de Lamartine. — *Mahomet et l'Islamisme, à l'occasion d'une histoire de la Turquie.*	239
Léon Roches. — *Trente-Deux Ans à travers l'Islam*	271
La Critique contemporaine et les Causes de son affaiblissement.	287

17972. — Imprimerie A. Lahure, 9, rue de Fleurus, à Paris

www.ingramcontent.com/pod-product-compliance
Lightning Source LLC
Chambersburg PA
CBHW071250160426
43196CB00009B/1238